Christoph Blocher –
ein Lebensbild von Wolf Mettler

«Liebi Fraue und Manne...»

D1734489

Christoph Blocher –
ein Lebensbild von Wolf Mettler

«Liebi Fraue und Manne...»

Redaktion:
Marie-Christine Neininger

 Meier Verlag Schaffhausen

© 1995 by Meier Verlag Schaffhausen
ISBN 3-85801-137-1
2. Auflage
Foto Schutzumschlag: Rolf Wessendorf, Schaffhausen
Gestaltung: Typografik Schaffhausen
Produktion: Typografik Schaffhausen
Lithos: Meier Schaffhausen
Druck: Meier Schaffhausen

Inhaltsverzeichnis

Einleitung

Christoph Blocher ist eine der bekanntesten Persönlichkeiten des öffentlichen Lebens und ein glänzender Stern am schweizerischen Polithimmel. Er wird gleichermassen bejubelt wie verteufelt, man ist entweder für oder gegen ihn, unbeteiligt lässt er keinen. Für seine Gegner ist er ein Politiker mit verheerender Wirkung, ein Demagoge und Volksverführer; sie werden nicht müde, ihn zum Rechtspopulisten und Ewiggestrigen zu stempeln. Seine Befürworter sehen in ihm den Retter der Nation und den Bewahrer von Grundwerten, der das komplexe Geschehen zu überblicken vermag. Sie schätzen ihn als tüchtigen Unternehmer und als einen der wenigen ehrlichen Politiker in diesem Land. Beide aber, Anhänger und Gegner, anerkennen und respektieren seinen Mut und seine Offenheit.

Das vorliegende Buch gibt Einblick in das Wesen und die Persönlichkeit von Christoph Blocher, zeigt auch die unbekannten und wenig bekannten Seiten des Mannes auf, der bis anhin vor allem mit Klischees beschrieben wurde. Dieses Portrait schildert seinen Werdegang, seine unternehmerischen, politischen und kulturellen Tätigkeiten, handelt aber auch von den Schwierigkeiten und Problemen, die Christoph Blocher zu bewältigen hatte und hat. Wenn es gelänge, das eine oder andere Vorurteil über Christoph Blocher zu korrigieren, wäre viel erreicht.

Als Grundlage dienten vor allem die offenen und freimütigen Unterhaltungen mit Christoph Blocher. Darüber hinaus konnte ich ihn im Parlament, in seinem Unternehmen und bei zahlreichen Veranstaltungen begleiten. In mehreren Dutzend Gesprächen haben Verwandte, Geschäftsfreunde und Kollegen aus der Politik die Person Blocher aus ihrer Sicht geschildert. Viele Artikel, Fernseh- und Radiosendungen waren weitere Quellen.

Ich lernte Christoph Blocher 1992 im Rahmen eines Vortragszyklus der Volkshochschule Oberengadin kennen. Die Frage des Beitritts der Schweiz zum EWR war damals gerade ins Zentrum der politischen Diskussion gerückt. Im Anschluss an die Veranstaltung entstand im privaten Kreis die Idee, die Argumente Blochers in Heftform zusammenzufassen, um diese einer breiteren Öffentlichkeit zugänglich zu machen. Nachdem die anfängliche Skepsis von Christoph Blocher überwunden war, konnte der Gedanke verwirklicht werden. Dank tatkräftiger Hilfe seiner Ehefrau Silvia Blocher entstand das Heft «EWR, der falsche Weg für die Schweiz», welches Texte aus Referaten, Interviews und Zeitungsartikeln enthält.

Die vielschichtige Persönlichkeit Christoph Blochers faszinierte mich. Der Umstand, dass sein Bekanntheitsgrad für schweizerische Verhältnisse geradezu astronomische Dimensionen angenommen hat, liess es als gerechtfertigt erscheinen, über ihn ein Buch zu schreiben, um seine Motive, Überzeugungen und Handlungsweisen darzulegen. Christoph Blocher jedoch hatte Einwände: «Ich bin viel zu unwichtig, ausserdem habe ich in meinem Leben noch nichts Nennenswertes geleistet», hielt er dem Vorhaben entgegen. Es gelang, ihn davon zu überzeugen, dass die Öffentlichkeit ein berechtigtes Interesse an seiner Person hat. So bot er schliesslich Hand zur Mithilfe. Durch ihn fand ich ungehinderten Zugang zu den nötigen Informationen. Wiederum wurde ich bei den Recherchen von Silvia Blocher unterstützt.

Das vorliegende Buch ist von Dr. Blocher autorisiert, aber nicht in seinem Auftrag entstanden.

Wolf Mettler, im Sommer 1995

Herkunft, Kindheit und Familie

In aller Frühe und grosser Eile fuhren die schwangere Frau und ihr Ehemann von Laufen am Rheinfall über Flurlingen und an der Bindfadenfabrik vorbei nach Schaffhausen zur Gebäranstalt Marienstift. Um halb sieben Uhr morgens, es war am 11. Oktober 1940, gebar Ida Blocher dort ihr siebtes Kind, den Sohn Christoph Wolfram.

Im Kindbett erholte sich die Gattin des Pfarrers Wolfram Blocher jeweils von der Geburt, aber auch von der strengen Alltagsarbeit im Pfarrhaus. Sie erinnert sich: «Der Kleine war ein sehr lebhafter Bub, der dauernd seine Ärmchen und Händchen bewegte. Ich spürte gleich, dass ich mich mit diesem munteren Kind auf einiges gefasst machen müsste.» Dass Christoph ausgerechnet am Todestag des Reformators Zwingli zur Welt kam, dem mass die feinfühlige und fromme Frau eine besondere Bedeutung zu.

Ida Blocher lebte mit ihrer Familie im stattlichen Pfarrhaus, einem Fachwerkbau im zürcherischen Weiler Laufen, oberhalb des Rheinfalls neben dem Schloss Laufen gelegen. Wolfram Blocher predigte in der gotischen Hilariuskirche. Er war ein temperamentvoller Mann, der auf der Kanzel leidenschaftlich die reine protestantische Lehre vertrat, ohne deswegen weltfremd zu sein: Verirrte sich ein Trunkenbold oder ein anderer Tunichtgut ins Blochersche Heim, so kümmerte man sich liebevoll um die, wie der Herr Pfarrer meinte, «vom rechten Weg Abgekommenen».

Der kleine Weiler Laufen, der zur politischen Gemeinde Laufen-Uhwiesen gehört, bestand damals aus Kirche, Pfarrhaus und aus einer kleinen «Buurerei», die der Mesner betrieb, sowie dem Schloss Laufen mit Schlosswirtschaft und einem grösseren Landwirtschaftsbetrieb, der vom Bauern Schär geführt wurde. Es war eine heile Welt. Hinter den mächtigen Kastanienbäumen stürzte das Wasser über den Rheinfall, dessen Rauschen allgegenwärtig war. Zur Kirchgemeinde Laufen gehören der Weiler Nohl auf der schaffhauserischen Rheinseite und auf der Zürcher Seite die Gemeinden Laufen-Uhwiesen, Dachsen und Flurlingen. Dorthin gelangte Pfarrer Blocher mit dem Fahrrad oder dem Fährboot.

Christoph sei ein problemloses, aber eigenwilliges Kind gewesen, erzählt die Mutter: «Kaum konnte er sich auf seinen Beinchen halten, ist er jeweils schnurstracks aus dem Haus und dem Garten spaziert, um die Umgebung auszukundschaften.» Liebstes Ziel seiner Expeditionen in die Nachbarschaft ist der Hof von Bauer Schär gewesen, wo der Bub jeweils Stunden verbrachte und sich offensichtlich sehr heimisch fühlte. Vater Wolfram Blocher reagierte empfindlich auf Christophs regelmässige Abstecher in die Nachbarsfamilie, was immer dann deutlich wurde, wenn er seinen Sohn bei dessen Heimkehr ins elterliche Haus mit der ironischen Bemerkung begrüsste: «So, Christoph Schär, wie geht's?»

Gerhard Blocher, der um sechs Jahre ältere Bruder von Christoph, erinnert sich heute an diese Episoden mit einer gewissen Bewunderung: «Im Gegensatz zu seinen Geschwistern konnte sich Christoph schon als kleiner Bub über den Willen des Vaters hinwegsetzen.» Dem Vater passte es nicht, dass das Kind dem Elternhaus so oft entfloh. Christoph wurde zwar nicht offen für seine Beziehung zur Familie Schär getadelt, aber man hat die Abneigung des Vaters deutlich gespürt. «Christoph widersetzte sich mit seiner offenen Zuneigung zu Schärs dem Willen des Vaters. Er hat so eine entscheidende Unabhängigkeit erlangt, was uns andern Kindern in dieser Weise nicht gelungen ist.»

Die Vorfahren

Schloss Beuggen am deutschen Rheinufer beherbergte zu Beginn des 19. Jahrhunderts eine Art Lehrerseminar, wo vor allem junge Männer aus dem württembergischen Raum zu pietistischen Christenlehrern erzogen und ausgebildet wurden. Nach

10

ihrer Ausbildung schickte man sie für einen Hungerlohn in bildungsmässig unterentwickelte Gebiete, wie etwa in das damalige Berner Oberland. Der Ururgrossvater von Christoph Blocher, Johann Georg Blocher, war einer dieser frommen Lehrer. Er kam von Leidringen in Württemberg in die Zellersche Anstalt Beuggen und wurde von dort als Lehrer in die Schweiz, in die Berggemeinde Schattenhalb, eine kleine Gemeinde auf der Schattenseite des Haslitals, abgeordnet. Er hat dort geheiratet und sich in dieser Ortschaft einbürgern lassen, weshalb nun die Abkömmlinge der Familie Blocher das Bürgerrecht von Schattenhalb besitzen.

Emanuel, Sohn von Johann Georg und damit Urgrossvater von Christoph Blocher, zog es in die Textilindustrie. Er wurde Direktor der damaligen Baumwollspinnerei «Neue Welt» in Münchenstein im Kanton Basel-Land und hatte vier Söhne und zwei Töchter, die in Wesen und Entwicklung nicht unterschiedlicher hätten sein können.

Ein Sohn, Eugen, schlug die Juristenlaufbahn ein, politisierte als überzeugter Sozialdemokrat und war zuletzt Bundesgerichtspräsident in Lausanne. Der Grossvater von Christoph Blocher hiess Eduard, studierte Theologie und übernahm ein Pfarramt. Werner, Philologe und Mittelschullehrer, war betont unkirchlich. Hermann war Jurist und während acht Jahren sozialdemokratischer Basler Regierungsrat und weigerte sich 1912, den deutschen Kaiser Wilhelm zu empfangen. Er wurde später schweizerischer Gesandter in Stockholm.

Grossvater Eduard absolvierte seine theologischen Studien in Marburg an der Lahn. Als Untermieter bei Botanikprofessor Wigand lernte er die bereits etwas ältliche Tochter Mathilde kennen, die er heiratete und mit der er in die Schweiz zog. Kein Wort Schweizerdeutsch soll sie je gesprochen haben, und mit ihrer strengen Frömmigkeit hat sie ihren Mann und ihre Kinder terrorisiert. Als vehementer Gegner der Fremdenlegion und der fremden Kriegsdienste hatte Eduard Blocher bei den französischen Behörden erwirken können, dass die schweizerischen

Legionäre einen Seelsorger erhielten. Um diesen Posten hatte er sich gleich selbst beworben und wurde somit zum Legionärspfarrer im algerischen Sidi-Bel-Abbès, wo Christophs Vater Wolfram Albert Eduard 1897 zur Welt kam. Nach seiner Rückkehr in die Schweiz wurde Eduard zunächst Pfarrer in Sitten im Wallis, dann an der psychiatrischen Klinik Burghölzli und am Kantonsspital in Zürich. Er war ein grosser Förderer der Walser Kultur und hat in Bosco/Gurin, der einzigen deutschsprachigen Tessinergemeinde, eine Bibliothek eingerichtet. Aus seiner Feder stammt das Buch «Die deutsche Schweiz in Vergangenheit und Gegenwart», in welchem er die deutschsprachige Schweiz auf sprachlich-historische Zusammenhänge untersuchte. Schon mehrmals wurde versucht, dieses in den zwanziger Jahren veröffentlichte Buch als rassistisch gefärbt auszulegen, doch Christoph Blocher, ein überzeugter Gegner von irgendwelchen Rassentheorien, kann in der Publikation seines Grossvaters nichts Rassistisches erkennen: «Wenn die Ursprünge der schwarzhaarigen Appenzeller in der Mongolei vermutet werden, so kann man dies ja nicht als rassentheoretisch bezeichnen», sagt er. Grossvater Eduard habe jedenfalls die Rassentheorien der Nazis als verwerflich abgelehnt, habe aus diesen Gründen auch Beziehungen zu deutschen Bekannten abgebrochen und habe enge Beziehungen zur bekennenden Kirche, die während des Krieges dem Nationalsozialismus entgegentrat, unterhalten.

Eltern und Geschwister

Christoph Blochers Vater Wolfram studierte Theologie und zog nach Schlesien, wo er Lehrer an einer Herrnhuter-Anstalt wurde, einer Schule für Söhne aus Adelsfamilien. 1923 kam er wieder zurück in die Schweiz und trat ein Jahr später seine erste Pfarrstelle in Bonstetten an. Ida Baur war Schülerin in seiner ersten Konfirmandenklasse. Später verliebte er sich in das junge Mädchen, und fünf Jahre nach der Konfirmation – Ida war einundzwanzig Jahre alt – hielt Wolfram bei ihren Eltern

12

um ihre Hand an. Im Jahr 1929 vermählten sich die beiden gegensätzlichen Naturen: er ein geistig sehr interessierter, aber auch grüblerischer und zu Depressionen neigender Mensch und sie eine aufgeweckte, psychisch und körperlich kräftige Persönlichkeit. Diese Heirat, mutmasst Gerhard Blocher, sei wohl etwas vom Gescheitesten gewesen, das sein Vater im Leben gemacht habe.

Ida Baur war das dritte Kind von Emil und Berta Baur-Baur aus Wettswil am Albis im Säuliamt, wo die Familie einen Bauernhof und eine kleine Handziegelei besass. Die Verhältnisse waren bäuerlich-einfach, und die Arbeit war streng. Ida wäre gerne Lehrerin geworden, doch weil die Mutter krank wurde, musste sie die Hausfrauenarbeit übernehmen.

Von ihren Kindern wird die Mutter Ida einhellig als aufopfernde und starke Frau beschrieben, die sich nicht nur liebevoll um ihre Kinder gekümmert und den Pfarrhaushalt besorgt, sondern ihren Mann bei seiner Arbeit in der Gemeinde tatkräftig unterstützt hat. Der Vater sei ein Mann gewesen, dessen liebevolle Fürsorge immer ein wenig von seinem strengen Gehabe überdeckt wurde. Einige seiner heranwachsenden Kinder haben diese Unnahbarkeit manchmal als Belastung empfunden. «Vor lauter Respekt hätten wir ihm beinahe ‹Sie› gesagt», erinnert sich Gerhard Blocher. Judith Giovanelli-Blocher, die älteste Schwester von Christoph, sagt: «Mein Vater war ein weicher und keineswegs harter Mensch. Sein entschiedenes und starkes Auftreten widersprach eigentlich völlig seiner Natur. Seine widerspruchsvolle und höchst differenzierte Betrachtungsweise führte zu vielen Selbstzweifeln. Solche Menschen mögen zwar stark scheinen, sind es aber nicht.»

Der Ehe von Wolfram und Ida Blocher entsprangen elf Kinder, sieben Töchter und vier Söhne. Ihr Mann konnte sich nicht vorstellen, dass Töchter studierten, erzählt die Mutter, «damals erwartete man, dass die Burschen einen Beruf fürs Leben haben müssten. Und bei den Mädchen ging man davon aus, dass sie heiraten und Hausfrauen werden würden.» Ausser Christoph haben sich denn auch alle Söhne fürs Gymnasium und ein Studium entschieden.

Martin, der älteste Sohn, studierte Sprachwissenschaften. Er war ein zurückhaltender und etwas lebensfremder Mensch, malte und war den schönen Künsten zugetan. Er ist früh, mit achtundvierzig Jahren, an den Folgen einer Gelbsucht gestorben. Für die Mutter war der Tod ihres ältesten Sohnes ein Schock, den sie nie überwunden hat.

Gerhard studierte Theologie und ist heute Pfarrer in Hallau, im Klettgau. Zu Christoph, der ihn neckisch «den Papst von Hallau» nennt, pflegt er von allen Geschwistern den engsten Kontakt, die beiden verbindet eine brüderliche Freundschaft.

Andreas, der jüngste Sohn der Familie, unterrichtet als Mittelschullehrer an einem Zürcher Gymnasium Geschichte und Latein und ist nebenbei publizistisch tätig. Unlängst hat er über seinen berühmten Bruder ein Essay mit dem Titel «Mein Bruder Christoph» geschrieben, das auch in Buchform vorliegt.

Des Vaters traditionelles Frauenbild hat die Blocher-Töchter nicht daran gehindert, berufliche Laufbahnen einzuschlagen: Das älteste der Mädchen, Judith, wurde Sozialarbeiterin und war zuletzt Dozentin an der sozialen Frauenschule in Bern. Sophie, gelernte Krankenschwester und Hebamme, engagierte sich während Jahren stark für ein Spital mit angegliederter Schwesternschule in Ghana in Schwarzafrika. Heute ist sie Pfarrerin in Muttenz. Theres wurde Primarlehrerin und hat, da ihr Mann jung gestorben ist, ihre drei Kinder alleine aufgezogen. Miriam lernte Hauspflegerin. Ein unkonventionelles Künstlerleben führt Hedwig. Sie ist schon kurz nach der Matur nach Amerika übersiedelt, dort malt sie und schreibt Gedichte. Brigitte, ausgebildete Hausbeamtin, war in einem Spital in leitender Funktion tätig, arbeitet heute aber in einer Bäckerei. Die jüngste, Gertrud, lernte den Beruf der Kindergärtnerin und wirkt heute als Familienberaterin und Katechetin.

Christophs Vater starb im Jahr 1972 mit 76 Jahren. Die Mutter ist im April 1994 86jährig gestorben. Bis zu ihrem Tod unterstützte sie ihre Tochter Sophie bei Arbeiten im Haushalt und in der Pfarrgemeinde in Muttenz. Über seine Mutter sagt Christoph Blocher: «Sie war ein prachtvoller Mensch.»

Jugendjahre

Christoph war alles andere als ein Musterschüler. An der Schule gefielen ihm vor allem der schöne, lange Schulweg von Laufen nach Uhwiesen, die Pausen und die Streiche, bei denen er oft an vorderster Front beteiligt war. Dabei hätte sich der Pfarrersohn eigentlich besser benehmen müssen. «Wenn man sich bei Streichen rausgehalten hat, erntete man von den Kameraden als Pfarrerssohn Schimpf und Schande, und war man dabei, erhielt man vom Lehrer dasselbe», schildert Christoph Blocher das Dilemma eines Pfarrkindes. «Darunter habe ich gelitten, und dies war sicher mit ein Grund, weshalb ich der geistig-religiösen Atmosphäre, die in unserem Elternhaus herrschte, so oft wie nur möglich entfloh, ab in das gesunde, urtümliche Leben im Landwirtschaftsbetrieb der Familie Schär.»

Ein Radioapparat existierte in Blochers Familie nicht. Anstelle des Grammophons besass die Familie ein Pianola, einen schweren Kasten, den man vor das Klavier schob, mit einer gelochten Papierrolle fütterte und dann in die Pedale treten musste, worauf die mit Filz bespannten Hämmerchen auf die Klaviertasten schlugen. Die Kinder haben diesen Apparat mit leidenschaftlichem Eifer betrieben. Wenn sich die Kinder am Sonntagnachmittag still mit malen, zeichnen und lesen beschäftigen mussten oder Klavier und Geige übten, entzog sich Christoph: Er entwischte zu Nachbar Schär, auf den Heustock oder in den Stall. Wenn Christoph dann auf dem Heuwagen thronend am Fenster vorbeifuhr und den braven Geschwistern herzhaft zuwinkte, schien es, als ob er damit sagen wollte: «Ach, blast mir doch mit eurem Pfarrhaus in die Schuhe!» Dieses Bild hat die Mutter nie mehr vergessen.

«Markant ist für mich», erzählt Schwester Judith, «dass Christoph schon als kleiner Bub immer etwas unternehmen wollte. Er war nie ein Denker, ein Träumer, schon gar nicht ein Anpasser. Er war ein aktives Kind, wollte seine Zeit selbstbestimmt verbringen. Er turnte auf Fenstersimsen herum, bastelte aus irgendwelchem Material Lokomotiven und sauste damit im Zimmer umher. Diese Lebenskraft hat mich stets beeindruckt.»

Trotz der «inneren Emigration» aus der Familie, die sein Bruder schon in frühesten Jahren vollzogen habe, sei Christoph seinen Geschwistern und den Eltern immer mit einer eigenartigen Innigkeit verbunden geblieben, analysiert Gerhard Blocher. Vermutlich sei er sogar derjenige in der Familie, der der Verwandtschaft gegenüber das grösste Zugehörigkeitsgefühl besitze, obwohl er von einigen seiner Geschwister wegen seiner politischen Ausrichtung arg kritisiert wird und es deswegen auch Spannungen gibt.

Die Heimat hat man in der Familie Blocher auf Fusswanderungen durch die Schweiz kennengelernt und so auch die Ferien verbracht. Ein Ausflug bleibt Christoph Blocher in nachhaltiger Erinnerung: «Von Laufen nach Zürich über den Uetliberg und die Albiskette wanderten wir nach Wädenswil. Dann ging's weiter über den Hirzel nach Einsiedeln, den Grossen Mythen, Vierwaldstättersee, Luzern, über die Rigi und Pilatus zum Rütli – alles auf der gleichen Reise zu Fuss.» Da die finanziellen Verhältnisse von Pfarrer Blocher bescheiden waren, übernachtete die Familie immer in einfachsten Unterkünften, in Massenlagern oder Jugendherbergen. Der Vater war immer ganz bei der Sache, was Christoph Blocher sehr beeindruckt hat: «Er erklärte uns den Weg der Reise sehr genau und vertiefte unsere Eindrücke über das Gesehene, indem er uns über die geschichtlichen Zusammenhänge aufklärte.»

Keine Erklärung, sondern ein Machtwort kam aus Vaters Mund, als es um Christophs Schulausbildung ging. Für den Jungen war ja klar: Er würde Bauer werden. Vom Gymnasium wollte er absolut nichts wissen, sogar vor der Sekundarschule hätte er sich am liebsten gedrückt. Doch der Vater blieb hart: «Du kannst meinetwegen Bauer werden, aber du gehst zumindest in die Sek!»

Die Lehrjahre

Christoph Blochers Drang zur Scholle war nicht zu bremsen und durch nichts zu dämpfen. Als das Ende der Sekundarschule in Sicht kam, setzten sich die Eltern mit Christoph in Vaters Studierzimmer zusammen, um den beruflichen Werdegang zu besprechen. «Ich will Bauer werden», beharrte Christoph noch immer unbeirrt.

Am 1. Januar 1956, es war ein schneereicher Wintertag, besichtigten Vater und Sohn zwei Landwirtschaftsbetriebe. Einen bei Stammheim, einen anderen in Ossingen. Seriös habe man sich das angeschaut, und der Vater habe die Meistersleute sehr genau unter die Lupe genommen, wie man dies damals eben gemacht habe, wenn man jemandem einen 15jährigen Burschen anvertraute. Die Wahl fiel auf Bauer Zuber in Ossingen. Denn dies war eine tüchtige Bauersfamilie, die auch rechnen konnte und zudem Pferde hielt. Die Ausbildung sollte möglichst vielseitig und breitgefächert sein. «Hier lernte ich arbeiten, hier habe ich viel mitbekommen», sagt Christoph Blocher. Morgens um halb sechs stand man auf, und um halb neun abends war die Arbeit beendet. «Ich habe dies aber nie als negativ empfunden. Ich habe nie gedacht, man müsse arbeiten und könne nachher in irgendeiner Form das Leben geniessen. Die Arbeit war das Leben.» Obwohl Christoph Blocher nicht sehr kräftig war, hat er die schwersten Säcke selber getragen, auch wenn ihm der Meister davon abriet. «Ich habe eben damals schon über einen gewissen Durchsetzungswillen verfügt und bin immer stolz gewesen, wenn ich etwas selber habe machen können.» Klein und schmächtig sei er gewesen, bestätigt auch die Mutter: «Ich sehe ihn noch heute vor mir, wie er sich mit dem Leiterwagen und dem Köfferchen, neben ihm eine seiner Schwestern, auf den Weg zum Bahnhof machte. Und ich fragte mich, ob er das wohl durchstehen würde. Ich bin sicher, dass er häufig die Zähne hat zusammenbeissen müssen.»

Christoph Blocher sieht es nicht ganz so dramatisch: «Ich empfand es nie als Bürde, wenn man mir eine Aufgabe übertrug, die schwierig war und die ich alleine zu erledigen hatte. Da unterschied ich mich von vielen anderen.»

Mutter Blocher erinnert sich, wie die ganze Familie den Christoph in Ossingen besuchte. «Ich erkannte ihn schon von weitem, wie ein kleines Pünktchen sah er aus, begann zu winken, und dann kam er angerannt. Er war dreckig von Kopf bis Fuss. Wir plauderten ein wenig, und dann sagte er, er müsse nun wieder an die Arbeit. Und ich spürte, dass ihm der Abschied nicht leicht fiel, denn ich wusste, wie sehr er an der Familie hing. Und das tat mir dann im Herzen schon weh. Ich glaube aber, dass diese Lehrzeit in Ossingen im Weinland ihm gut bekommen ist, wenn sie auch sehr streng war.»

Im Winter musste der Lehrling einmal pro Woche in die landwirtschaftliche Fortbildungsschule. «Nachdem man den Stall besorgt hatte, fuhr man mit dem Velo zur Schule. Einfache Dinge lernte man da: etwa, wie man einen Brief mit sauberer Anschrift verfasst oder wie man ein Inserat aufsetzt, um ein Kalb zu verkaufen. Ich schreibe meine Brief noch heute nach jenem System. Und ich wäre froh, wenn sämtliche Sekretärinnen, die heutzutage ihre Ausbildung machen, so ordentliche und klare Briefe schreiben könnten», sagt der ehemalige Bauernschüler mit ironischem Unterton.

Im Frühjahr 1958 legte Christoph Blocher die landwirtschaftliche Lehrabschlussprüfung im «Strickhof» in Zürich mit guten Noten ab. Die besten Zensuren erreichte er in den praktischen Fächern wie Melken, Rebbau und Viehzucht. Er trat seine erste Stelle in Buch am Irchel an.

Während der beiden nächsten Winter bildete sich Christoph Blocher in der landwirtschaftlichen Schule in Wülflingen bei Winterthur weiter. Dort kam es zu kontroversen Beurteilungen des Eleven: Lehrer Wyss war der Überzeugung, aus dem jungen Christoph würde nie etwas Rechtes werden. Lehrer Krebs war hingegen ganz anderer Meinung: Er empfahl seinem Schüler, die Matur nachzuholen und dann Agronomie zu studieren.

Zwischen diesen beiden Winterkursen in Wülflingen zog Christoph ins Welschland. Er hatte auf ein Inserat geantwortet und erhielt die ausgeschriebene Sommerstelle in Pampigny, einer Ortschaft am Mollendruz, dem Pass, der von Morges über den Jura in das Vallée de Joux führt. Eine malerische Gegend, ein ausgeprägtes Ackerbau- und Viehzuchtgebiet, für den Weinbau jedoch schon zu hoch gelegen. Christoph hatte die Pferde und Schweine zu besorgen. «Ich hatte dort nicht soviel zu tun, deshalb konnte ich viel reiten, was ich leidenschaftlich gern machte», erzählt Christoph Blocher.

Die Jahre in der Landwirtschaft waren für Christoph Blocher eine Schule fürs Leben, die er nicht missen möchte. Von seinen Erfahrungen aus der damaligen Zeit zehrt er als Unternehmer und Politiker: «Ich war Knecht, und ich musste auch ‹unten durch›. Deshalb habe ich überhaupt keine Berührungsängste im Umgang mit einfachen Leuten, die ich schätze und gerne habe. Ich kenne ihre Wünsche und Sorgen, weil ich selber aus ihrem Kreis hervorgegangen bin. Und viele haben mir schon gesagt: ‹Bei Ihnen merkt man halt, dass Sie auch schon um halb sechs Uhr morgens im Stall gestanden sind und sich auf dem Acker nach Kartoffeln bücken mussten.›»

Bruder Andreas schildert in seinem Essay eine eindrückliche Begebenheit aus Christophs Landwirtschaftszeit: «An einem heissen Tag war er auf dem Acker beschäftigt, fuhr im Sonnenglast hin und her, Furche um Furche. Zur Znünizeit kam der Grossbauer, sein Meister, zu ihm hinaus. Dieser war vermögend, aber als Geizhals bekannt. Aus seinem Korb reichte er ihm ein einziges Glas Süssmost. Mein Bruder schüttete den Most aus, warf das Glas in den Acker, schwang sich auf den Traktor und arbeitete weiter. Das war nicht das Verhalten, das man von einem Knecht gewohnt war. Aber nicht die Reaktion des Knechts ist hier das Denkwürdige, sondern die des Meisters. Er liess es sich gefallen, und fortan war Schluss mit der Geizknäpperei.»

Während seines Welschlandaufenthaltes besuchte Christoph einige Male seinen Grossonkel Eugen Blocher in Pully bei Lausanne. Ebenso besuchte dieser Christoph in Pampigny. Der damalige Bundesgerichtspräsident beeindruckte und beeinflusste ihn. «Onkel Eugen riet mir, Jurisprudenz zu studieren, um spä-

19

ter Landwirtschaftspolitik betreiben zu können. Dabei lag dieser Entscheid gar nicht an, ich hatte ja nicht einmal eine Maturitätsprüfung hinter mir.»

Rekrutenschule und Matur

Im gleichen Jahr, in welchem Christoph Blocher seine Berufslehre abgeschlossen hatte, traf die Familie ein harter Schlag. Der Vater wurde 1958 als Pfarrer von Laufen nicht wiedergewählt. Er war 61 Jahre alt und stand vier Jahre vor der Pensionierung. «Alle sechs Jahre musste man sich zur Wiederwahl stellen», erzählt Ida Blocher, «und schon 1952 mussten wir zittern. Zwischen der Kirchenpflege und meinem Mann schwelte ein schwerer Konflikt.» Als Vertreter einer konservativen Haltung konnte er sich nicht mit liberal-religiösem Gedankengut anfreunden. Dies führte nach der Einschätzung von Ida Blocher zum endgültigen Bruch. Zum Zeitpunkt der Abwahl lebten noch sieben Kinder zu Hause. Es war eine schwere Zeit für die Familie.

Christoph Blocher war allerdings nur am Rand vom persönlichen Unglück des Vaters betroffen, da er nicht mehr zu Hause wohnte. Der Vater aber habe schwer gelitten, erinnert sich Gerhard Blocher.

Durch Zufall oder Hilfe von Bekannten fand die Familie im Herbst 1958 ein grosses Haus in Frauenfeld mit einem riesigen Studierzimmer, das Vater Blocher sehr genossen hat. Leider nicht für all zu lange Zeit, denn dieses Haus war zum Verkauf ausgeschrieben, und Blochers konnten nur so lange darin bleiben, bis sich ein Käufer gefunden hatte. Bereits nach eineinhalb Jahren war es soweit. Die Familie musste erneut umziehen. Diesmal nach Wald im Zürcher Oberland, wo man ein bescheidenes Haus mit neun Zimmern erstehen konnte. Ida Blocher erinnert sich: «Die Tapeten hingen von den Wänden, und der Zaun ums Haus war vermodert. Aber wir nahmen es trotzdem, denn es bot genug Platz, und jedes Kind hatte sein eigenes Bett. Und mein Mann musste zuoberst in einem kleinen abgeschrägten

Kämmerlein sein Studierzimmer einrichten. Aber er hat nie geklagt.» Wolfram Blocher konnte sich sogar nochmals aufraffen, eine Verweserei zuerst in Stein im Toggenburg und dann eine in Bauma im Tösstal und in Bäretswil, was von Wald aus sehr günstig zu erreichen war, zu übernehmen. «Und so ging's auch mit dem Einkommen wieder aufwärts, und wir konnten das ganze Haus renovieren und schliesslich kaufen», erzählt Mutter Blocher. Christoph habe den Eltern vor diesem Entscheid Mut zugesprochen. In solchen Dingen sei er eben optimistisch gewesen und habe das Positive gesehen.

Im Anschluss an die Sommerstelle in Pampigny folgten der zweite landwirtschaftliche Winterkurs in Wülflingen und danach ein landwirtschaftliches Praktikum in Knonau im Zürcher Säuliamt. Im Juli 1960 rückte Christoph Blocher in die Luftschutz-Rekrutenschule in die alte Kaserne in Zug ein. Da in dieser Kaserne Typhus ausgebrochen war, mussten die Rekruten die erste Nacht in Stallungen ausserhalb der Stadt verbringen, bis sie nach Walenstadt dislozieren konnten. Weil alle Unteroffiziere krank waren, mussten einzelne Rekruten jeweils morgens in der Frühe zur Ausbildung antreten, um das Wissen dann am Tag den Kameraden weiterzugeben. Dies veranlasste Christoph Blocher zur spöttischen Bemerkung: «Wir sind die einzigen Schweizer, die nie Rekruten, sondern von Anfang an Unteroffiziere waren!» Im folgenden Jahr absolvierte Christoph Blocher die Unteroffiziersschule in Genf, verdiente seinen Grad in Fribourg ab und wurde schon nach zehn Wochen mit dem A-Vorschlag zur Ausbildung zum Offizier entlassen.

Jahrelang war für den jungen Christoph die Schule bloss ein notwendiges Übel gewesen, nun trat er im Frühsommer 1961 in die zürcherische Privatschule «Minerva» ein, um sich auf die eidgenössische Matur vorzubereiten. Für eine Zimmermiete in Zürich reichte das Geld nicht. So zog er wieder heim zu seinen Eltern nach Wald.

Schulgeld konnte Christoph nicht bezahlen. Für Schüler aus weniger begüterten Verhältnissen und guten Abschlusschancen gab es an der Minerva in der Regel günstigere Bedingungen, von de-

21

nen er profitieren konnte. Daneben nahm er an der Schule eine Hilfsabwartsstelle an, die ihn dazu verpflichtete, mittags und abends alle Schulzimmer zu kontrollieren, womit ihm das Schulgeld um weitere 50 Franken pro Monat erlassen wurde.

In der Rekordzeit von 20 Monaten schaffte Christoph Blocher die C-Matur. «Die Ausbildung war an sich gut», sagt er, «dennoch war es eine ‹Schnellbleiche›.» Für fundierten Fremdsprachenunterricht blieb wenig Zeit, und seine Sprachkenntnisse sind denn auch nicht perfekt.

Während der Zeit in der Minervaschule kam es für Christoph Blocher zu einer Begegnung, die seinen späteren Lebensweg nachhaltig beeinflusste: In derselben Schulklasse sass ein jüngerer Schüler. Es war Werner Oswald junior, einer der Söhne des Industriellen Dr. Werner Oswald, der in den vierziger Jahren in der Holzverzuckerungs AG in Domat/Ems in Graubünden Treibstoff aus Holz herstellte. Dieses sogenannte «Emser-Wasser» war in der ganzen Schweiz bekannt, und Oswalds Betrieb mit seiner Treibstoffproduktion gelangte im Zweiten Weltkrieg zu grosser Bedeutung. Zwischen Werner Oswald junior und Blocher entwickelte sich eine lose Bekanntschaft. Oswalds Unternehmen, das nach dem Krieg auf die Produktion von Kunststoffasern umstellen musste und inzwischen «Emser Werke» hiess, war für Schulen – insbesondere für die Chemielehrer – ein beliebtes Ausflugsziel. Studenten konnten hier auf eindrückliche Art und Weise die organische Chemie in der Praxis erleben. Bei einer solchen Betriebsbesichtigung ist der Schüler Christoph Blocher dem alten Dr. Oswald aufgefallen. Er war erstens älter als seine Klassenkollegen, und zweitens war er aufgeweckter und stellte viele Fragen. Im Gespräch fand Oswald heraus, dass sich der junge Blocher auf dem zweiten Bildungsweg befand. Ihm gefiel, dass dieser lebhafte junge Mann ursprünglich – wie auch Oswald selber – Bauer gelernt hatte. Er schlug ihm vor, in seinem Haus in Horgen ein Zimmer zu beziehen. Das lag näher bei der Schule und war erst noch gratis.

Werner Oswald hatte fünf Kinder. Als Gegenleistung für das Zimmer erwartete er von seinem jugendlichen Untermieter, dass dieser seinen Söhnen beim Lernen half. Die Eltern Blocher liessen ihren Sohn ziehen: «Wir merkten, dass Oswald ein eigenartiger Mann war, spürten aber, dass er das Herz auf dem rechten Fleck hatte», sagt die Mutter: «Christoph stellte klar: er werde gerne tun, was man von ihm verlange. Aber in den Emser Werken arbeiten wolle er nie, er sei nicht bereit, irgendwelche diesbezügliche Verpflichtungen einzugehen.»

Studienzeit

Im Herbst 1963 schrieb sich Christoph Blocher an der Universität in Zürich für das Studium der Jurisprudenz ein, das er nach vier Jahren abschliessen konnte, obwohl er das Studium mehrmals unterbrechen musste, um seinen Militärdienst zu leisten. 1964 besuchte er die Offiziersschule. Er lebte nun in einer Studentenbude am Zürichberg, womit vorläufig auch der Kontakt zur Familie Oswald abgebrochen war. Das Studium finanzierte sich Christoph als Werkstudent, dann mit Darlehen und Stipendien. «Die habe ich später alle bis auf den letzten Rappen zurückbezahlt», sagt er. Er wünschte, dass das Geld zur Förderung minderbemittelter Studenten eingesetzt werde. Weil eine Rückzahlung von Stipendien weder erwartet noch in den Gesetzen vorgesehen ist, führte die Überweisung für die Regierung zu Schwierigkeiten. Schliesslich landeten seine rückerstatteten Stipendiengelder in der allgemeinen Staatskasse, wobei dafür eine eigene Rubrik in der Staatsrechnung nötig war.
Als Werkstudent arbeitete Christoph Blocher nachts unter anderem auch auf der Sihlpost. «Für mich war es einfach selbstverständlich, dass die einen einen Vater hatten, der die Schule der Kinder finanzieren konnte, und die andern halt einen, der sich dies nicht leisten konnte», sagt er.
Vor seiner Abschlussprüfung verbrachte Christoph Blocher einen halbjährigen Studienaufenthalt in Frankreich. Er hatte sich – wie sich herausstellte als einziger – um einen bezahlten Studienaufenthalt in Montpellier und in Paris beworben, den die Stu-

dentenverbindung Teutonia als Jubiläumsgabe ausgeschrieben hatte. «Leider habe ich diese Zeit für die Verbesserung meiner Französischkenntnisse schlecht genutzt», sagt Blocher, «denn ich hatte bereits den Abschluss vor Augen und büffelte in meiner Klause statt französisch vor allem römisches Recht auf deutsch und benützte den Aufenthalt fleissig zu Reisen in Frankreich.» Zürich befand sich damals im Vorfeld der Studentenunruhen. Als Werkstudent und als einer, der sich seine akademische Ausbildung auf dem zweiten Bildungsweg aneignen musste, haben ihn die Anliegen der aufmüpfigen Studenten befremdet. «Für mich war das Studium einfach etwas, das man abzuschliessen hatte, um nachher über das nötige Rüstzeug für eine berufliche Tätigkeit zu verfügen», sagt er. Mit schwärmerischen Forderungen habe er sich ohnehin nie anfreunden können. «Ich hatte den Eindruck, dass sich unter den Drahtziehern vor allem Söhne aus gutem Hause befanden, die gar nicht wussten, wie man seinen Lebensunterhalt selbständig bestritt. Die haben eine romantisch-sozialistische Theorie vertreten, liebäugelten mit Mao Tsetung, hatten sein ‹Rotes Büchlein› dabei, und ihre Leitfiguren waren Philosophen wie Herbert Marcuse. Vorbilder waren Fidel Castro und Che Guevara.» Mit Ideologien habe er jedoch nie etwas anfangen können, er sei auch heute kein Ideologe und vertrete auch keine Ideologie. «Schon immer handelte ich aus dem Leben heraus.» Mit seinem Studienkollegen Harro von Senger, der heute Sinologie an der Universität in Freiburg im Breisgau lehrt, beteiligte er sich erfolgreich an den Wahlen für den Grossen Studentenrat. Von Senger kennt das damals noch tief kommunistische China, da er in Peking studiert hat. Sie gründeten den Studentenring, die «rechte» Gegenkraft zu den «Dutschkisten». «Nachträglich habe ich zwar das Gefühl, das sei alles verschwendete Zeit gewesen. Man stritt sich abendelang über die freie Marktwirtschaft oder andere Themen, und das Ganze war ziemlich kindisch», urteilt Christoph Blocher heute.

Er besuchte neben seinem Jus-Studium auch Vorlesungen in anderen Fakultäten. So auch bei Professor Karl Schmid an der ETH über Schweizer Literatur. Schmid trat als überzeugter Fö-

24

deralist schon damals für ein geeintes Europa der Vaterländer ein, warnte jedoch nachdrücklich vor einem bürokratischen Machtkoloss: «Der Mythos vom grösseren Glück im grösseren Zusammenhang, in grösseren Wirtschaftsräumen ist trügerisch», sagte Schmid, der ein Engagement für die europäische Einigung durch nüchternes Denken verlangte, jegliche Integrationsideologie (die damals weit weniger ausgeprägt war als heute) aber abgelehnt hat. Durch Karl Schmid, den Blocher als hervorragende Persönlichkeit in Erinnerung hat, kommt er auch in Berührung mit der deutschen Literatur und lernt einige Schriftsteller wie Hermann Burger oder Peter Bichsel persönlich kennen.

Begegnung mit Silvia Kaiser

Ein erstes Mal hat Christoph Blocher in der Badeanstalt Wald ein Auge auf die hübsche, knapp achtzehnjährige Silvia Kaiser geworfen. Sie war eben von einem Austausch- und Studienjahr aus den USA zurückgekehrt und ist ihrem damaligen Bewunderer in nachhaltiger Erinnerung geblieben, weil sie mit englischen Brocken angereichertes Schweizerdeutsch redete – als habe sie ihre Muttersprache bei den Amerikanern verlernt. Silvia Kaiser kannte Christoph vom Hörensagen, denn sie ging mit seinem jüngeren Bruder Andreas ins Gymnasium von Wetzikon und war mit diesem befreundet. Zur folgenreichen Begegnung wurde das Zusammentreffen der beiden in der Eisenbahn ein halbes Jahre später. Sie waren auf der Heimfahrt von einem Theaterabend im Zürcher Schauspielhaus, an welchem «Nathan der Weise» von Lessing gespielt wurde, ein Stück, das wunderbaren Gesprächsstoff bietet. Silvia Blocher meint, dass sie sich bei dieser Gelegenheit in Christoph verliebt habe. «Er hat mich fasziniert, weil er ein Mann ist, der schnell denken kann und sofort begreift, worum es einem geht», sagt Silvia Blocher, die sich selbst als eine unternehmungslustige, junge Frau beschreibt, die viele Interessen und einen enormen Selbständigkeitsdrang hatte. Deshalb sei sie auch – was damals in den sechziger Jahren noch unüblich war – für ein Jahr nach Amerika gegangen. Ihr Vater hat sich mit überdurchschnittlichem Einsatz vom Mechaniker zum Unternehmer emporgearbeitet, und ihre Familie – die Eltern, drei Schwestern und ein Bruder – lebte in gut mittelständischen Verhältnissen.

Eigentlich war allen völlig klar, dass Silvia mal Karriere machen würde. Mit der Matura in der Tasche, begann sie an der Uni Zürich Mathematik zu studieren. Nach dem ersten Vordiplom sprang sie für einige Wochen in einer Thurgauer Landschulklasse als Verweserin ein. Die Arbeit als Lehrerin hat ihr soviel Freude bereitet, dass sie beschloss, das Studium an den Nagel zu hängen. Zudem stand damals für das junge Paar bereits fest, dass es heiraten und eine Familie gründen wollte. Ein Mathematikstudium abzuschliessen, erschien der jungen Frau deshalb wenig sinnvoll. Silvia Blocher konnte eine sechste Klasse in Weinfelden übernehmen und erwarb nebenbei das Lehrerpatent. Da die jungen Leute vorerst nur heimlich verlobt waren, mussten sie ihre Verlobungsringe vor jedem Besuch in den beiden Elternhäusern ausziehen. Am 4. Oktober 1967 wurde das Paar in Weinfelden getraut. Da Christoph sein Jusstudium noch nicht beendet hatte, sorgte vorläufig die frischgebackene Ehefrau für den Lebensunterhalt.

Ende des Studiums und Dissertation

Gegen Ende des Studiums begann sich Christoph Blocher nach einer Stelle in der Wirtschaft umzusehen. Obwohl er als Assistent an der Uni hätte bleiben können, reizte ihn die praktische Arbeit mehr als die rein wissenschaftliche. Er wollte seine Kenntnisse nun endlich direkt und in der Praxis umsetzen. Der Zufall wollte es, dass just in dieser Zeit, gegen Ende 1968 also, der Industrielle Dr. Oswald wieder an ihn gelangte und ihm eine Stelle im Rechtsdienst der Emser Werke anbot. Der frischge-

backene Jurist nahm die Halbtagesstelle an und schrieb gleichzeitig seine Dissertation.

«Ich hatte nie damit gerechnet, den Job bei den Emser Werken
zu behalten. Das war überhaupt nicht mein Ziel. Ich musste einfach mal irgendwo beginnen, und hier ergab sich eine Gelegenheit», beteuert Christoph Blocher heute.

In seiner Doktorarbeit widmete sich Christoph Blocher wieder
der Landwirtschaft: «Die Einführung der Landwirtschaftszone
und ihre Vereinbarkeit mit der Eigentumsgarantie», heisst sein
Thema. Die Arbeit wurde mit «magna cum laude» bewertet und
war als Buch sehr schnell vergriffen. «Keine Meisterleistung»,
urteilt Christoph Blocher über seine Dissertation. Er vertrat
darin die Ansicht, dass Bauland und Landwirtschaftsland zu
trennen seien. Ein Planungsrecht im heutigen Sinne bestand zu
jener Zeit noch nicht, wurde aber bald ein Thema. Und grotes-
kerweise war es dann gerade Blocher, der in der Folge mehrere
Male planerische Auswüchse bekämpfte. «Ich konnte damals ja
nicht ahnen, worauf ich mich mit dieser Dissertation eingelassen
hatte, beziehungsweise was geschehen würde, wenn diese den
Bürokraten in Hände fallen würde.»

Ironie des Schicksals, dass Christoph Blocher politisch mehrmals
über seine eigene Dissertation gestolpert ist. Er erinnert sich an
eine Bausache zu seiner Gemeinderatszeit. Er hatte den Gemeinderat ermuntert, der Auffassung des Kantons entgegenzutreten
und Einsprache zu erheben. Das Ersuchen wurde vom Kanton abgelehnt und der ablehnende Entscheid einzig und allein mit Zita-
ten aus Blochers Dissertation begründet. In jenem Schreiben
hiess es mehrfach: «Wie schon Blocher in seiner Dissertation aus-
führte...» «Das war für mich ein Denkzettel. Denn ich habe gemerkt, wie sehr sich Theorie und Praxis unterscheiden.»

Die Familie

Anfänglich konnte sich Christoph Blocher seinem liebsten Hobby, dem Reiten, noch regelmässig widmen. Das änderte sich aber bald: Die Arbeit an der Dissertation und im Betrieb nahmen ihn voll und ganz in Beschlag. Silvia erwartete das erste Kind, und Christoph Blocher widmete sich weit mehr als vorgesehen dem Unternehmen. Das Pendeln zwischen Zürich und Weinfelden kam erschwerend dazu. Silvia Blocher wollte nach der Geburt ohnehin den Lehrerberuf aufgeben. So suchte sich das Ehepaar eine Bleibe in der Nähe von Zürich, es fand eine 4½-Zimmerwohnung in einem Wohnblock in Meilen, der Ortschaft am Zürichsee, wo die Familie bis heute lebt.

«Christoph hat sich regelrecht in seine Arbeit gestürzt», erzählt Silvia Blocher aus jener Zeit. «Zudem kamen bald politische und kulturelle Engagements dazu. Ich habe von allem Anfang aktiv daran teilgenommen, indem ich Veranstaltungen besuchte, Inserate gestaltete und Zeitungsartikel überarbeitete. Durch unsere vielen, gemeinsamen Diskussionen wusste ich ja genau, was mein Mann sagen wollte. Ich habe jene Zeit als streng, aber sehr bereichernd empfunden. Wir waren in Meilen sofort integriert, schlossen viele Freundschaften und hatten interessante Begegnungen mit Leuten aus Kunst, Kultur und Wissenschaft.

Bei all seiner vielfältigen Arbeit hat sich mein Mann aber trotzdem auch sehr um unsere Kinder gekümmert. Innerhalb von sieben Jahren wurden uns ja vier Kinder geschenkt. Da war ich oft froh, dass auch er die Kleinen wickeln konnte, mir in der Nacht das jüngste zum Stillen ins Bett brachte oder am Wochenende den grösseren mit «Überraschungsbrötli» unter viel Lachen das Abendessen schmackhaft machte.

Wir haben damals unseren Familienrhythmus ganz nach seiner Arbeitszeit gerichtet. Da Dr. Oswald, sein Chef, immer erst am Mittag im Büro auftauchte, dafür abends um so länger blieb, wurde für uns das Frühstück zur eigentlichen und einzigen gemeinsamen Familienmahlzeit, der immer etwas Festliches anhaftete. So holte Christoph jeweils noch schnell frisches Brot, während ich Salami oder Speck aufschnitt. Die Kinder sassen in ihren Schlafanzügen um den Tisch, lärmten und erzählten, das Kleine im ‹Sesseli› kreischte wacker mit. Ruhig ging es bei uns selten zu. Christoph und ich sind ja beide nicht gerade bedächtige Typen, und so sind auch unsere Kinder recht temperamentvoll.

Natürlich gestalteten wir auch unsere Ferien kinderfreundlich. Wir verbrachten nach Möglichkeit jedes Jahr drei bis vier Wochen in einem gemieteten Ferienhaus in den Bergen, von wo aus wir Ausflüge und Wanderungen – das Kleinste im Sesseli auf dem Rücken des Vaters – unternahmen, wo die Kinder aber auch einfach spielen und wir ein Buch lesen konnten.

In jener Zeit habe ich viel gestrickt. Mein Mann las mir dazu vor. So haben wir beispielsweise im Emmental Gotthelf gelesen. Das Wandern in schönen Gegenden, die Landschaften, die Natur mit ihren Blumen, Bäumen, Pilzen, Vögeln und Schmetterlingen, all das ist für uns seit jeher beglückend. Wenn wir dann in unserem Eifer die Kinder mit Wandern wieder einmal überfordert hatten, so lenkte Christoph sie mit allerlei selbsterfundenen Geschichten von ihren müden Beinchen ab oder er rezitierte aus einem alten Kinderbuch aus seiner Jugend gereimte Mundartverse. Überhaupt haben wir beide unseren Kinder sehr viele Bilderbücher gezeigt und Geschichten erzählt, wir haben mit ihnen Lieder gesungen, Verschen auswendig gelernt, die sie dann an verschiedenen Familienfesten und Geburtstagen aufsagen konnten.

Christoph selbst war und ist an Familienfesten ein gern gesehener Gast: Nicht selten unterhält er die ganze Gesellschaft mit seinen witzigen und treffenden Sprüchen und Geschichten. Den Kindern aus der ganzen Verwandtschaft ist er als ‹Zauberer› ein Begriff. Und noch heute treten die kleineren Kinder meiner Schwestern mit der Bitte an ihn heran, doch zu zaubern.

Später, mit den grösseren beruflichen und politischen Aufgaben und der wachsenden Verantwortung meines Mannes, wurde unser Leben ernsthafter. Zwar versuchten wir immer noch, die Feste zu feiern, wie sie fallen, aber zu richtig unbeschwerten Familienferien reichte es nicht mehr so häufig. Um trotzdem als

Familie gemeinsam etwas zu erleben, begleiteten wir Christoph auf seinen Geschäftsreisen. Auch da versuchten wir Nötiges und Nützliches mit Vergnügen zu verbinden. Auf zwei unserer USA-Reisen waren wir mit allen vier Kindern unterwegs: 1983 vor allem in New York, Colorado, Utah, Nevada und Californien. 1987 in Illinois, Ohio, Kentucky, Tennessee und South Carolina. 1985 reisten wir für vier Wochen nach China, wobei wir zum besseren Verständnis für unsere Kinder einen Schweizer Übersetzer mitnahmen. Diese Reise war für uns alle eine der eindrücklichsten, kamen wir doch in sehr abgelegenen Gebieten mit einer uns fremden Kultur hautnah in Berührung. Eine Berührung, die erfreulich und bereichernd, aber auch schockierend und befremdend war.

1987 besuchten wir alle zusammen Südafrika. Wir erkundeten das Land nicht nur politisch, wirtschaftlich, landschaftlich und kulturell, sondern erlebten auf einer Safari auch das afrikanische Wildlife mit Löwen, Elefanten, Geparden, Nashörnern und Antilopen.

Nur noch die beiden jüngeren Kinder begleiteten uns, als Christoph und ich im Oktober 1992, mitten im EWR-Abstimmungskampf, unsere silberne Hochzeit mit einer Reise nach Südafrika und Mauritius feierten.

Wir waren immer bestrebt, weltoffen zu sein. Deshalb haben wir unsere Kinder ermuntert, während der Mittelschulzeit ein halbes oder ein ganzes Jahr an einer Schule auf einem anderen Kontinent zu verbringen. Die beiden älteren waren in den USA, die zweitjüngste in Australien und die jüngste in Kanada. Mit jedem der Kinder haben wir später seine Gastfamilie besucht und das Gastland bereist. So waren wir 1993 in Australien und 1994 in Kanada.

Unsere älteste Tochter, Magdalena, geboren 1969, beendete kürzlich ihr Studium an der Wirtschaftshochschule in St. Gallen und arbeitet jetzt in einem amerikanischen Konzern. Markus, Jahrgang 1971, studiert Chemie an der ETH in Zürich. Beide sind von zu Hause weggezogen. Daheim leben noch Miriam, geboren 1975, und Rahel, Jahrgang 1976. Miriam studiert

Lebensmittelingenieurin an der ETH in Zürich, und Rahel besucht das mathematisch-naturwissenschaftliche Gymnasium in Zürich.»

Die aktive, unternehmungslustige Silvia Blocher hat Beruf und Karriere zugunsten der traditionellen Frauenrolle aufgegeben: Sie war während der letzten 28 Jahre Mutter, Hausfrau und Partnerin an der Seite ihres Mannes. Ist ihr dies schwergefallen? «Als ich meinen Mann kennenlernte, spürte ich: mit ihm werde ich ein interessantes Leben führen können. Und das hat sich auch bewahrheitet.» Am Wesen ihres Gatten haben ihr stets die Einsatzfreudigkeit, die Konsequenz seines Handelns gefallen: «Das Unbedingte an seiner Art kommt auch meinem Charakter sehr entgegen. Mein Mann hat mich herausgefordert. Und eine solche Herausforderung habe ich mir auch gewünscht», sagt sie. Natürlich haben sie der Haushalt und die Erziehung der vier Kinder viele Jahre lang stark in Anspruch genommen, viel Freizeit für persönliche Aktivitäten ist nicht geblieben. Silvia Blocher hat nicht das Gefühl, sie habe durch die klare Rollenteilung in der Partnerschaft mit Christoph Blocher die zweite Geige gespielt oder stehe gar in seinem Schatten: «Er ist der Dirigent», lacht sie, «aber ich habe von Anfang an unser gemeinsames Leben mitgestaltet, und mein Beitrag war immer wichtig und hat gezählt. Wir besprechen ja alles miteinander und arbeiten ideal zusammen», erzählt sie mit wohltuender Bestimmtheit. Alles in allem gesehen, kann die intelligente Frau sogar dem hektischen Lebensstil ihres Mannes positive Seiten abgewinnen: Sein beruflicher und politischer Erfolg haben ihr viele neue Horizonte eröffnet und eine Menge interessanter Begegnungen gebracht: «Ich bin in hohem Masse zufrieden», sagt sie ganz ruhig und fast ein bisschen feierlich.

Erste politische und kulturelle Engagements

Ausgangs der sechziger Jahre glaubten noch viele an ungebremstes Wachstum. So auch der Meilemer Emanuel Meier, damaliger Generalmanager und Präsident des Direktoriums der Alusuisse. Ihm schwebte vor, ein Verwaltungs- und Forschungszentrum mit 5000 Angestellten für die Alusuisse in Meilen zu bauen, das damals etwa 10 000 Einwohner hatte. Es sollte in der Landwirtschaftszone im Eichholz angesiedelt werden. Viele meinten, mit der Alusuisse käme ein prächtiges Huhn daher, um goldene Eier zu legen. Der Gemeinderat, das ganze Establishment, alle Parteien waren begeistert. Das eher skeptische Gewerbe geriet unter Druck. Mit der Aussicht auf neue Arbeitsplätze, hohe Steuereinnahmen und gar ein Hallenbad sollte die Bevölkerung für das Vorhaben geködert werden, das Wohlstand für alle versprach.

Nur ein kleiner harter Kern stemmte sich gegen das Projekt. Auch Christoph Blocher, noch keine drei Monate in Meilen wohnhaft, setzte sich an vorderster Front für die Gruppe, die unter dem Titel «Für eine gesunde Entwicklung Meilens» auftrat, ein. Mitstreiter Guido Jeker, einer der Geschäftsführer bei der HOVAL Heizkessel und Heiztechnik, erinnert sich: «Alle merkten sofort, dass Christoph der einzige war, der als Sprecher in Frage kommen würde. Er konnte einen komplizierten Sachverhalt ganz einfach darstellen. Das war unbestritten. Sogar die Bauern merkten, dass er kein intellektueller Wolkenschieber war, sondern einer, der wusste, wovon er redet.»

Der Kampf war hart. Man musste gegen einen übermächtigen Gegner antreten. In mühsamer Kleinarbeit wurde die Situation analysiert, wurden Gegenargumente aufgebaut.

Zwar entschied die Alusuisse, ihr gigantisches Vorhaben zu redimensionieren und statt 5000 nur 1500 Arbeitsplätze anzusiedeln, es sollte vor allem die Zentralverwaltung nach Meilen ge-

Oben: Ida und Wolfram Blocher mit ihren elf Kindern, April 1949
        Christoph: 3. v. l. (Foto: Foto-Koch)

Unten: An der Uhwieser Hilari-Feier 1953. Christoph: 2. v. l.

Im landwirtschaftlichen Praktikum im waadtländischen Pampigny, 1959

bracht werden. Das Vorhaben blieb umstritten. Die Gemeinde war bereit, 50 000 Quadratmeter Land zu einem Quadratmeterpreis von 60 Franken an den Konzern abzutreten. Es gelang der Gruppe mit Christoph Blocher, eine beachtliche Gegnerschaft zu mobilisieren. Und die Spannung bei den Bürgern stieg. Die grosse Gemeindeversammlung, an welcher über die Einzonung des Landes und damit über die Ansiedlung der Alusuisse entschieden werden sollte, war auf den 24. März 1970 angesagt. Es strömten fast 3000 Menschen zur Meilemer Turnhalle, wo wegen des Riesenaufmarsches die Diskussion mit Lautsprechern in eine zweite Turnhalle übertragen wurde. Christoph Blocher griff mehrmals in die Debatte ein. Dabei gingen dem damaligen Gemeindepräsidenten und Nationalrat Theodor Kloter richtig die Nerven durch. Als Blocher sich wiederholt zu Wort meldete, sagte Kloter ins Mikrophon – in der Meinung natürlich, dieses sei abgestellt –: «Jetzt chunnt dä Tubel scho wider!» Bei dieser Abstimmung, bei der erstmals auch Frauen teilnehmen konnten, stimmten die Stimmbürgerinnen und Stimmbürger mit 1507 Ja gegen 1272 Nein für die Einzonung des Landes im Eichholzquartier und damit für eine Alusuisse-Ansiedlung in Meilen.

Die Gegner indes gaben nicht klein bei. Ein Bezirksrats- und schliesslich ein Bundesgerichtsentscheid führten zu einer Heraufsetzung des Landpreises auf angemessene 90 Franken pro Quadratmeter. Auch wurde entschieden, dass künftig alle Alusuisse-Geschäfte der Urnenabstimmung unterbreitet und die Urnengeschäfte in vorberatenden Gemeindeversammlungen behandelt werden mussten. Sämtliche vorangegangenen Beschlüsse in Sachen Alusuisse wurden für ungültig erklärt. Die entsprechenden Verfügungen schlugen im Dorf wie eine Bombe ein und polarisierten die Bevölkerung. Gegner und Befürworter grüssten sich nicht mehr im Dorf. Und das Alusuisse-Projekt kam nicht zustande.

Im Rückblick ist es aber sowohl für Meilen wie auch für die Alusuisse ein Segen, dass das Projekt nicht verwirklicht worden ist. Die Alusuisse hätte die Gewaltinvestitionen wohl kaum überlebt: Die weltweite Rezession hatte die Ertragslage des Unternehmens ohnehin arg geschwächt. In Meilen wollen selbst die ehemaligen Befürworter des Projektes nicht mehr an damals erinnert werden. «Die Befürworter von einst müssen alle ausgestorben sein», meint Guido Jeker ironisch. «Wirkliche Genugtuung über die Richtigkeit dieses Entscheides hatten wir ja erst im Nachhinein. Christoph jedenfalls hat sich durch seinen Einsatz unheimlich schnell in der Gemeinde integriert. Das war bei ihm keine Mache. Er verfügte auch über die nötige Weitsicht, die es für diesen Kampf brauchte. Wenn er für eine Sache einsteht, dann zieht er sein Engagement mit vollster Kraft und ohne Kompromiss durch.»

Wenn auch der Sieg für Christoph Blocher nicht ungetrübt blieb – man war auf ihn und seinen Einfluss aufmerksam geworden, und seine persönlichen Gegner wurden zahlreicher –, so war der Alusuissekampf doch mit Sicherheit der Start zu seiner politischen Karriere.

Die Ortssektionen der FDP, der CVP und der SVP bemühten sich gleichzeitig um den Beitritt des kämpferischen Juristen. Christoph Blocher entschied sich 1972 für die Schweizerische Volkspartei, weil ihm die lokalen Exponenten dieser Partei am besten gefielen und weil die Partei traditionell vor allem landwirtschaftliche und gewerbliche Kreise vertritt. Die freiheitliche Politik, die liberal-konservative Auffassung, realitätsbezogen und von Grundsatztreue begleitet, kamen seiner Überzeugung am nächsten. Bereits 1974 wurde er in den Meilemer Gemeinderat gewählt. 1975 wurde er Kantonsrat, übernahm 1977 in einer Kampfwahl das Präsidium der Zürcher SVP und wurde 1979 Nationalrat.

Präsident der Mittwochgesellschaft

In Meilen gab es eine Mittwochgesellschaft, ursprünglich eine Lesegemeinschaft, die mit dem Aufkommen der Zeitungen um etwa 1830 entstanden war. Nicht jeder Bürger verfügte damals über das nötige Geld, um sich Zeitungen zu kaufen. Also gründete man Lesegesellschaften, in denen die Lesemappen von Haus zu Haus gereicht wurden. In jenen Jahren entstanden auch viele Vereinigungen, die vor allem im sozialen Bereich tätig waren, so auch in Meilen der Gemeindehausverein, der für Gemeindestuben sorgte, in denen der Alkoholausschank verboten war. Nach über hundert Jahren erfüllten diese beiden Vereine ihren ursprünglichen Zweck nicht mehr, versuchten aber weiterhin auf ihre Art, kulturell tätig zu sein, indem sie Vorträge organisierten oder Filmabende veranstalteten.

Als der knapp 30jährige Christoph Blocher nach Meilen kam, interessierte er sich brennend fürs Gemeindeleben. Der engagierte junge Jurist wurde denn auch prompt gebeten, das Präsidium der Mittwochgesellschaft und des Gemeindehausvereins zu übernehmen. Er wusste, dass Meilen ein steiniger Boden für kulturelle Anlässe war. Kulturinteressierte besuchten das nahegelegene Zürich. «Macht nichts, packen wir's an», sagte sich Christoph Blocher. Zum Präsidium konnte er sich aber nicht entschliessen. Er stellte sich lediglich zur Verfügung, um eine Kommission zu präsidieren, die einen neuen Vereinszweck suchen sollte.

Er ging zügig ans Werk. Die beiden Vereine sollten fusionieren und sich künftig Mittwochgesellschaft Meilen, MGM, nennen. Die Mittwochgesellschaft brachte den Namen, der Gemeindehausverein das Vermögen. Der Gemeindehausverein besass eine Liegenschaft, die Gemeindestube «Sternen», die man verkaufte, was fast eine Million Franken einbrachte. Von den Zinsen des Kapitals sollten die kulturellen Aktivitäten der MGM bezahlt werden.

Als neuer Präsident der MGM organisierte Christoph Blocher 1972 als erstes die Kunstausstellung «Zürich-Land». Über 100

Künstler aus dem Kanton Zürich stellten Werke vor, die juriert wurden. Die «Zürich-Land» wurde jedes dritte Jahr im Kunstmuseum Winterthur und dazwischen in verschiedenen Zürcher Landgemeinden gezeigt. Heini Waser, Kunstmaler aus Zollikon und 20 Jahre lang Vorsitzender der Zürich-Land-Kommission, erinnert sich: «Blocher zeichnete sich aus durch eine ungeheure Tatkraft. Er hatte den Mut, gegen Leute anzutreten, die das Dekadente, das Snobistische und das Zynische pflegten. Diese Entschlossenheit hat imponiert.»

In seiner Begrüssungsansprache zur Zürich-Land erwähnte Christoph Blocher die Problematik der Kunstausstellungen, die vor allem einzelne Kenner und Sachverständige ansprächen, auf den Laien jedoch selten unmittelbar wirkten. Er sagte unter anderem: «Die Zürich-Land ist eine Ausstellung, die bewusst nicht nur für Kenner und Fachintellektuelle geschaffen wurde, sondern auch für eine kunstliebende Allgemeinheit. Die heutige Krise im Kunstleben – sie ist belegt durch die Vielfalt der Kunstrichtungen und Stile, durch die leidenschaftlichen, oft kämpferischen Auseinandersetzungen – hat dieser Kunstausstellung einen neuen tieferen Wert verliehen. Krise kann ja locken als ein aufzulösender Knoten. Darum gilt es mit Verständnis, Wohlwollen und Beweglichkeit zu prüfen und innerlich mitzuarbeiten an dem, was begabte und strebsame Menschen vorlegen! Diese Unterstützung schöpferischer Menschen in ihrer Wachheit und in ihrem Suchen bildet die Voraussetzung für kulturelle Leistungen.»

Mit der Zürich-Land, die später von den Züspa-Ausstellungen verdrängt wurde, hatte die MGM einen gelungenen Neustart. In der Folge wurden Konzerte, Theater, Freizeitkurse, Vorträge, Lesungen und ein Musikzyklus durchgeführt, der an verschiedenen Abenden einen Grossteil des Orgelwerkes von J. S. Bach in der Kirche in Meilen zur Aufführung brachte und viele Besucher aus den umliegenden Gemeinden anlockte. Unter der Amtsführung von Christoph Blocher wuchs die MGM von anfänglich gut 100 auf 1400 Mitglieder. Guido Jeker, zwölf Jahre lang Mitarbeiter der Gesellschaft, schwärmt: «Es war eine tolle Zeit.

Viele Künstler haben wir kennengelernt. Und Christoph hat diesen Verein – das ist eine seiner grossen Begabungen – mit einem Minimum an Sitzungen perfekt geleitet.»

Natürlich gab es auch böse Zungen, die behaupteten, Christoph Blocher wolle aus seinem kulturellen Einsatz politisches Kapital schlagen. Dieser widerspricht. Das Programm der MGM sei unpolitisch, auch linke Künstler seien willkommen gewesen. So trat etwa nicht nur der Volkskomiker Emil Steinberger auf, sondern auch der politisch eher linksstehende Franz Hohler. Kleinbühnen, Theater, Cabarets, Vorlesungen holte die MGM nach Meilen, und Charly Wunderli stellte der MGM immer wieder seinen «Wunderli-Park» für die Sommer-Serenaden und andere Veranstaltungen zur Verfügung. Die Wunderli-Park-Anlässe zählten zu den Höhepunkten und sind auch heute noch ein Aushängeschild der MGM. Auch damals noch unbekannte Künstler wurden durch die MGM portiert. So etwa die Clowns Ili und Oli, Gardy Hutter, Peter W. Loosli und die «Hutmacher».

Gründung der Jugendmusikschule Pfannenstiel

Ohne Christoph Blocher gäbe es in den Gemeinden Meilen, Herrliberg, Uetikon und Egg heute keine Musikschule. Nach vielen gescheiterten Vorstössen versuchte man eine Jugendmusikschule zu gründen. Und wie immer, wenn es etwas voranzutreiben gilt, brauchte man ein Zugpferd. Christoph Blocher, der in der Gemeinde mittlerweile einen respektablen Bekanntheitsgrad erreicht hatte und als Präsident der MGM prädestiniert war, übernahm das Präsidium einer Gründungskommission. Er schlug vor, dass die Schulpflege Meilen einen Kredit von 15000 Franken für die Gründungsarbeiten sprechen sollte. Es gab eine Neinstimme zuviel, der Kredit wurde nicht bewilligt. Christoph Blocher unternahm einen zweiten Anlauf. Er schlug jetzt vor, das Geld selber einzuschiessen; sollte das Projekt scheitern, würde er das Geld verlieren, sollte es gelingen, würde die Schule es bezahlen. Die Idee zog, die Stimmung in der Schulpflege schlug um, diesmal wurde der Vorschlag angenommen. Christoph Blocher hat diese Musikschule dann vorangetrieben, innerhalb eines Jahres war alles perfekt, und das Unternehmen wurde von den Gemeindeversammlungen der Gemeinden Herrliberg, Meilen und Uetikon gutgeheissen. Später kam die Gemeinde Egg dazu. Als Blocher als Präsident angefragt wurde, lehnte er ab. Die Musikschule Pfannenstiel umfasst heute 1200 Schüler. Alle vier Blocherkinder haben später diese Schule besucht und Blockflöte, Trompete, Panflöte, Querflöte und Klavier spielen gelernt.

Kampf gegen das Raumplanungsgesetz

1975 wurde Christoph Blocher in den Kantonsrat gewählt, wo er unverzüglich den Kampf gegen das zürcherische Planungs- und Baugesetz aufnahm. «Ich merkte, welche Fehlentwicklungen entstehen, wenn der Staat und die Politiker die Raumplanung in die Hand bekommen.» Blochers Gegner konnten nicht verstehen, wieso sich nun ausgerechnet ein Grünschnabel, der darüber hinaus übers Planungsrecht dissertiert hatte, dem Gesetz entgegenstellte.
Verantwortlich für dieses Gesetz war der damalige SVP-Regierungsrat und Baudirektor Alois Günthart. Ihm ist es gelungen, die namhaften Politiker des Kantonsrates um sich zu scharen, so etwa auch die späteren Bundesräte Fritz Honegger und Rudolf Friedrich. Auf der Gegnerseite standen Rudolf Reichling, der spätere Nationalratspräsident, und Albert Siegrist, der spätere Regierungsrat und damalige Präsident des Zürcher Gewerbeverbandes, sowie Christoph Blocher, der das Präsidium des gegnerischen Komitees übernahm. Ein heftiger Kampf wurde geführt, den die Gegner des neuen Gesetzes schliesslich verloren. Und dieser Kampf trug Blocher die erste grosse Fehde innerhalb der eigenen Partei ein, denn es stellte sich die Frage, inwieweit ein junger Kantonsrat ein Gesetz bekämpfen dürfe, das der parteieigene Regierungsrat zu verantworten habe. Das Zerwürfnis war ernsthaft. Blochers Gegenspieler Günthart, der die Abstim-

mung gewonnen hatte, weigerte sich, in der Fraktion zu erscheinen, solange ihr Christoph Blocher angehörte. Mehr noch: Er verlangte noch während des Abstimmungskampfes, dass der Unbotmässige aus der Partei ausgeschlossen werden müsse. Und der «Tages Anzeiger» schrieb, Christoph Blocher werde in der SVP wohl nicht lange geduldet, der schlage viel zu keck drein und gehe gegen die eigenen Leute vor. Günthart sagte Christoph Blocher und Reichling voraus, sie hätten als Kantonsräte keine Zukunft mehr, da sie sich gegen dieses Gesetz gestellt hätten. Es kam aber alles ganz anders: Reichling wurde 1975 Nationalrat, Christoph Blocher 1977 Präsident der SVP-Kantonalpartei und 1979 Nationalrat.

«Schon damals warf man mir vor, ich hätte mit Unwahrheiten operiert», erinnert sich Christoph Blocher, «denn ich sagte voraus, dass die Bodenpreise mit dem neuen Gesetz steigen und nicht sinken würden, wie die Befürworter prophezeit hatten. Wovor ich gewarnt hatte und was als Lüge bezeichnet worden war, ist aber genau so eingetreten. Denn dieses Bau- und Planungsgesetz hat ein feinziseliertes Verfahren bis auf allerhöchste Stufe vorgesehen, in dem bis zum kleinsten Grundstücklein, bis in die hinterste Parzelle alles vorgeschrieben und festgelegt worden ist. Und dies ist einfach mit den Lebensrealitäten nicht in Übereinstimmung zu bringen», ist er noch heute überzeugt. «Meine Befürchtungen gingen dahin, dass mit dem neuen Gesetz alles derart zementiert würde, dass Jahre verstreichen würden, bis man eine Baubewilligung hat. So ist es auch gekommen. Und nun versucht man ja bereits seit Jahren, das alles wieder irgendwie zu entkrampfen. Der Kanton Zürich leidet aber unter den vielen Planungsleichen in Dörfern und Städten.»
Blocher verlangte, die Bauzonen grosszügiger zu gestalten, um das Angebot nicht zu verknappen. Denn mit dem neuen Gesetz wurden baureife Parzellen derart selten, dass die Preise in schwindelerregende Höhen gestiegen sind. «Natürlich war ich für eine Planung. Darüber habe ich ja dissertiert. Aber wegen der rigorosen Beschneidung der Kompetenzen von Privaten und Gemeinden musste ich dagegen antreten. Aus den gleichen Grün-

den bekämpfte ich auch das eidgenössische Raumplanungsgesetz, das dieselben marktwirtschaftlichen Spielregeln vernachlässigte. Daraus entstand auch meine Gegnerschaft gegen das landwirtschaftliche Bodenrecht.»

Unkonventionell im Militär

Nicht nur in der Politik ging's aufwärts, auch im Militär. Alles in allem hat Christoph Blocher weit über drei Jahre Dienst in der Armee geleistet. Seinen Rechtsvertreter und langjährigen Freund, Dr. Paul Maier, hat er im Militär, in der Luftschutzkompanie 111 in Frauenfeld, kennengelernt, wo Blocher Korporal, Maier Leutnant gewesen war. Paul Maier, später Regimentskommandant, schildert seinen Dienstkameraden als äusserst engagierten Führer. Ob als Zugführer, als Kommandant einer Kompanie, eines Bataillons oder eines Regiments, er sei immer mit seinen Leuten verbunden gewesen: «Er war nie ein Schreibtischtäter und konnte die Leute mitreissen.» Christoph Blocher gesteht, er habe seine militärische Karriere anfänglich eher widerwillig begonnen: «Man hat mich praktisch gezwungen, Unteroffizier zu werden. Ich tat es aber mit Begeisterung, nachdem der erste Schritt getan war.» Die Offiziersschule hat er erst mit 24 Jahren besucht und eigentlich nur, weil er sonst noch die 7 Wochen Korporal hätte abverdienen müssen, die ihm noch fehlten. Dreizehn Jahre hatte er eine Kompanie geführt, auch noch, als er bereits die Ausbildung zum Bataillons-Kommandanten besessen hatte. Was ihn nie interessiert habe, sei der Dienst in irgendwelchen Stäben gewesen. So habe er denn auch überdurchschnittlich lange ein Regiment geführt. «Ich habe immer viel verlangt von meinen Leuten. Wir hatten auch anforderungsreiche Wiederholungskurse», erzählt Blocher, «es ging mir aber neben der Kriegstauglichkeit immer auch um die Pflege der menschlichen Beziehungen. Mein Grundsatz lautete: In jedem WK muss es einen Höhepunkt geben, von dem die Leute ihr Leben lang sprechen. Ich habe eine 700-Jahr-Feier für die Soldaten gestaltet, besondere Nachtmärsche organisiert, die durch einen tiefen Ernst geprägt waren.»

Um den Soldaten etwas Besonderes zu bieten, legte er 1992, als man militärische Feierlichkeiten fernab von Städten durchführte, die Fahnenabgabe für das ganze Regiment mitten in die Stadt Zürich. Seit dem Zweiten Weltkrieg hat es dies nicht mehr gegeben. Es sollte ein Höhepunkt werden, doch sollte niemand – weder auf höherer militärischer noch auf Regierungsebene – im vornhinein von dieser Fahnenabgabe erfahren. Alles blieb geheim, denn die städtischen Behörden hätten ihre Bewilligung zu diesem Vorhaben wohl kaum gegeben. Christoph Blocher meldete sein Vorhaben den Stadtbehörden kurzfristig als: «Orientierung der Truppe über die besondere militärische Katastrophen-Gefährdung der Stadt Zürich». So erhielt er sämtliche Bewilligungen. Dies war denn auch das Thema seiner Ansprache anlässlich dieser Fahnenabgabe, weshalb man ihm daraus keinen Strick mehr drehen konnte. Bis die offiziellen Stellen registriert hatten, was hier überhaupt gespielt wurde, war alles schon vorbei, und die Truppe und das Militärspiel waren abgezogen. Jedenfalls hat diese Fahnenabgabe und die Ansprache des Obersten Blocher eine ganze Menge Leute auf den Plan gerufen und war am nächsten Tag Titelstory im Boulevardblatt «Blick» und Gegenstand von ausführlichen Berichterstattungen in grossen Zeitungen. Überall war das Staunen über den Mut, die perfekte Organisation und das gesetzte Zeichen nicht zu überhören.

Aufstieg zum Patron der EMS-Chemie

Die Wirtschaftskrise der dreissiger Jahre traf Graubünden besonders hart. Im industriearmen Kanton blieben die Touristen aus und Holz wurde durch neue Energiequellen konkurrenziert. Viele Menschen lebten an der Armutsgrenze. Die Leute wanderten ab, und die Heimstätten verödeten. Da hatte Dr. Werner Oswald, von Haus aus Luzerner, eine bestechende Idee: eine Treibstoffproduktion aus Holz. Damit sollten Arbeitsplätze geschaffen, der Rohstoff Holz sollte verwertet und der Vergandung der Wälder sollte Einhalt geboten werden. Doch zuvor mussten zahlreiche Schwierigkeiten überwunden werden.

1933 gründete der Agraringenieur und Wirtschaftsfachmann Oswald die Patvag, die Aktiengesellschaft für Patente und Verwaltungen. Diese war Inhaberin eines von Dr. Heinrich Scholler erfundenen Verfahrens zur Herstellung von Äthanol aus Holz, d. h. Holzverzuckerung, welche Werner Oswald perfektionierte. 1936 entstand die «Holzverzuckerungs AG» Hovag, in Domat/Ems (GR). Diese bewarb sich um eine Konzession zur Treibstoffproduktion. Pro Jahr sollten 20 000 Hektoliter für die Eidgenössische Alkoholverwaltung hergestellt werden.

Da keine Normalspurbahn nach Domat/Ems führte, waren hohe Transportkosten zu erwarten, es fehlten Berufsschulen und ein Technikum. Nachteile, nichts als Nachteile also. Die meisten Industrieleute rieten ab.

Doch die Hovag, aus der die Emser-Werke hervorgingen, die heute Ems-Chemie heissen, wurde allen Hindernissen zum Trotz eines der erfolgreichsten Unternehmen der Schweiz. Christoph Blocher erklärte zum 50-Jahr-Jubiläum: «Das Faszinierende an der Geburtsstunde unserer Firma ist nicht, dass man dank vieler guter Voraussetzungen eine Idee verwirklichen konnte, sondern vielmehr, dass man trotz schlechter Voraussetzungen mit Willen und Tatkraft die Hindernisse überwunden hat, um ein grosses Ziel zu erreichen.» Experten gaben der Firma damals keine Chancen. Christoph Blocher begegnet nicht zuletzt aufgrund dieser Erfahrung allen akademischen Studien, Expertisen und Gutachten mit grösster Skepsis.

Der Ausbruch des Zweiten Weltkriegs kürzte schliesslich das Bewilligungverfahren ab. Zwei Bundesratsbeschlüsse von 1940 und 1941 schufen die rechtlichen Grundlagen zur Errichtung des geplanten Treibstoffwerkes. Bereits im Herbst 1942 konnte in Domat/Ems die Produktion von Methylalkohol und Äthylalkohol durch Verzuckerung und anschliessender Vergärung von Holz anlaufen. Die Produkte dienten als Ersatz von Benzin und Kerosin und damit der Landesversorgung, waren aber auch in anderer Hinsicht von grosser kriegswirtschaftlicher Bedeutung: Alkohol wurde zur Herstellung von Schiesspulver und anderen Explosivstoffen verwendet, als Lösungsmittel in pharmazeutischen Erzeugnissen und zur Produktion von Desinfektionsmitteln. Das erste Etappenziel war erreicht, und viele Arbeitsplätze in den durch die Abwanderung bedrohten Bergtälern waren gerettet. 1944 deckte das Werk rund einen Drittel des gesamten schweizerischen Spiritusbedarfs. Ohne die Hovag, so der Bundesrat 1947, hätte die Treibstoffversorgung zwischen 1942 und 1944 um weitere 30 bis 40 Prozent gedrosselt werden müssen. Nach dem Krieg wurden die Abnahmeverpflichtungen für Hovag-Treibstoffe durch den Bund jedoch kontinuierlich reduziert. Darauf musste die Firma reagieren und diversifizieren. So wurde 1949 in Ems erstmals in der Schweiz Harnstoff hergestellt, der zur Düngung und zur Viehfütterung verwendet werden konnte. Die zur Holzverzuckerung benötigte Schwefelsäure fand ebenfalls eine vielseitige Verwendung in Friedenszeiten. Dennoch erwies sich die Entwicklung neuer Produkte als ausserordentlich schwierig. Man war vorderhand auf weitere Bundeshilfe zur Erhaltung des Betriebs angewiesen. Das Parlament stimmte der weiteren Abnahme von Äthanol als befristete Massnahme bis zum Jahre 1960 zwar zu, gegen die Beschlüsse wurde aber das Referendum ergriffen. Nach einem hitzigen Abstimmungskampf versagten am 13. Mai 1956 Volk und Stände dem

Unternehmen, das bereits über 1300 Arbeitnehmer beschäftigte, die Unterstützung. Lediglich in Graubünden kam es zu einem überwältigenden Mehr von 23 218 Ja gegen 4008 Nein. Das Abstimmungsresultat traf das Unternehmen hart. Immerhin: Man konnte sich nun nicht nur von staatlichen Absatzkanälen, sondern auch von staatlichen Fesseln lösen. Neue Entwicklungs- und Produktionsfelder wurden erschlossen, es kam die Zeit der Ems-Dünger (Ammoniumsulfate und Harnstoffe), und vor allem des sogenannten Capro-Lactams. Lactam dient als Rohstoff für die Herstellung von Polyamidfasern – auch unter dem Namen Nylon bekannt – und bedeutete den eigentlichen Einstieg von Ems in das Gebiet der organischen Chemie. Damit war auch der Grundstein für die Polymerchemie gelegt.

Der langjährige Finanzchef der Ems-Chemie, Karl Imhof, der einen Tag nach der schicksalsträchtigen Abstimmung von 1956 als 24jähriger bei der Hovag begonnen hatte, erinnert sich: «Angesichts der prekären Finanzlage konnten wir die Rechnungen oft erst zu spät bezahlen und wurden häufig gemahnt. Wir waren gezwungen, unsere Entwicklungsarbeiten abzukürzen und sofort die Produktion aufzunehmen. Glücklicherweise ging das gut. Die Kunden rissen sich um unsere neuen Produkte, und wir konnten die Preise diktieren. Das half uns aus der Klemme.»

Doch bereits Mitte der sechziger Jahre lagen die Marktpreise für Lactam tiefer als die eigenen Produktionskosten, was 1968 – gegen den Willen von Oswald – zu einer Einstellung der Lactam-Produktion führte. «Wir mussten diese Massnahme im Interesse des Gesamtunternehmens durchsetzen», sagt Imhof, «obwohl sich Oswald vehement gewehrt hatte.» Man ahnte bereits, dass die Schweiz längerfristig für Massenprodukte wie Dünger, Synthesefaserrohstoffe und Synthesefasern kein idealer Standort war. Deshalb wurde auf die Vermarktung des firmeneigenen Know-hows gesetzt: Die Ems-Inventa AG wurde gegründet. Dieser Firmenteil vergibt noch heute Lizenzen und baut auf der ganzen Welt Industrieanlagen zur Synthesefaserproduktion. So hat sie allein 1985–1995 über 50 Synthesefaserfabriken in China gebaut.

In den siebziger Jahren liessen Oswalds Kräfte nach, mehrere Herzinfarkte hatten ihn geschwächt. Er scheute Entscheidungen, sein Misstrauen gegen Neuerungen lähmte die Firma. «Die Mitarbeiter waren verunsichert, und überall herrschte schlechte Stimmung», erinnert sich Imhof.

Diese unbefriedigende Situation traf Christoph Blocher bei seinem Eintritt in die Emser Werke im Februar 1969 an. «Oswald liess Christoph Blocher, obwohl dieser eigentlich nur Halbtagsangestellter im Rechtsdienst war, alle längst fälligen Entscheidungen treffen, die er selber nicht mehr durchsetzen konnte oder wollte», sagt Imhof. Während Werner Oswald versucht hatte, jeden einzelnen Mitarbeiter direkt zu führen, handelte Christoph Blocher anders: Er entliess unfähige Kaderleute und delegierte Kompetenzen und Verantwortungen an die fähigen Mitarbeiter. Er hatte den Mut, dem Patron die Wahrheit über die Firma zu eröffnen, was sich niemand mehr getraut hatte. Er drängte auf die Durchsetzung von Neuerungen wie gründliche Vorbereitung der Sitzungen, Erstellen von Pflichtenheften und Verbesserung der Organisation. Oswald hatte ganz offensichtlich schon lange auf jemanden gewartet, der den Mut zur Kritik aufbringen würde, und allen Unkenrufen zum Trotz setzte Christoph Blocher seine Vorstellungen durch. Der bisherige Alleinherrscher Oswald war sogar bereit, ein neues Organisationsmodell einzuführen. Allerdings unter der Bedingung, dass Christoph Blocher als Direktionspräsident amte. Dieser schlug das Angebot mit dem Argument aus, dass er vom Kader und der Belegschaft wegen Unerfahrenheit nicht akzeptiert würde, und anerbot sich statt dessen als Protokollführer und Sekretär von Werner Oswald. So könne er den Chef auch besser auf dem laufenden halten.

Direktionspräsident wurde stattdessen einer der dienstälteren Direktoren. «Bei allen Umstellungen war aber Blocher die treibende Kraft», sagt Imhof. «Als Grünschnabel mit einer recht frechen Röhre trat er selbstbewusst und unerschrocken auf. Er war von einer extrem schnellen Auffassungsgabe, sehr zielstrebig und konnte komplizierteste Sachverhalte klar und einfach formulieren. So wie er ging keiner an die Sache ran. Dies alles ge-

fiel dem alten Oswald. Denn er sah in diesem jungen Blocher verwirklicht, was er bei seinen eigenen Söhnen vermisste.»
Die zweite Hälfte der siebziger Jahre war für die Ems trotz aller Umstrukturierungen nicht leicht. Ein Grossprojekt in Persien wurde durch die iranische Revolution verhindert. Dieses sah den Aufbau einer ganzen Stadt vor, in welcher das Erdöl direkt aus dem Boden gepumpt und auf 32 Anlagen bis zur fertigen Synthesefaser verarbeitet werden sollte. Ausserdem riss die Nachfrage nach Synthesefasern durch die Erdölkrise von 1974 schlagartig ab. Die Umstellung vom Synthesefaserproduzenten zum Hersteller von polymeren Werkstoffen – die Ingenieur Robert Peter seit geraumer Zeit forderte – dauerte Christoph Blocher viel zu lange, der Zeitplan konnte nicht eingehalten werden, 1980 war man noch immer nicht so weit. Inzwischen waren auch Werner Oswalds Söhne Werner und Christoph in die Firma eingetreten, sie waren aber ihren Aufgaben nicht gewachsen, und Christoph Blocher gelang es nicht, sie in das Unternehmen nutzbringend zu integrieren.

In jenen Jahren spielte Christoph Blocher mit dem Gedanken, die Ems-Chemie angesichts der Schwierigkeiten zu verlassen und in die Landwirtschaft zurückzukehren. Bereits war er Nationalrat geworden, und die Politik beanspruchte ihn immer stärker.

Am 23. Februar 1979 verstarb Werner Oswald während einer geschäftlichen Besprechung. Die Todesnachricht erreichte Christoph Blocher in Österreich, wo er mit der Familie in den Ferien weilte. Nun war an Austritt nicht mehr zu denken. Er fuhr noch in derselben Nacht nach Zürich. Da der Verstorbene kein Testament hinterlassen hatte, ging die Firma in den Besitz der Erben: an die Ehefrau Eléonore Oswald-Matthys und an die fünf Kinder.

Christoph Blocher wollte Werner und Christoph Oswald nun im Vorhaben unterstützen, die Firma zu leiten. Doch das gelang nicht. «Die Oswald-Kinder hatten nie eine innere Beziehung zu diesem Unternehmen», sagt er, «und Werner junior bedeutete mir mehrfach, dass diese Plackerei, die ich Tag und Nacht an der Spitze des Unternehmens auf mich nähme, für ihn nicht in Frage käme.»

Die Verzögerung bei den geplanten Umstellungen brachte Ems in die Verlustzone, das Eigenkapital war praktisch aufgezehrt, es konnten keine Dividenden mehr ausgeschüttet werden, was für die Familie Oswald einen jährlichen Einkommensverlust bedeutete. Unsicherheit machte sich innerhalb des Betriebs breit, und niemand glaubte mehr an den Aufschwung. Ausser Christoph Blocher: «Ich war zuversichtlich, dass wir die Krise letztlich durchstehen und mit den neuen Produkten auch überwinden würden. Nur etwas später als geplant», sagt er.

Weniger zuversichtlich waren die Erben Oswald. 1983 beschlossen sie, das Unternehmen zu verkaufen. Die beiden Oswald-Söhne Werner und Christoph hatten schon selber versucht, einen Käufer zu finden. Man fand schliesslich in einem amerikanischen Grosskonzern einen Interessenten, welcher ebenfalls im Kunststoffsektor zu Hause war. Dieser wollte in Ems aber mindestens 700 Leute entlassen und mit der Zeit wohl den Betrieb stilllegen, was für Graubünden eine wirtschaftliche Katastrophe bedeutet hätte. Christoph Blocher jedoch forderte bei allen Verhandlungen in erster Linie eine Garantie für die Arbeitsplätze. Und diese wollte niemand abgeben. Die übernahmebereiten Firmen zeigten lediglich Interesse am Emser Know-how, nicht aber an der Erhaltung des Werkes. Die angefragten Schweizer Firmen wollten das Unternehmen nicht. Die Zeit drängte, da sonst die Offerte der Amerikaner zum Zug gekommen wäre.

Auf dem Flughafen Charles de Gaulle in Paris tauchte nach all den ernüchternden Verhandlungsrunden zum ersten Mal der Gedanke an eine Übernahme durch Christoph Blocher auf. Anwesend waren Blochers Anwalt Dr. Paul Maier sowie Karl Imhof. Und so nahm Blocher die Verhandlungen mit den Oswalds auf. Er bestand darauf, dass Christoph und Werner Oswald die Alleinbevollmächtigten für einen Verkauf sein sollten, um innert nützlicher Frist an ein vernünftiges Verhandlungsende zu gelangen. Im weiteren stellte er klar, dass für ihn nur eine hundertprozentige Übernahme der Oswald-Holding in Frage käme, welche ihrerseits über ein massgebendes Aktienpaket an der

Ems-Chemie-Holding verfügte. Über den Verhandlungsstand und über die Höhe des Kaufpreises wurde Stillschweigen vereinbart. Christoph Blocher wollte Indiskretionen und Diskussionen verhindern. Vor allem ging es ihm darum, die Belegschaft nicht noch mehr zu verunsichern. Denn er war sich – trotz aller Zuversicht – nicht ganz sicher, ob es ihm gelingen würde, das Unternehmen aus der Krise zu führen. Mit der Bekanntgabe wollte er deshalb zuwarten. Zwar war ein Bankenkonsortium unter der Führung der SBG bereit, einen Kredit zu sprechen, der das Vielfache dessen betrug, was Blocher selber hatte einbringen können – und das war nicht mehr und nicht weniger als sein ganzes Vermögen bis zum letzten Hemd –, die Zinsen betrugen aber happige sieben bis acht Prozent. Immerhin wurde der Zins zwei Jahre gestundet. Innert kurzer Zeit war man sich mit beiden Verkäufern handelseinig.

Die Sache war ausserordentlich risikoreich; deshalb zog Blocher zur Entscheidungsfindung auch seinen Bruder Gerhard ins Vertrauen. Dieser sollte das Vorhaben aus der Sicht des Theologen überprüfen. «Christoph rief mich zu sich nach Hause und war voller Zweifel», sagt Gerhard Blocher. «Das ist Christoph, wie er leibt und lebt. Er wisse nicht, sagte er, ob er den Betrieb aus eigener Kraft wieder nach oben bringen könne. Wenn nicht, müsse auch er verkaufen, und wenn ein Verkauf auch bei ihm nicht klappe, gar liquidieren. Damit würden zu allem Übel auch noch Banken Schaden nehmen.»

Das Gespräch in Christoph Blochers Gartenhäuschen dauerte in jener lauen Mainacht bis in die frühen Morgenstunden. Sollte er eine Firma übernehmen, die 20 Millionen Franken Schulden einfuhr? Ein Scheitern hätte Konkurs und Schulden bedeutet. Vier kleine Kinder – zwischen sechs und dreizehn Jahre alt – galt es zu ernähren und aufzuziehen. Gattin Silvia hatte Angst. «Was mache ich, wenn es schiefläuft und dir etwas zustösst? Was ist mit den Kindern?», sorgte sie sich. Schlimmstenfalls müsste sie dann das Erbe ausschlagen, eine Garantie für Erfolg gäbe es ohnehin nie, argumentierte Christoph. Weinend verliess Silvia nach Mitternacht die Runde, und Christoph Blocher hat heute

Hochzeit von Silvia Kaiser und Christoph Blocher am 4. Oktober 1967, mit Eltern

Das Ehepaar Blocher im Jahr 1995 (Foto: «Schweizer Illustrierte»)

noch volles Verständnis für die verzweifelte Reaktion seiner Frau. Andererseits spürte er, dass er gar keine Wahl hatte. Er kannte den Betrieb am besten, die Banken vertrauten ihm, niemand sonst war interessiert, Arbeitsplätze zu erhalten. Nach langem Abwägen sagte Gerhard zu seinem Bruder: «Jetzt ist fertig. Du kaufst die Ems-Chemie. Für mich ist der Fall klar. Wenn einer eine Firma übernehmen muss, dann passiert ihm auch nichts.» Diese Aussage habe in jener schicksalsträchtigen Nacht den Ausschlag gegeben. «Entscheidend bei allem Handeln ist das Motiv, das zugrunde liegt. Wir hatten gemeinsam mein Motiv überprüft und sind zum Schluss gekommen, dass es richtig war», fand Christoph Blocher.

Wenn einer eine Firma kaufen muss, ...

Christoph Blocher, was trafen Sie in der Ems-Chemie bei Ihrem Eintritt an?

Die Ems war unter Oswald ein Riesenladen ohne Organisation. Als ich einem Kollegen anvertraute, dass ich organisatorische Massnahmen vorschlagen werde, warnte man mich. Oswald, so sagte der Kollege, werde mich ohne Zögern rauswerfen, wenn ich solches plane. Dies galt es in Kauf zu nehmen.

Es kam ja auch ganz anders...

Ja, das Gegenteil trat ein. Oswald freute sich, dass ich den Betrieb für ihn strukturierte und ein paar Mitarbeiter entliess, die er eigentlich schon lange hatte loswerden wollen. Dann weigerte ich mich, die Firma zu leiten, wurde Protokollführer, um überall im Bild zu sein. Schliesslich wurde ich als junger Mann Direktionspräsident und habe mir auch dabei gesagt: Wenn's nicht klappt, beginnst du halt neu.

War denn der Kauf dieser Firma auch ein Entscheid aus dem Bauch?

Ja, wenn ich mir das vorher wirklich genau überlegt hätte, hätte ich wohl den Mut nicht gehabt, mich einem derartigen Risiko auszusetzen.

Ich musste mich ja auch ganz schnell entscheiden damals. Meine Frau hatte darauf gedrängt, dass ich noch den Rat meines Bruders Gerhard einhole. Man muss wissen, dass damals, 1983, unser ältestes Kind erst 13 war, unser jüngstes sechs. Als Vater von vier Kindern besass ich zwar schon ein Haus, aber sonst nichts. Haus und Garten musste ich einbringen, um eine Firma zu kaufen, die sonst kein Schweizer wollte und die 20 Millionen Franken Verlust einfuhr. Eine Firma, von der niemand mehr glaubte, dass sie zu retten war. Es lief schlecht. Die vorher erwähnte Umstellung auf andere Produkte ging länger und kam uns teurer zu stehen als erwartet. Der Patron war gestorben, und die Erben waren am Unternehmen nicht interessiert. Als sich dann ab-zeichnete, dass ein amerikanischer Konzern die Firma Ems kaufen würde, um die Hälfte der Belegschaft zu entlassen, hatte ich drei Wochen Zeit, eine schweizerische Lösung zu finden. Ich fand nieman-den, und schliesslich einigte man sich, dass ich selbst Ems über-nehme.

Wer das tut, glaubt doch an die Sache...
Ich sagte mir, gut, wohlan, wenn es schief läuft, beginne ich halt wie-der von vorn. Meine Frau war zu Recht weniger locker. Wenn mir etwas passiert wäre, hätte ich meiner Familie einen Schuldenberg von vielen Millionen und eine Firma überlassen, die 20 Millionen Franken Verlust macht pro Jahr.

Was gab denn schliesslich den Ausschlag?
Ein Satz meines Bruders Gerhard, der am Ende einer langer Nacht sagte: Wenn einer eine Firma übernehmen muss wie du jetzt, dann ge-schieht ihm nichts. Das war der Durchbruch, danach stand mein Ent-schluss fest. Aber dann, in den Monaten danach, kamen alle Zweifel der Welt hoch. Ich glaube wirklich nicht, dass ich noch einmal den Mut zu diesem Entschluss aufbringen könnte.

Warum ging denn das Abenteuer gut aus?
Nach dem Entscheid galt: Erfolg oder völliger Untergang. Ich war zum Erfolg verdammt. Aus dieser Situation bekam ich die Kraft, die Firma in die richtigen Bahnen zu lenken. Meine Bedrängnis war meine

Stärke. Aus dieser Erfahrung heraus bin ich auch dagegen, dass man immer allen hilft, alle unterstützt. Schwierigkeiten geben einem oft auch Kraft.

Der Tüchtige braucht auch Glück

Am 27. Mai 1983 erfolgte die Vertragsunterzeichnung. Der Verkaufspreis ist nicht bekannt. Bei einem damaligen Börsenwert von etwa 25 Millionen Franken dürfte er bei rund 20 Millionen Franken gelegen haben. «Die Oswalds haben mit Sicherheit ein besseres Geschäft gemacht als mit jedem anderen Anbieter», ist Imhof auch heute noch überzeugt, «und vor allem waren die Arbeitsplätze gerettet.» Eléonore Oswald-Matthys blieb jedenfalls noch während Jahren im Verwaltungsrat der Ems-Chemie, wie auch einer von Oswalds Brüdern, Victor M. Oswald, der bis zu seinem Tod als Ehrenpräsident amtete. Die Söhne haben sich in der Folge nie beklagt, obwohl dies gerüchteweise immer wieder behauptet wurde.

«Die Chancen standen in der Tat nicht mehr als 50 zu 50», analysiert Christoph Blocher heute die damalige Lage. «Aber das setzte eine unglaubliche Kraft − nicht nur bei mir − frei, und diese Kraft übertrug sich auf alle. Ich konnte von den Leuten viel verlangen, weil ich mir selber sehr viel abverlangte und abverlangen musste. Die Mitarbeiter redeten nicht mehr von Arbeitszeitverkürzungen, sondern nur noch darüber, was zu tun sei, um den Erfolg herbeizuführen.» Und der Erfolg setzte schnell ein. Die Gemeinkosten sanken bis Ende Jahr um fünf Prozent, die Produktivität konnte gesteigert werden. Die neuen Produkte begannen zu greifen. Die Erträge für Kunststoffe und Synthesefasern verbesserten sich. Auch das Glück stand Blocher zur Seite, denn die Konjunktur zog 1983 beträchtlich an. Denn, so sagt er, auch im Unternehmen gelte folgender Grundsatz: «Der Tüchtige braucht auch Glück.»

Die Situation verbesserte sich zusehends: Niedrigere Zinsen bedeuteten weniger Zinslast, ein Aktienpaket konnte zurückgekauft und mit Gewinn wiederverkauft werden. Nicht betriebsnotwendige Grundstücke und Liegenschaften wurden abgestossen. Das Bundesgericht erteilte nach zwanzigjährigem Streit die Bewilligung zum Überbauen der letzten Hochhausparzelle im Zürcher Selnauquartier, die zur Ems gehörte. Die Eigenkapitalbasis wurde durch Finanztransaktionen gestärkt. Neuartige Instrumente wie Gratisoptionen, «Cash- oder Titel-Optionen», Umwandlungen von Partizipationsscheinen in Inhaberaktien wurden erstmals eingeführt. Die Finanztransaktionen, die in enger Zusammenarbeit mit dem Chef der 1985 gegründeten BZ-Bank, Dr. Martin Ebner, getätigt wurden, stellten die Unabhängigkeit des Betriebes sicher. In der Angst, über zuwenig Kapital zu verfügen, holte Christoph Blocher sogar zuviel Kapital in die Firma, so dass er 1993 wieder Aktien zurückkaufen konnte.

Blocher kennt Martin Ebner aus der Studienzeit. Dieser gilt als eine Art Robin Hood in der Bankenszene. Mit gerade nur rund 20 Mitarbeitern verwaltet und betreut er Werte in der Höhe von etwa einem Sechstel der Schweizer Börsenkapitalisierung: rund 30 Milliarden Franken. Ebner hat sich auf die Beratung einiger weniger, dafür grosser institutioneller Anlagekunden, auf den Blockhandel mit Schweizer Aktien und auf neuartige Finanzinstrumente, insbesondere auf Stillhalter-Optionen, spezialisiert. Auch grosse Publikumsfirmen brauchen einen Kern von Aktionären, welcher die Rolle des Eigentümers übernimmt und die Interessen der Anleger vertritt – das ist der Gedanke hinter Martin Ebners Geschäftstätigkeit. «Oft sitzen zu viele Kleinaktionäre in einem Konglomerat zusammen. Damit wird die Macht pulverisiert. Ein eigentlicher Eigentümer ist nicht mehr auszumachen, was zu einem Eigenleben der Verwaltungsräte führt. So haben Firmen keine Eigentümer. Viele Misserfolge von Firmen sind auf diese Situation zurückzuführen. Der Druck starker Aktionäre fehlt», sagt Christoph Blocher.

Nur wer Gewinn macht, kann überleben

Christoph Blocher, Sie fordern Freiräume für Unternehmen...
Natürlich brauchen Unternehmen Freiräume, dafür trete ich ein. Unternehmer müssen aber auch Verantwortung wahrnehmen, Freiheit und Verantwortung gehören zusammen. Unternehmer aber können ihre Verantwortung nur wahrnehmen, wenn sie genügend Freiraum haben, um zu handeln. Deshalb fordere ich unternehmerische Freiheit.

Muss der Staat nicht auch Missbräuche dieser Freiheit verhindern?
Ich habe nichts dagegen, wenn Missbräuche verhindert werden. Heute erlässt der Staat aber vor allem Gesetze und Vorschriften zur Förderung. Immer aber, wenn der Staat die Wirtschaft fördern und helfen will, geht's schief. Der Staat will den Kleinen helfen, den Mittleren helfen, der Industrie helfen, den Export fördern, der Handelszentrale helfen... immer nur helfen, helfen. Das ist das schlimmste, was passieren kann. Dies ist nicht Aufgabe des Staates.

Lassen die alle sich denn nicht gerne helfen?
Natürlich lassen sich viele gerne helfen. Das heisst stets, Geld von andern zu beziehen. Aber nicht alle sind gleich empfänglich. Die Chemiebranche ist weniger empfänglich als beispielsweise die Maschinenindustrie. Darum geht's der Chemie auch besser, weil sich die Chemie selber hilft. Dies ist die Frage nach der Ordnungspolitik.

Als Politiker kritisieren Sie die «Classe politique», als Unternehmer aber singen Sie das hohe Lied vom Unternehmertum. Ein Widerspruch?
Mein Verhältnis zu den Schweizer Unternehmen ist keineswegs ungetrübt. Erinnern wir uns an die EWR-Abstimmung, wo es zwangsweise zum Kollisionskurs mit den meisten Unternehmen, vorab der Maschinenindustrie, kam. Auch jetzt kritisiere ich meine Kollegen von der Wirtschaft, wenn sie die Verantwortung nicht wahrnehmen. Als Alibi für das unternehmerische Versagen gilt dann der fehlende EWR oder der harte Franken. Dies ist zu kritisieren, sonst fehlt der Druck auf Verbesserung der Unternehmensleitung.

Hat denn beispielsweise die Textilindustrie keine Schwierigkeiten?
Die Textilindustrie hat Schwierigkeiten. Einerseits ist Europa für Massentextilien kein Standort mehr. Dieser verlagert sich in den Fernen Osten, beispielsweise nach China, schon aus Kostengründen. Doch dass die Schweiz nicht in der EU ist, kann beim passiven textilen Veredelungsverkehr ein Nachteil sein. Aber die Textilindustrie muss sich auch fragen, ob sie frühzeitig genug auf Spezialitäten umgestellt hat. Jedes Gejammer hat man nicht zu akzeptieren. Da werden am Fernsehen Unternehmer, die Konkurs machen und dies mit dem abgelehnten EWR-Beitritt begründen, geradezu als Helden gefeiert. Diese sollten sich schämen und den Fehler bei sich selber suchen. Schliesslich ist es die Aufgabe des Unternehmers, immer wieder neue Produkte zu suchen, die man in der Schweiz zu Konkurrenzpreisen produzieren kann. Wer seinen Betrieb nicht lebensfähig halten kann, ist ohnehin wenig geeignet, Wirtschaftstheorien zu verbreiten.

Kann dies Ihnen denn nicht auch passieren?
Doch, davor ist kein Unternehmer gefeit, auch ich nicht. Ich stelle hohe Anforderungen an Unternehmer, auch an mich. Schauen Sie sich doch das Trauerspiel bei gewissen Unternehmen an, wo man seit Jahren Personal abbaut! Man misst dem Gewinn zu wenig Bedeutung bei. Man gibt sich mit zu schlechten Produkten zufrieden. Zuviel Gewinn zum Sterben und zuwenig zum Leben. Das hat aber nichts mit der Standortqualität, nichts mit dem Franken und schon gar nichts mit dem abgelehnten EWR-Vertrag zu tun: Das ist schlicht und einfach schlechtes Management. Wenn man das nicht ändert, wird nichts besser.

Wodurch zeichnet sich ein erfolgreicher Unternehmer aus?
Wenn er die Resultate bringt. In der Wirtschaft ist Erfolg, anders als in der Politik, klar messbar. Wer viele Jahre genügend Gewinn erzielt, ist ein guter Unternehmer. Es ist die sozialste Aufgabe eines Unternehmers, Gewinne zu erwirtschaften.

Geht es nicht auch noch darum, Arbeitsplätze zu schaffen und zu erhalten?

Nur wer genügend Gewinn macht, sichert das Unternehmen und damit auch Arbeitsplätze. Obwohl das eigentlich unbestritten ist, streben Grossbetriebe vor allem nach hohem Umsatz und grossen Mitarbeiterzahlen. Grösse ist kein Erfolgsmassstab. Für Bürokraten gilt der am meisten, der viele Unterstellte hat. Das ist grundfalsch. Früher oder später führt es zu Personalabbau. Dann sind die Konkurrenz, der Standort, der harte Franken, der fehlende EWR oder andere Dinge daran schuld.

Wer ist denn der bessere Unternehmer: einer, der mit wenigen Leuten den notwendigen Gewinn erwirtschaftet, oder einer, der mit vielen Mitarbeitern proportional mehr Gewinn erreicht? Doch wohl der zweite...

Bei proportional mehr Gewinn ja. Aber man darf nicht neue Arbeitsplätze schaffen, ohne den nötigen Gewinn zu erzielen, oder gar dem Umsatzstreben verfallen und dabei das Wichtigste, den Gewinn, aus den Augen verlieren. Gewinn sichert Arbeitsplätze, mit Gewinn können neue geschaffen werden. Viele Mitarbeiter sind noch kein Garant für das Überleben eines Betriebes.

Opfern Sie denn Arbeitsplätze in Ihrem Betrieb dem Gewinnstreben?

In meinem Betrieb musste ich – wohl als einziger meiner Branche in Europa – während der zu Ende gehenden Rezession keine Leute entlassen, weil wir früh genug auf den Markt reagiert haben. Schon 1975 haben wir gesehen, dass wir nicht mit Billiglohnländern konkurrieren können. Wir haben erkannt, dass in der Schweiz keine billige Synthesefaser mehr produziert werden kann. Das übernimmt der Ferne Osten, wo auch die Textilindustrie hinziehen wird. Wir haben unsere Leute weiterbeschäftigen können, weil wir neue Produkte entwickelt und hergestellt haben. Viele Unternehmen bleiben zu lange auf den bestehenden Produkten. Die Firma zu schliessen und in ein Niedrigkostenland zu gehen ist eine Möglichkeit – nicht die beste. Besser ist es, ein neues Produkt zu lancieren, das man mit den eigenen Leuten gewinnbringend herstellen kann. Wer erst heute merkt, dass man in Portugal, Indien und China billiger Unterhosen und Hemden produzieren kann als bei uns, hat 20 Jahre lang geschlafen. In der Folge werden dann Leute auf die Strasse gestellt, Produktionen verlagert.

Was soll die Schweiz denn tun?

Auf den Erfolgsrezepten der Vergangenheit aufbauen, besser und anders sein als die anderen.

Die Schweiz ist bestens geeignet, um technisch anspruchsvolle Produkte herzustellen. Wir sind auf höchste Qualität ausgerichtet, das müssen wir ausnützen und ausbauen. Hier konkurrenzieren uns die Chinesen noch nicht und werden es vielleicht nie können. Die rohstoffreichen Länder andrerseits sind von ihrem Reichtum verwöhnt und werden uns deshalb wirtschaftlich nicht gefährlich. Bei ihnen liegen die Massengüter.

Stört es Sie nicht, dass Sie mit Börsengeschäften mehr verdienen als mit Ihrem Unternehmen und damit mit währschafter Arbeit?

Das war während eines Jahres der Fall, jetzt sieht's schon wieder anders aus. Aber es stört mich nicht, nein. Es ist auch Aufgabe des Unternehmers, seine flüssigen Mittel möglichst gewinnbringend anzulegen. Mit allem Mehrwert zu schaffen, auch mit flüssigen Mitteln.

Die flüssigen Mittel steckt man doch besser in den Betrieb, oder?

Wenn es der Betrieb braucht, dann ja. Wenn nicht, dann muss man andere Wege suchen. Wir haben das getan. Wir hatten Glück, das heisst hohe Renditen. Es hätte auch anders laufen können. Das ist immer ein Risiko. Im übrigen war Geld knapp, und deshalb wurden derart hohe Zinsen bezahlt. Aber ich habe ja jetzt die liquiden Mittel abgebaut, Aktien zurückgekauft, das Geld dem Markt zurückgegeben. Wir holen's dann wieder, wenn wir Geld brauchen.

Produkte, Organisation und Führungsinstrumente bei Ems

Als Firmeninhaber setzt Christoph Blocher auf eine sauber gegliederte Konzernstruktur mit Profitcenters. Die Betriebsrechnung legt bereits am sechsten Arbeitstag jeden Monats Cashflow, Gewinn, Umsatz und Planabweichung für jedes Produkt und alle Ems-Firmen der ganzen Welt offen. Seit 1994 erfolgt bei

Ems die Rechnungslegung ausserdem nach dem International Accounting Standard. Alle vier Monate wird eine ausführliche Umsatz- und Ergebnisrechnung veröffentlicht. Ems gehört damit zu den transparentesten Firmen der Schweiz. Transparenz im Betrieb ist eine der wesentlichen Neuerungen gegenüber Vorgänger Oswald, der eine verschlungene und undurchsichtige Unternehmensrechnung bevorzugt hatte. «Tranparenz schafft Vertrauen, und Vertrauensbildung nach innen ist ebenso wichtig wie nach aussen», sagt Christoph Blocher, der die Belegschaft persönlich in regelmässigen Abständen über den Geschäftsverlauf im sogenannten «Grossen Kreis» informiert.

Offene Informationspolitik ja, Mitbestimmungsrecht nein. «Wenn alle für alles verantwortlich sind, dann ist keiner für etwas verantwortlich», lautet einer seiner Grundsätze. Dies nimmt ihm aber wohl niemand übel. Seit er am Hebel sitze, so vernimmt man an Stammtischen von Domat/Ems, Reichenau, Felsberg und andern Umliegerdörfern, müsse niemand mehr um seinen Arbeitsplatz zittern. Der «König von Graubünden», wie er hier genannt wird, definierte seine Vorstellung vom Unternehmertum an den 50-Jahr-Jubiläumsfeierlichkeiten wie folgt: «Gewinne zu erzielen, Investitionen zu tätigen, für die Zukunft zu sorgen ist das Vornehmste, was ein Unternehmen tun kann. Das ist die Basis für Arbeitsplätze, für die Erhaltung von Dorfgemeinschaften, für das Leben überhaupt. Es ist der grosse soziale Beitrag eines Unternehmens.»

1994 investierte Ems 104 Millionen Franken, davon alleine in der Schweiz 95 Millionen Franken. Während die Firma 1983 bei einem Umsatz von 309 Millionen und einem Betriebsverlust von 16 Millionen Franken 1765 Mitarbeiter beschäftigte, so waren es 1992 bereits 2689. Dazu kommen 130 Lehrlinge. Der konsolidierte Verkaufsumsatz betrug 845 Millionen, der Reingewinn nach Steuern 176 Millionen Franken. Das Eigenkapital von Ems stieg 1992 auf rund 815 Millionen Franken, was 59 Prozent der Bilanzsumme entspricht gegenüber unter 10 Prozent im Jahre 1983. Angesichts der fünfjährigen Rezession von 1989 bis 1994 eine mehr als beeindruckende Bilanz.

Sowenig Christoph Blocher von einem allgemeinen Mitbestimmungsrecht hält, soviel gibt er auf die Eigenverantwortung der einzelnen Unternehmensbereichsleiter und zählt auf eine ausgiebige Mitsprache bis weit hinunter. «Meine Chefs wissen, dass sie grosse Verantwortung tragen. Sie alle sind unternehmerische Persönlichkeiten. Arbeiten sie gut, werden sie am Gewinn entsprechend beteiligt. Arbeiten sie schlecht, verdienen sie wenig. Werden die gesetzten Ziele in gewissen Zeiträumen nicht erreicht, dann muss der Chef ersetzt werden», heisst die Devise.

Ems-Produkte sind Polymere Werkstoffe, Feinchemikalien und Engineering. Doch was heisst das?

Die Ems-Chemie als Stammhaus in Domat/Ems konzentriert sich vor allem auf Forschung, Entwicklung, Produktion und Verkauf der sogenannten polymeren Werkstoffe. Als technische Kunststoffe, Schmelzklebstoffe, Duroplaste, Polyesterharze für Pulverlacke, Epoxidharze und Härter oder Reaktiv-Verdünner finden diese eine vielseitige Anwendung bei Textilklebern, bei Verpackungen im Lebensmittelbereich und der Medizinaltechnik, bei Harzen für Aussenanwendung, bei Tankeinfüllstutzen, Benzinleitungen, Elektroteilen, Skischuhen, Brillengestellen, Tennisschlägern. Die Synthesefasern dienen heute mehrheitlich für technische Applikationen, etwa für Papiermaschinenbespannungen. Die Markennamen der entsprechenden Produkte – Grilon, Grilamid, Grivory, Griltex, Grilonit, Grilesta usw. – stehen für Gri-scha, Gri-schun oder Gri-gione, also für Graubünden.

Dem Umweltschutz wird grosse Bedeutung beigemessen. Ein Forschungsprogramm soll zu kompostierbaren Endprodukten führen. Die Ems-Chemie unterhält verschiedene Verkaufsgesellschaften in Europa, Übersee und im Fernen Osten, sowie weitere Produktionsbetriebe in Sumter S. C. USA (Ems-American-Grilon), in Gross-Umstadt Deutschland (Ems-Polyloy-GmbH) und in Hsin Chu Taiwan (Ems-Far-Eastern). Seit 1992 wird einer der wichtigsten Rohstoffe für die Ems-Chemie, das Laurin-Lactam, in einem Joint-venture mit Ube Industries Ltd. in Japan hergestellt. «Die Fabrikation dieses Rohstoffes kann deshalb nicht in der Schweiz erfolgen, weil die hiesigen Bewilligungsverfahren viel zu lange Zeit in Anspruch nähmen», sagt Blocher. «Dabei haben die Japaner eher noch strengere Umweltschutzvorschriften als wir. Die zuständigen Beamten werden dort aber direkt in die Projektphase eines Vorhabens miteinbezogen, was auch sofortige Korrekturen zulässt. Für ein Bewilligungsverfahren, das in Japan auf diese Weise in zwei Jahren abgewickelt werden kann, braucht man heute in Europa mindestens zehn Jahre. Dies ist wirtschaftlich nicht mehr verantwortbar. Schade. Jetzt muss Ems den Rohstoff für die Bündner Berge in Japan herstellen.» 85 Prozent der Ems-Chemie-Produkte werden ins Ausland exportiert.

Der Unternehmensbereich Ems-Togo konzentriert sich ausschliesslich auf die Bereiche «Schützen, Dichten, Kleben» in der Fahrzeugindustrie. Die Produkte finden Anwendung im Korrosions- und Steinschlagschutz und dienen als Abdichtungsmasse, Scheibenkleber oder Unterbodenbeschichtungen. Der Hauptsitz befindet sich in Romanshorn (TG), Produktionsstätten und Verkaufsstellen stehen in Belgien, den USA, England und Mexico. Die Produkte werden zu 100 Prozent im Ausland abgesetzt.

Die Ems-Dottikon entwickelt und produziert hochwertige organische Zwischenprodukte und Feinchemikalien, die weltweit an Firmen der Spezialitätenchemie verkauft werden. Hier werden sie zu Endprodukten verarbeitet in den Bereichen der Pharmazeutik und Vitamine, der Agrochemie, der Farbstoffe und Pigmente, der Riechstoffe oder der Biotechnologie. Die Firma ist ausschliesslich im aargauischen Dottikon zu Hause, exportiert aber 80 Prozent ihrer Produkte.

Die Ems-Inventa AG verkauft weltweit schlüsselfertige Industrieanlagen zur Herstellung von Synthesefasern und Kunststoffen selbst. Ausserdem lizenziert sie die von Ems und von Dritten entwickelten Verfahren und bildet die Leute in Domat/Ems aus. Die Inventa wurde zu einem der bedeutendsten Unternehmen auf dem Sektor des Synthesefaser-Anlagebaus überhaupt. Sie ist heute in erster Linie im Fernen Osten tätig, vor allem in China. 160 der Mitarbeiter arbeiten in Domat/Ems, 60 Mitarbeiter in Grenzach, nahe der Schweizer Grenze.

Die Ems-Patvag AG, ursprünglich eine Patent- und Verwaltungsgesellschaft, ist heute auf dem Gebiet der Systemtechnik tätig. Sie entwickelt und produziert elektrische Hochleistungszündmittel und komplette Zündsysteme für den zivilen wie für den wehrtechnischen Bereich. Heute finden Patvag-Zündsysteme dank ihrer ausserordentlichen Präzision auch im zivilen Bereich eine rasch wachsende Bedeutung: Sie werden für Airbags in Autos verwendet. Alle Mitarbeiter sind in Domat/Ems tätig. 80 Prozent der Produkte werden im Ausland abgesetzt.

Der Unternehmensbereich Ems-Kraftwerke umfasst die Erzeugung und Beschaffung elektrischer Energie zur Versorgung der Ems-Chemie und speist überschüssige Energie ins öffentliche Stromnetz ein. Genutzt wird unter anderem die Wasserkraft des vereinigten Rheins. Gesamthaft produzieren die Kraftwerksgesellschaften von Ems etwa 250 Millionen Kilowattstunden elektrischer Energie im Jahr.

Schliesslich dient der Unternehmensbereich Ems-Immobilien dazu, die firmeneigenen Grundstücke und Liegenschaften zu bewirtschaften.

Die ganze Ems-Gruppe ist zusammengefasst in der Ems-Chemie Holding AG, welcher Dr. Christoph Blocher als Präsident und Delegierter des Verwaltungsrates vorsteht und der die einzelnen Gesellschaften zu fast hundert Prozent gehören. Weiteres Mitglied des Verwaltungsratsausschusses ist der ehemalige Finanzchef Karl Imhof, der auch als Vizepräsident amtet. Bis vor kurzem gehörte ihm auch der frühere Kommandant des Feldarmeekorps 4, KKdt Rudolf Blocher, an, der im April 1995 starb. Über der Ems-Chemie Holding AG steht die Emesta AG (ehemalige Oswald-Holding) mit Sitz in Zug, welche eine 60-Prozent-Beteiligung an der Ems-Chemie Holding AG hält und zu 100 Prozent Christoph Blocher gehört.

Wichtige Führungsinstrumente sind die Jahres- und die Dreijahresplanungen, sowie die regelmässig stattfindenden Direktorenkonferenzen. In zähen Diskussionen werden Anträge, Vorstellungen und Zielvorgaben analysiert, geprüft, bereinigt, festgelegt, kontrolliert und korrigiert. «Die besten Entscheidungen kommen nur durch hartes Ringen zustande», ist Christoph Blocher überzeugt. Er leitet Kadertagungen selbst, da er von abstrakten Management-Seminarien nichts hält.

Beispiel einer Kadertagung: Christoph Blocher begrüsst die rund 30 anwesenden Ems-Chemie-Manager mit der Aufforderung, Inzucht zu vermeiden und sich zu den Kollegen zu setzen, die man noch nicht kenne. Ziel sei es, Ideen auszutauschen. «Je grösser die Ideen- und Gedankenkraft, desto erfolgreicher ist ein Unternehmen. Haben Sie auch den Mut, sich gegen die Meinung Ihres Chefs zu stellen. Wir ringen hier um den Entscheid. Erst wenn dieser getroffen ist, wird er mit aller Härte durchgesetzt. Dann gibt's kein Zurück mehr.» Christoph Blochers typische Standortbestimmung darf natürlich auch hier nicht fehlen: «Wo stehen wir? Was habe ich gewollt, was erreicht, was nicht? Wo sind die Stärken, wo die Schwächen des Unternehmens?» Die Kontrolle der Kosten, des Lagers, des Personalbudgets mag «stinklangweilig» sein, er hält es für unerlässlich. «Steigende Umsätze sollten nicht unbedingt zu mehr Personal führen. Wenn die Umsätze sinken, können Sie die Leute nicht wieder auf die Strasse stellen.» Oder: «Trotz guter Resultate haben Sie ständig die Kosten zu kontrollieren.»

Firmenchef Christoph Blocher beantwortet die schriftlich eingereichten Fragen der Teilnehmer. Fragen wie «Was täten Sie an meiner Stelle?», «Geben Sie meinem Produkt eine Chance?» oder «Würden Sie meinen Antrag in der Grösse einer Million bewilligen?» scheidet er aus und ordnet diese in die Schublade «raffinierte Delegierung nach oben» ein. «Wenn man weiss, was oben gedacht wird, dann denkt man unten nicht mehr selbständig.» Ausführlich behandelt er dagegen Fragen nach der richtigen Organisation. «Profitcenters bürden mehr Verantwortung auf, zum Teil bedeuten sie auch Einsamkeit. Doch die Erfahrungen sind positiv. Wir haben an Stosskraft und Schwung gewonnen. Es darf nicht alles an einer Spitze zusammenlaufen. Dies könnte bei Ausfall der Spitze sehr gefährlich werden», sagt Blocher. Wie in der Politik glaubt er auch im Unternehmen daran, dass das Kleine, das Überblickbare, das Eigenständige die grössten Erfolgsaussichten hat. «Nur ja keine Wasserköpfe produzieren.»

Der Grossteil der Kaderschule ist Kurzvorträgen der Teilnehmer gewidmet. Stellung muss bezogen werden. Es folgt harte Diskussion. Auseinandersetzungen entstehen.

In seinem Schlusswort betont Christoph Blocher, dass Ems in schwieriger Zeit immer wieder schwierige Situationen überwunden habe. Dies stimme zuversichtlich. Vertrauen in die Führung und die Mitarbeiter sei ausschlaggebend. Das hohe Mass an Verantwortung, das Geradestehen für den Erfolg und den Misserfolg schaffe dieses Vertrauen.

Bei den Direktorenkonferenzen werden zwischendurch auch harte Töne angeschlagen. Das oberste Management wird nicht geschont: «Sie stehen wieder mal vor dem Absturz. Ich verlange unmissverständlich die sofortige Erreichung der Zielvorgaben und die Erfüllung des Planes von 1993», faucht Blocher etwa einen der UB-Leiter an. «Wenn Sie bis im Sommer keine besseren Zahlen ausweisen, werden Sondermassnahmen ergriffen, dann gibt's eine gründliche Sanierung. Darauf können Sie sich jetzt schon gefasst machen.» Oder: «Wenn ich Gemeinkosten sage, dann meine ich Gemeinkosten. Was Sie darunter verstehen, kümmert mich einen Deut. Sie haben da einfach etwas aus dem Ärmel geschüttelt. Auftrag nicht erfüllt! Nochmals genau lesen und über die Bücher gehen.» Oder: «Die Begründung Ihres Misserfolges interessiert hier nicht. Es interessiert allein, was gegen den Misserfolg unternommen werden kann, um den Erfolg herbeizuführen.» Und: «Ich sehe zwar Ihre Ziele. Aber woher nehmen Sie den Glauben, dass Sie die Marge trotz des fallenden Produktepreises halten können? Woher nehmen Sie die Gewissheit, dass nur der andere aus dem Markt fliegt? Ich habe zwar Sympathie für Ihre Pläne, meine grundsätzliche Zustimmung stellt aber eine höfliche Form der Ablehnung dar.» Der bisweilen sarkastische Diskussionsstil bezweckt einzig und allein, hieb- und stichfeste Begründungen für die zu treffenden Entscheide herbeizuführen. «Eine gute Argumentation muss allen Widerständen standhalten», lautet Christoph Blochers Credo.

Gedanken zur Führung

Christoph Blochers Führungsprinzipien lehnen sich an die einfache Formel an: Kommandieren, Kontrollieren, Korrigieren. Vielfach, so Blocher, werde zu wenig konsequent nach diesem Ablauf vorgegangen, weil man das Unangenehme scheue. Schon 1983 geisselte er an einem Forum über Unternehmensführung die sogenannte «neue Moral», die es sich zur Menschenpflicht gemacht habe, alle Unannehmlichkeiten, alle Belastungen, alle Einschränkungen an persönlicher Selbstentfaltung zu meiden. «Materielles oder geistig-seelisches Profitdenken sind selbstsüchtige Begehrlichkeiten, die sich dem Ertragen von Lebenslasten entziehen», führte er aus. «Es gibt kein Leben ohne den Tod, keine Freude ohne das Leid, keinen Gewinn ohne den Verlust, keine Entfaltung ohne die Beschränkung, keinen Preis ohne Schweiss.» Die Unterordnung sei heute fälschlicherweise zur bestgehassten Sache der Welt geworden. Denn das oberste und entscheidende Gebot der Unterordnung gelte für niemanden so zwingend wie für den Unternehmer, der sich der Sache und dem Auftrage vollumfänglich unterzuordnen habe... Führen habe auch etwas mit dem Mut zur Einfachheit zu tun. «Gerade die Einfachheit erfordert es, oft auch unbequeme Massnahmen zu ergreifen, um Lösungen durchzusetzen... Dagegen geschieht an unendlich vielen Seminarien über unendlich komplexe Zusammenhänge bei unendlich komplizierten psychologischen Erörterungen und unendlich langen Diskussionen leider das Gegenteil: schlicht und einfach unendlich wenig.»

1990 schreibt Blocher in einem Artikel in der NZZ: «Unternehmer haben, bei all ihrer äusserlichen Verschiedenheit, eines gemeinsam: eine tiefe, intensive, manchmal fast unheimliche Verpflichtung gegenüber der Sache. Da bleibt weder Zeit noch Kraft für Selbstverwirklichung, wenig Interesse an Selbstdarstellung, wenig Lust, sich mit dem Beklagen der eigenen Mühsal, der eigenen Sorgen und Sörglein zu beschäftigen. Allein die vertiefte Beschäftigung mit dem eigenen Auftrag führt zu Führungsstärke, gibt Gestaltungs- und Lenkungskraft... In diesem Klima haben Protégés, Blender und Karrieremenschen keine Chance. Sie scheiden von selbst aus.»

In der gleichen Zeitung zitiert Blocher 1994 Churchill: «Manche halten den Unternehmer für einen räudigen Wolf, den man totschlagen müsse. Andere meinen, er sei eine Kuh, die man ununterbrochen melken könne. Nur wenige sehen in ihm ein Pferd, das den Karren zieht.»

Ein Unternehmer beklage Schwierigkeiten nicht, sondern überwinde diese ohne Rücksicht auf das Ansehen der eigenen Person. «Die Wirtschaftsgeschichte ist weitgehend die Geschichte von Unternehmern; jedoch nicht nur von erfolgreichen. Sie liesse sich ebenso sehr als die Geschichte von Zusammenbrüchen und Misserfolgen schreiben. Das muss so sein, denn der Unternehmer wird täglich begleitet von der Chance und dem Risiko, wobei ersteres ohne das letztere bekanntlich nicht zu haben ist.»

Ein Tag im Leben von Christoph Blocher

An Sonntagen wäre alles anders: Da wird nicht gearbeitet, Christoph Blocher interessiert sich weder fürs politische Tagesgeschehen noch für den Geschäftsverlauf, dafür besucht er öfters den Gottesdienst. Er widmet sich ganz der Familie, pflegt den Garten, macht einen Spaziergang oder hin und wieder eine längere Wanderung. Sogar ausgeschlafen wird manchmal, da kann er ausnahmsweise bis zehn Stunden schlafen.

Doch heute ist nicht Sonntag, und so ist Christoph Blocher, wie an jedem Wochentag, um halb sechs Uhr aufgestanden, in die Turnschuhe geschlüpft und über fünf Kilometer gejoggt. Dabei steht nicht die körperliche Anstrengung im Zentrum. Wenn er frühmorgens über seinen Parcours trabt, erlebt er das Erwachen der Natur.

Nach dem Joggen wird ausgiebig gefrühstückt. Es gibt Käse, Mostbröckli und Birnenbrot mit Butter. Das Morgenessen ist für Christoph Blocher die wichtigste Mahlzeit des Tages. Oft begleitet ihn dabei die Musik des verehrten Mozart, den er für den grössten Komponisten hält. Auf das Frühstück folgt ein kurzer Blick in die Zeitungen, in die «Neue Zürcher Zeitung», die «Zürichsee-Zeitung» und den «Zürcher Boten». Am Abend erst liest er die Blätter gründlicher, vor allem deren Ausland- und Wirtschaftsteil.

Heute morgen sind Geschäftsfreund Dr. Kurt Schiltknecht, Geschäftsleiter der BZ-Trust und ein schwedischer Geschäftspartner, Dr. Peter Sjöstrand, im Hause Blocher in Meilen zusammengekommen. Besprochen wird die Einsitznahme Sjöstrands in den Verwaltungsrat der Pharmavision, einer Gesellschaft, die namhafte Aktienpakete von nur wenigen ertragsstarken pharmazeutischen Firmen hält. Das Motiv des Unternehmens heisst: «Erfolg durch Konzentration». Die Visionsgeschäfte (BK-Vision, Gas-Vision und Stillhalter-Vision mit Dr. Martin Ebner und die Pharma-Vision mit Dr. Christoph Blocher als Präsidenten des Verwaltungsrates) bieten dem Kleinanleger die Möglichkeit, seine Aktien durch professionelle Verwaltungsräte betreuen zu lassen. Diese sind in der Lage, die Tätigkeit der Unternehmen zu überwachen und nötigenfalls Einfluss auf das Management zu nehmen. Die Geschäfte der «Visionen» werden durch die BZ-Trust geführt.

Es ist mittlerweile elf Uhr. Die Geschäftsfreunde verabschieden sich. «Wir sind knapp dran, es eilt», mahnt Christoph Blocher im grünen «Buure-Lismer». Den trägt er oft und gerne, ausser natürlich im Geschäft oder an formellen Anlässen oder im Parlament. Er verabschiedet sich von seiner Frau Silvia, packt Kittel und Mantel, schmeisst beide achtlos auf die Ablage im Fond seines blauen Volvos und setzt sich neben seinen Chauffeur.

Die Fahrt geht direkt von Feldmeilen zur Selnaustrasse in Zürich. Draussen herrscht typische Aprilwetterstimmung. Die Zürichsee-Landschaft zeigt scharfe Konturen in allen Farben. Per Autotelefon kündigt Christoph Blocher seiner Sekretärin die baldige Ankunft im Büro an, stellt Fragen und gibt Anweisungen. Dann widmet er sich einem Artikel über Arbeitslosigkeit. «Wissen Sie, mich interessieren vor allem die Neuerungen in der Arbeitslosenversicherung. Wir müssen unbedingt zu einer vernünftigeren, das heisst, zu einer nicht staatlich gelenkten Förderung der Beschäftigung gelangen.» Christoph Blocher fordert hier wie überall weniger Staat und mehr Eigenverantwortung. Er macht sich Notizen und studiert Akten.

Geschäftshaus an der Selnaustrasse in Zürich. Im zehnten Stock befindet sich sein Büro. Die Aussicht über die Stadt, auf die Sihl und hinüber zur Universität und über den Zürichsee ist herrlich. Drei Ölbilder mit Kühen schmücken die Wände. Zwei stammen von Rudolf Koller aus der Zweiten Hälfte des letzten Jahrhunderts, eines vom Genfer Maler Charles Humbert (1813–1884). «Bei der Auswahl der Bilder kommt meine bäuerliche Vergangenheit zum Ausdruck», sagt er. «Die alte Frau hier hat Anker gezeichnet, den ich sehr verehre. Und auf diesem Stich erkennt man Maienfeld, auf dem oberen ist Schloss Rhäzüns.» Der Blick schweift von den Bildern weg zur vollen Agenda von Christoph Blocher: Für die nächsten Wochen sind eine Bauernveranstaltung im Zürich-Horn, die SBG-Generalversammlung im Hallenstadion (an welcher Christoph Blocher aus dem Verwaltungsrat herauskomplimentiert werden wird) und die Sondersession in Bern über die Swisslex vorgesehen.

Weitere Termine sind eine Kadertagung der Ems-Chemie in Laax, die Kurfirstentagung in Ebnat-Kappel, die Astag-Generalversammlung in Wettingen, eine Geschäftsbesprechung in der Ems-Togo in Romanshorn, eine SVP-Delegiertenversammlung in Glattfelden, die Auns-Generalversammlung in Bern, ein Besuch in der Ukraine, einer in Moskau. «Wir haben dort je ein Büro, das ich noch gar nie gesehen habe. Wenn Jelzin nun aber nicht mehr gewählt wird, muss ich den Besuch verschieben.» Christoph Blocher findet immer Zeit, sich über aktuelle politische Fragen auszulassen: «Das Zermürbende und Frustrierende an der Politik ist die Machtlosigkeit. Als Politiker kann man sich nie direkt durchsetzen, selbst wenn man wüsste, was zu tun ist. Im besten Falle kann man mitbeeinflussen», sagt er. «Was ich dann im Parlament an Anträgen und Motionen vorbringe, wird sowieso abgelehnt werden. Die Parlamentarier und der Bundesrat ärgern sich masslos, dass sie die EWR-Abstimmung, die sie zur Vertrauensabstimmung erklärt haben, verloren haben. Noch selten hat es eine Abstimmung gegeben, in der sämtliche Verbände, sämtliche Parteien, der Bundesrat, alle Kantonsregierungen, die ganze Wirtschaft, die Gewerkschaften, das Establishment für eine Vorlage so geschlossen und mit einem derart grossen Aufwand angetreten sind. Mit allen Medien, den Zeitungen und dem Fernsehen im Rücken. Und diese Unité de doctrine ist bachab gegangen. Jetzt sind sie aus Prinzip gegen mich.»

Wenige Minuten später sind wir zurück in der Tiefgarage. Die Fahrt geht weiter Richtung Winterthur. Christoph Blocher telefoniert mit SVP-Parteisekretär und Kantonsrat Hans Fehr, der sich über die neueste Arbeitslosenversicherungs-Regelung und die falschen Behauptungen, die gegen die SVP erhoben werden, ärgert. Er will reagieren. Blocher beruhigt ihn und rät ab: «Wir dürfen nicht auf jeden Angriff und auf jede persönliche Diffamierung eingehen. Sonst verpuffen wir nur die Kräfte. Wir müssen uns konzentrieren! Das Anliegen, nicht das eigene Ansehen ist von Bedeutung.» Christoph Blocher ärgert sich über den Staatsinterventionismus, der zur Bekämpfung der Arbeitslosigkeit nichts tauge.

Auf der Autobahn bei Winterthur-Töss: Christoph Blocher liest in der NZZ, plötzlich nickt er ein. Sein Kopf fällt zur Seite. Vorbei an Riegelhäusern, Sägereien, Bauernhöfen und dünnen Industrieansiedlungen nach Weinfelden. Christoph Blocher erwacht. «So, jetzt bin ich wieder fit», sagt er nach seinem kurzen, viertelstündigen Nickerchen. Er blättert wieder in den Akten, um sich für die bevorstehende Sitzung vorzubereiten. Es geht um die Personalentwicklung der Ems-Togo in Romanshorn, die vor allem Produkte wie Scheibenkleber, Unterbodenbeschichtungen und Lacke für die Automobilindustrie herstellt. Und die Autoindustrie ist von der Rezession derzeit arg gebeutelt. Darüber hinaus soll über die Übernahme einer deutschen Firma entschieden werden.

An den Gebäuden der Togo in Romanshorn prangt unübersehbar das Logo von Ems. In der Eingangshalle aufwendiges Industriedesign mit Marmorboden, chrombeschichteter Diagonal-Riemendecke – alles ist auf Hochglanz poliert. Patron Blocher leicht verächtlich: «So noble Einrichtungen in Geschäftshäusern und Büroräumen sind meistens der Untergang einer Firma. Ich hätte dies niemals so aufwendig gestaltet. Aber als ich die Firma übernommen hatte, war das halt alles schon da.»

Zum Führen gehört Humor

Die Manager der Ems-Togo begrüssen ihren Patron: «Sicher haben Sie Hunger, Herr Dr. Blocher, da haben wir noch Brötchen.» Die dezidierte Antwort: «Nein, wir haben heute keine Zeit zum Essen». Man begibt sich sofort ins Sitzungszimmer. Das Problem der Firmenübernahme wird nur im engsten Kreis von insgesamt fünf Personen behandelt.

Der mit dem Geschäft Beauftragte erläutert in knappen Worten, worum es geht: Es stelle sich die Grundfrage, ob man sich noch stärker im Auto-Sektor engagieren wolle, wo eine Belebung dieser Branche doch sehr fragwürdig sei. Das Image der zu übernehmenden Firma sei zwar gut, der Entwicklungskostenaufwand sei aber viel zu gross, ebenfalls der Personalaufwand, die Besetzung des oberen Management erweise sich als schwierig. Christoph Blocher erläutert, die prognostizierten Wachstumszahlen des Unternehmens seien nicht realistisch, und eine Verdoppelung des Umsatzes innerhalb von drei Jahren sei ganz und gar unmöglich, obwohl es sich um ein hervorragendes Produkt handle. Hier sei der Wunsch Vater des Gedankens. Positiv allerdings wäre, dass die Firma den gleichen Markt anpeile. Aber die Investitionen seien zu gross. Vor allem habe er einen Grundsatz: «Man soll nie eine gutgehende Firma kaufen, ausser sie bringt eine massive Stärkung des bisherigen Bereiches.» Die Ems-Togo habe heute 450 Mitarbeiter, und dies seien bekanntlich schon 50 zuviel. «Können wir es verantworten, eine Firma mit dem doppelten Umsatz und mit 1000 zusätzlichen Mitarbeitern hinzuzukaufen?» fragt Blocher.

Schliesslich geben die zu hohen Management- und Investitionskosten, sowie die unsichere Lage in der Autoindustrie den Ausschlag: die Firma wird nicht übernommen.

Christoph Blocher und sein Team wechseln das Sitzungszimmer für die nächste Besprechung im grösseren Gremium mit den Betriebsleitern der Togo. Traktandiert sind die bedrohlichen Produktionsrückgänge in der deutschen Automobilindustrie, die Zusammenarbeitsmöglichkeiten mit Japanern, Jahrespläne, Kosten- und Absatzprognosen. Gegen Ende der Sitzung, die praktisch ohne Unterbruch bis 17 Uhr dauert, erkundigt sich Christoph Blocher nach der Stimmung in der Belegschaft und freut sich, dass auch von der Beschäftigungsfront Positives zu vermelden ist. Die Sitzung, in der vieles in Frage gestellt wird, wird oft auch durch witzige Bemerkungen und Gelächter unterbrochen.

«Wir kämpfen hart und setzen uns mit der Sache ernsthaft auseinander. Zum Führen gehört aber auch immer Humor. Denn wo kein Humor ist, da ist kein Ernst. Zum Humor gehört übrigens auch, dass man sich selbst immer wieder in die Ironie miteinbezieht», sagt Blocher beim Verlassen seiner Firma unter der Tür.

Radiotermin

Das Lokalradio in Wil ist klein, improvisiert und gemütlich. Blocher begrüsst alle sehr freundlich, macht dort einen Spruch und da eine freundliche Bemerkung. Ein junger Mann, der schon eine ganze Weile an der Eingangstüre zum Studio gewartet hatte, spricht ihn an: «Als ich erfahren habe, dass Sie hier ein Interview geben würden, musste ich einfach herkommen. Wissen Sie, ich bewundere Sie unglaublich, Ihren Einsatz und wie Sie argumentieren.» Blocher freut sich sichtlich über das Lob und wünscht dem jungen Mann alles Gute. Am liebsten möchte er sich weiter mit seinem Anhänger unterhalten, aber er muss ins Studio.

Erste Frage des Moderators: «Wie bewältigt man das, gleichzeitig Unternehmer, Politiker und Familienvater zu sein?»

Christoph Blocher: «Indem man arbeitet.»

Weitere Fragen betreffen das Luftfahrtabkommen und die anderen Nachteile, die sich durch den Nicht-EWR-Beitritt ergeben hätten. Blocher sagt, er habe immer betont, dass es durch den schweizerischen Alleingang nicht nur Vorteile gäbe. Die Vorteile würden jedoch die Nachteile bei weitem übertreffen. Wichtig sei vor allem, dass man richtig verhandle. Leider sei das Transitabkommen nicht zu Ende geführt worden. Das sei der Hauptfehler, nicht das EWR-Nein. Nun müsse dies in mühsamen Verhandlungen zurechtgebogen werden.

«Ist die Schweiz eine Insel?», will der Moderator wissen. Blocher: «Die Schweiz ist keine Insel, sondern steht im Zentrum. Aber jede Zeit hat ihre Probleme. Heute ist es die Rezession, die grösste seit dem 2. Weltkrieg. Zudem haben wir eine desolate Situation bei Parteien und Politikern. Erneuerungen sind nötig. Ich bin aber zuversichtlich, dass wir die Zukunft meistern.» «Welches sind Ihre persönlichen politischen Ziele?» Blocher: «Ich kämpfe für eine unabhängige und prosperierende Schweiz.»

Die Abendveranstaltung

Nach dem Kurzinterview geht es sofort weiter nach Tobel im Kanton Thurgau, dorthin, wo sich Fuchs und Hase gute Nacht sagen. Im schönen Stübli im Dorfrestaurant wird zum Nachtessen geladen. Christoph Blocher trinkt Weisswein. Ein Glas. Anwesend ist die Lokalprominenz, aber auch Regierungs- und Kantonsräte sind gekommen. Es gibt einen reichhaltigen, kalten Teller, Christoph Blocher bekommt als einziger warmes Essen. «Ihre Frau hat hierher angerufen und darauf bestanden, dass Sie warm essen müssten», sagt der Wirt. «So, so. Da wird man also schon bis hierher bemuttert», scherzt der Umsorgte. Tobel ist ein kleines Dorf, ziemlich abseits der Welt in schöner ländlicher Umgebung. Thema an diesem Abend: «Wo steht die Schweiz heute?»

Die Zuhörer kommen von überall her. Aus den umliegenden Dörfern, aus weitergelegenen grösseren Ortschaften. Über fünfhundert sind es am Schluss. Die Turnhalle droht aus allen Nähten zu platzen, sie ist bis auf den letzten Platz besetzt. Christoph Blocher zieht seinen Kittel aus, hängt ihn über die Stuhllehne, geht aufs Podium und legt – auch hier in freier Rede – los:

«Liebi Fraue und Manne! Ich spreche heute über die Frage ‹Wo steht die Schweiz heute?› Und es ist kein gutes Zeichen, wenn sich so viele Leute diese Frage stellen müssen.» In allen Zeiten hätten die Menschen zwar das Gefühl, in einer schwierigen Zeit zu leben. Am meisten bedrücke heute wohl die Rezession. Zuvor habe die stete Verbesserung des Wohlstandes eine sorgenfreie Zeit vorgegaukelt. Es könne aber nie nur aufwärtsgehen. Man müsse das Wechselspiel von guten und schlechteren Zeiten als naturgegeben akzeptieren. In der Wirtschaft sei das nicht anders. Es gehe nicht nur ‹obsi›, sondern immer wieder auch ‹absi›. Aber – und das müsse man heute betonen – es gehe nie nur runter, sondern immer wieder aufwärts.

Zwischenruf: «Der spricht ja wie ein Apostel!»

Christoph Blocher nimmt den Zwischenruf sofort auf: «Was ist? Er hat gerufen, ich rede wie ein Apostel. Das habe ich jetzt noch nie gehört!» Schallendes Gelächter im Publikum. «Aber bleiben wir beim Apostel. Schon in der Bibel lesen Sie über die sieben fetten und die sieben mageren Jahre… Das Auf und Ab ist also nichts Neues.»

Er wird erneut durch Zwischenrufe unterbrochen, die er quittiert: «Ja, schon gut. Aber jetzt möchte ich's still haben. Sie können dann morgen abend hier einen Vortrag halten. Heute bin ich dran.»

Christoph Blocher erklärt seinem Publikum in einer klaren Sprache das Prinzip von Angebot und Nachfrage. Von 1983 bis 1990 sei eine der stärksten Hochkonjunkturzeiten gewesen, die es je gegeben habe. Nun sei man halt wieder in einer Rezession, die jeweils ein paar Jahre dauere. Heute stünden jene Unternehmer relativ unbeschadet da, die während der Hochkonjunktur mit guten Produkten hohe Gewinnmargen erzielen und Reserven bilden konnten. Jene, die über die Schnur gehauen, zuviel Geld aus dem Betrieb genommen und zu viele Leute eingestellt hätten, die immer auf dem letzten Zacken gelaufen seien, hätten nun viel grössere Mühe, eine Rezession zu überstehen. Die wirtschaftliche Situation könnten aber nur die Unternehmer, die Manager, die Führung selbst verbessern. Man dürfe nie warten, bis der Staat etwas tue, dieser sei nicht nur zu spät, sondern könne direkt auch sehr wenig bewirken.

Christoph Blocher spricht über die Rezessions- und Wirtschaftsentwicklung in den Grossräumen USA, Europa und dem Fernen Osten mit China. Der Staat könne und solle dafür sorgen, dass die Wirtschaft optimale Bedingungen erhalte. Grosse Bedeutung sei vom Staat der Geld- und Steuerpolitik beizumessen.

«Wann geht es einem Staat gut?» ruft er ins Publikum. «Wenn er keine hohe Verschuldung hat, wenn die Ausgaben nicht zu hoch und die Zinsen tief sind, wenn er eine gute Ordnungspolitik betreibt, wenn er nicht zuviel interveniert und regelt, wenn er die Voraussetzungen schafft, dass die Wirtschaft florieren kann.»

In seinem einstündigen Referat schneidet er auch das Thema Sicherheitspolik in der Schweiz an. Staaten seien aus einem Wunsch nach Sicherheit entstanden. Ein geflügeltes Wort hiesse: Je besser man gerüstet ist, desto unwahrscheinlicher ein Krieg. Heute nähme man dies zwar nicht mehr so ernst. Trotzdem seien sowohl die Flugzeug- wie die Waffenplatzinitiative abzulehnen, weil beide gegen die eigene Armee gerichtet seien. «Sie wissen, dass ich im Parlament zwar gegen die Beschaffung des FA-18 gestimmt habe, weil ich der Meinung war, wir bräuchten eine andere Armee-Konzeption. Nun hat das Parlament aber eine Konzeption beschlossen, für welche es den FA-18 braucht. Und darum muss die Initiative klar bekämpft werden.»

Wie nach jeder seiner Reden wird dem Publikum Zeit für Fragen eingeräumt. Er beantwortet die aufgeworfenen Fragen mit grosser Geduld, gibt Beispiele, geht vertieft auf die Probleme ein. Seine profunden Detailkenntnisse belegen, dass seine Ansichten im Boden der Realität wurzeln.

Das Publikum quittiert des Redners Auftritt mit grossem und nachhaltigem Applaus. «Geraucht wird im Publikum alles, von Villiger-Kiel bis Davidoff, getrunken alles, vom sauren Most bis hin zu Bier und Rotwein», wie Journalisten bei Blocher-Anlässen noch gerne hinzuzufügen pflegen. Nach getanem Tagewerk hat so ein Anlass eben auch seine gesellschaftliche oder volkstümliche Seite.

Draussen freut sich Christoph Blocher über die gelungene Veranstaltung: «So macht das Politisieren Spass, und vor allem bringt es viel mehr als im Parlament. Hier kann man wenigstens noch etwas bewirken und mit den Leuten diskutieren.» – Ist das wohl der Grund, dass er im Parlament öfters durch Abwesenheit glänzt? Die Antwort kommt schnell: «Wenn es voraussehbar ist, dass man nichts bewirken kann, gehe ich lieber wichtigeren Dingen nach, statt das Sitzungsgeld abzusitzen.» Er stellt mit Genugtuung fest, dass im Volk das Interesse an der Politik wieder gestiegen sei.

Er ist mit seiner Rede zufrieden. Die Formulierungen waren präzis. Es gab keine Wiederholungen, er hat die Sätze ausformuliert. Er hat als Redner aber durchaus auch schlechtere Tage, und er gibt unumwunden zu: «Es ist eine meiner Schwächen, dass ich oftmals die Sätze nicht ganz zu Ende spreche.» Noch vom Auto aus ruft er seine Frau an. Es sei alles gut gegangen, nun sei er aber sehr müde. Kurz nach Mitternacht ist er daheim in Feldmeilen.

In ein paar Stunden, um halb sechs Uhr morgens, wird Christoph Blocher wieder seinen Parcours ablaufen.

Je komplizierter das Problem, desto einfacher muss die Lösung sein

Christoph Blocher, alle Kritiker spinnen an einem und demselben Faden, bezeichnen Sie als Populist. Was ist wohl gemeint, wenn man Sie zum Populisten stempelt?

Da muss ich mich auf das Lexikon berufen. In der Literatur meint Populismus die literarische Richtung des 20. Jahrhunderts mit dem Ziel, das Leben des einfachen Volkes in natürlichem, realistischem Stil für das einfache Volk zu schildern. Das ist aber hier nicht gemeint. In der Politik umschreibt das Lexikon Populismus als «die von Opportunismus geprägte, volksnahe, oft demagogische Politik mit dem Ziel, durch Dramatisierung der politischen Lage die Gunst der Massen zu gewinnen.» Populisten nehmen dumpfe Gefühle des Volksempfindens auf, thematisieren diese und bieten sie als Problemlösungen an.

Sind Sie, in diesem Sinne, ein Populist, etwa ein Rechtspopulist gar, wie man immer wieder vernimmt? Einer also, der dumpfe Gefühle aufnimmt und verstärkt?

Gegen diese Gefahr ist kein Politiker ganz gefeit. Wer ihr aber erliegt, gerät auf Abwege. Wer ausschliesslich nach des Volkes Gefühlen handelt, der muss nämlich einmal für dieses und einmal für jenes sein. Denn die Stimmungen wechseln schnell, sind von Ort zu Ort verschieden und in unterschiedlichen Schichten verschieden gelagert. Eine zielgerichtete Politik ist so nicht zu verfolgen. Darum gehört der Opportunismus zwingend zum Populismus. Nehmen Sie als Beispiel Le Pen, der dem Volk nach dem Munde redet und darum von einem Thema zum anderen schwenken muss, je nach Laune des jeweiligen Publikums. In diesem Sinne, ich betone ausdrücklich: in diesem Sinne trifft mich der Vorwurf, ein Populist zu sein, nicht. Ich handle aus einer tiefen Überzeugung heraus und lasse mich nicht von meinem Weg abbringen, nehme dabei durchaus auch in Kauf, gegen den Strom zu schwimmen. Als Beispiel unser Kampf gegen den Beitritt zum Europäischen Wirtschaftsraum (EWR): Der schien damals, als mein Freund Otto Fischer und ich über die Möglichkeit eines Referendums nachdachten, ziemlich aussichtslos. Otto Fischer hatte wohl recht, als er den EWR-Betritt als eine typisch schweizerische Lösung bezeichnete: man wäre ein wenig dabei, doch nicht ganz drin. Und dennoch haben wir den Kampf gegen alle Widerstände geführt, wussten die gesamte Wirtschaft, den Bundesrat, die politischen Parteien und die gleichgeschaltete Presse auf der andern Seite. Eine derart aussichtslos scheinende Schlacht nimmt ein Populist niemals auf.

Dessen ungeachtet hiess es auf einem Aushang der «Neuen Zürcher Zeitung»: «Blocher, der Populist», dennoch hat Sie der Politologieprofessor Leonhard Neidhart vor der Abstimmung über den EWR-Beitritt als Populisten und Volksverführer bezeichnet...

Wer wurde denn schon alles als Populist betitelt? Zum Beispiel Churchill, De Gaulle, Strauss... da nimmt man es mit dem Begriff jeweils nicht so genau. Zudem war Neidhart für den Beitritt zum EWR und hat sich deshalb an mir gerieben. Der Hochschullehrer missbraucht sein Amt, wenn er in einer politischen Debatte als Professor derart Stellung nimmt. Doch zurück zum Populismus. Man will mir einen Vorwurf daraus machen, dass ich so rede, dass das sogenannt «einfache Volk» weiss, worum's geht. Man nimmt mir übel, dass ich allgemeinverständlich und unkompliziert spreche. Ich gebe mir nicht nur in der Politik ausserordentlich Mühe, die Zusammenhänge einfach darzustellen. Wo mir dies nicht gelingt, da sehe ich selber nicht ganz durch.

Dieses Wort vom «einfachen Volk» taucht immer wieder im Zusammenhang mit Ihnen auf. Sie seien antielitär, wird behauptet, hielten es mit dem «einfachen Volk». Wie können Sie, da Sie selber zur wirtschaftlichen, politischen und militärischen Elite gehören, diese Elite bekämpfen?

Ich bin keineswegs gegen eine Elite, im Gegenteil. Ich bin überzeugt, dass wir eine Elite brauchen. Doch ich bin gegen Scheineliten, wie sie leider in unserer «Classe politique» weit verbreitet sind. Ich bin darum gegen eine politische Kaste, die so spricht und sich so benimmt, dass sie vom Volk nicht mehr verstanden wird. Diese «Classe politique» bekämpfe ich. Den Begriff habe ich übrigens hierzulande eingeführt und durchaus auch negativ gemeint. Er ist inzwischen in aller Munde und steht für tonangebende Kreise. Darum brauche ich neuerdings diesen Begriff nicht mehr.

Wie halten Sie's nun mit dem «einfachen Volk»?

Ich weiss gar nicht, was damit gemeint sein soll, mit diesem Ausdruck «einfaches Volk». Das «einfache Volk», so behaupte ich, existiert nicht. Die Leute aus dem Volk sind so gescheit wie Politiker und Hochschulprofessoren. Vielleicht nicht so ausgebildet und eingebildet, dafür aber durchaus gebildet – durch Lebenserfahrung.

Sie verwenden einfache Bilder und sprechen eine einfache Sprache. Das ist heutztage selten geworden, wo die Welt als kompliziert und schwer zu begreifen gilt.

Ja, ich spreche bewusst in einfachen Worten. Darauf lege ich grossen Wert. Ich bemühe mich beispielsweise, keine Fremdwörter zu verwenden. Ich teile auch die Meinung vieler Politiker nicht, die glauben, dass man viele Sachverhalte heute nicht mehr erklären könne, dass man die Probleme nicht in einer Stunde darlegen könne. Wenn ich über ein Thema spreche, so habe ich mich vorbereitet und kenne mich darin durch und durch aus. Bevor ich ans Rednerpult trete, weiss ich zwar noch nicht in jeder Einzelheit, was ich sagen werde, aber die Materie kenne ich. Dann kann ich auch verständlich und volksnah sprechen. Sehen Sie, ich rede nicht zu allem und und jedem. Ich habe meine wichtigen Themen, und in diesen wenigen wichtigen Bereichen kenne ich mich aus.

Ist denn die heutige Welt nicht zu kompliziert geworden für einfache Bilder und Sprache?

Was wahr und richtig ist, kann man einfach und klar ausdrücken. Sowohl in der Politik wie in der Wirtschaft gilt: je komplizierter und schwieriger ein Sachverhalt ist, desto einfacher muss die Lösung sein. Die Vereinfachung des Problems hilft die Lösung zu finden. In der Regel wollen Leute, die sich nicht klar ausdrücken, entweder etwas vernebeln, oder sie haben die Sache nicht durchdacht oder selber nicht verstanden.

Ich verlange beispielsweise von meinen Direktoren, dass sie sich in ihren Anträgen kurz fassen, sich auf eine oder höchstens zwei Seiten beschränken. Und wenn ich selber in der Darstellung einer schwierigen wirtschaftlichen Frage zu lange werde, sage ich mir: Da musst du dich noch einmal dahintersetzen, da hast du noch zu wenig überlegt. Die Spreu ist vom Weizen noch nicht getrennt.

Ärgert es Sie denn, wenn Sie Populist geheissen werden?

Ich zitiere aus einer meiner Reden: «Man sagt uns, wir seien Populisten. Was es ist, hat mir noch niemand gesagt. Es muss etwas Schlimmes ein, sonst würde man uns nicht so nennen.» Natürlich ist es ein Versuch, mich zu verunglimpfen, und das Ziel der Anwürfe ist klar: man will, dass wir nicht mehr ernst genommen werden. Inzwischen werden ja auch andere Leute so abgestempelt. Populisten sind anscheinend Leute, deren Argumente leicht verständlich und einfach einzusehen sind. Der Vorwurf kommt immer, wenn Gegenargumente zur Sache fehlen.

Noch einmal: Man wirft mir meine einfache und klare Sprache vor und sagt, wer nicht kompliziert spricht, denkt auch nicht differenziert. Das Gegenteil aber ist der Fall. Nur wer differenziert überlegt und abwägt, kann schliesslich auf einfache Lösungen kommen. Nur der kann das Wesentliche vom Unwesentlichen trennen. Nur der kann es einfach darlegen.

Politik müsse holzschnittartig sein, ist eines Ihrer bekannten Worte...
Das stimmt. Wer einen Holzschnitt machen will, muss eine ganz klare Vorstellung vom Gegenstand haben, den er darstellen will. In diesem Sinne muss Politik holzschnittartig sein, klar, verständlich. Alle Argumente und Richtungen aufzuzählen ist eine Frage des Fleisses. Sich für eine Richtung zu entscheiden und diese zu verfolgen ist eine Frage des Abwägens und der Überzeugung.
Ich verstehe meine Kritiker nicht. Populismus wirft man mir vor. Ich sei ein Rattenfänger von Hameln, dem die Zuhörer zu Hunderten zuströmten. Jeder Politiker freut sich, wenn er vor vollen Sälen sprechen kann. Soll ich mich ärgern, dass meine Veranstaltungen viele Menschen anziehen, während bei anderen das Publikum oft ausbleibt, allen Schalmeitönen zum Trotz?

Was halten Sie von der Etikette «hemdsärmelig»?
Wer ist denn eigentlich hemdsärmelig? Das sind jene Menschen, die ihre Ärmel zum Arbeiten hochkrempeln, Bauarbeiter etwa. Es ist ein Sinnbild für anpacken, für gestalten, etwas machen, was Kraft braucht. Ja, ich bin häufig «hemdsärmelig», ganz bewusst.

Warum?
Ich verkehre manchmal in politischen und wirtschaftlichen Kreisen, wo eine salonfähige Verlogenheit vorherrscht.

Ein starkes Wort...
... ja, aber ein treffendes. In dieser Gesellschaft ist alles fein, schön, gut, in Ordnung, parfümiert, sauber. Man ist perfekt angezogen, und die Manschetten sind zugeknöpft. Dagegen habe ich eigentlich nichts einzuwenden. Wenn sich aber hinter dieser schönen Fassade eine

gottvergessene Verlogenheit breitmacht, dann gebe ich Gegensteuer, werde deutlich – eben «hemdsärmelig» – und damit auch entlarvend. Denn diese gesellschaftsfähige Verlogenheit und Hinterlist ist weit schlimmer als offene Bösartigkeit. Wenn einer mit offenem Visier kämpft, und sei es noch so grob und ungerecht, dann ist das weniger schlimm als dieses hinterlistige und perfide Gehabe. Wo man Unanständigkeit sieht, kann man sie verurteilen. Dort, wo man sie nicht sieht, ist sie erst wirklich gefährlich.

Heisst das, Sie setzen die Hemdsärmligkeit als Stilmittel ganz bewusst ein?

Wenn es mir zu bunt wird, kann ich schon mal dazwischenfahren. Und dann wirft man mir vor, ich bediene mich des Zweihänders statt des feinen Floretts. Da entgegne ich: Gibt es denn etwas Perfideres als das Florett, mit dem man dem Gegner dauernd Stiche versetzt, unerwartet und häufig rücklings? Mit dem Zweihänder gehen Sie ganz offen auf den Gegner zu...

Noch einmal: Entspricht die Hemdsärmligkeit gar nicht Ihrer Wesensart? Sind Sie denn ein versteckter Salonlöwe und bloss verkannt?

Nein, nein. Ich bin kein Salonlöwe, aber ich bin durchaus salonfähig. Ich muss das in meiner Stellung als Unternehmer im In- und Ausland auch sein, das macht mir gar keine Mühe. Aber auch auf Empfängen falle ich als eher unkompliziert und natürlich auf. Der Salon ist nicht mein Arbeitsort. Und zugegebenermassen fühle ich mich im Smoking nicht sonderlich zu Hause, den empfinde ich eher als beengend.

Was ich aber nicht ertragen kann, ist das Verlogene, wie gesagt. Nehmen wir zum Beispiel den Kampf zwischen Ebner und der Bankgesellschaft. In dieser Sache kenne ich mich aus. Das ist ja ungeheuerlich, was in diesem Zusammenhang geschehen ist.

Christoph Blochers Politik

Die Blochersche Politik, so hört man immer wieder, erschöpfe sich in Schuldzuweisungen und Stimmenfang bei Protestwählern, sie habe nichts Konstruktives anzubieten und sei deshalb nicht tragfähig. «Das Gegenteil ist der Fall», weist Christoph Blocher die Vorwürfe zurück. «Ich kämpfe stets für die Sache. Dabei ist es mir egal, wer mir nachläuft. Ich erachte es aber als meine Pflicht, den Leuten das nahezubringen, wovon ich überzeugt bin.» «Hin zur Sache» heisst sein Kurs in der Zürcher SVP, die er seit 1977 präsidiert und zur erfolgreichsten Partei im Kanton Zürich machte.

Christoph Blocher bezeichnet sich selbst als liberal-konservativen Politiker. Und zwar im Sinne seines verstorbenen Freundes, alt Nationalrat Dr. Otto Fischer, der erklärte: «Liberal sein heisst, dafür zu sorgen, dass der Staat keinen zu grossen Einfluss gewinnt. Und konservativ bedeutet, dass man sorgfältig untersucht, ob man etwas ändern will.»

Die heutige Politik zeigt für Christoph Blocher Dekadenzerscheinungen. «Die Misere der bürgerlichen Politik besteht im Mangel an Bereitschaft, einen politischen Kampf zu führen.» Er präzisiert: «Die heutigen Verhältnisse sind der Ausfluss einer verwahrlosten politischen Situation. Abgesehen davon, dass ich die Politik des Sozialismus grundsätzlich für falsch halte, richte ich mich auch gegen eine gewisse Dekadenz beim Bürgertum.»

Viele Politiker verfolgten ein falsches Ziel. Es gehe ihnen um Macht und politische Ämtlein und darum, sich vor den Medien vorteilhaft darzustellen. «Was Mittel zum Zweck sein sollte, machen Politiker zum Zweck an sich. Man vertritt nur noch, was einem Amt und Prestige sichert.»

Auch die Regierungsbeteiligung sei nun zum Zweck an sich geworden. Um an die Regierung zu gelangen oder in ihr zu verbleiben, machten die Bürgerlichen Kompromisse und trügen so

Oben: *Die Familie im Garten, Meilen 1978*

Unten: *Mit den Kindern Miriam und Rahel, 1979*

Oben: *In Südafrika, 1987*

Unten: *Mit den Kindern in Amerika, 1983*

die Politik der Linken mit. «Deshalb ist in der SVP auch die Frage der Regierungsbeteiligung umstritten. Die Bundesratswahl von Frau Ruth Dreifuss hat deutlich gezeigt, wie schwach die Bürgerlichen geworden sind. Anstatt eine Frau aus den eigenen Reihen zu wählen, gaben die Bürgerlichen nach und wählten aus Angst vor einer Retourkutsche Frau Dreifuss. Sie befürchteten, dass die Linken in die Opposition gehen könnten und sie so die Verantwortung hätten alleine tragen müssen. Ist nun aber die Angst ein guter Ratgeber für eine Bundesratswahl?» So, meint Christoph Blocher, wie diese Bundesrätin gewählt wurde, würde man vernünftigerweise nicht einmal eine Bürohilfe auswählen.

Er weiche dem politischen Kampf mit seinen Konsequenzen nicht aus. Daher nehme er auch in Kauf, dass die SVP in die Opposition gerate. «Wir bleiben unserer Politik treu. Will man uns mit unseren Grundsätzen in der Regierung behalten, sind wir dabei. Will man dies nicht, bleibt uns die Opposition.» Leider handelten gewisse amtierende Bundesräte nicht nach diesem Grundsatz. Sie hängten ihr eigenes Gedankengut an den nächstbesten Nagel, wenn es für die Karriere hinderlich sei. Dadurch werde die Bundesratsbeteiligung zu einer höchst fragwürdigen Angelegenheit.

Christoph Blocher und der Bundesrat

Kann eigentlich nur Bundesrat werden, wer seiner Überzeugung abschwört?

Die Bundesratswahl ist heute geradezu unappetitlich. Das ist die oberste Sprosse einer Leiter, die es zu erklimmen gilt. Und die Sprossen überwindet nur einer, der sich allseits gut stellt, sich immer wieder erkundigt: Was muss ich vertreten, dass ich höher komme? Man darf sich mit diesem und jenem nicht überwerfen, und am Schluss steht man auf der obersten Sprosse, abgeschliffen und angepasst bis zur Selbstverleugnung…

81

Nun könnte man einfügen: Dafür hat man auch wenig zu sagen als Bundesrat, das wäre dann so etwas wie ausgleichende Gerechtigkeit...

Ja, das stimmt. Man wendet und windet sich, passt sich an, verrät seine Überzeugungen, macht alles, um sein Ziel zu erreichen. Am Schluss ist man dann zwar Bundesrat, hat aber alle Kraft auf dem Weg bereits verbraucht. Und muss dann auch noch feststellen, dass man wenig zu sagen hat und weitgehend wirkungslos bleibt. So ist es häufig im Leben, dass sich trotz aller Unvollkommenheiten der Kreis irgendwie und irgendwo schliesst.

Stellen wir uns einmal vor, dass Bundesrat Ogi vom Wirbel um die Neat aus dem Amt geblasen wird und damit der Platz für Sie frei wäre. Würden Sie dann Bunderat werden wollen?

So wird es nicht kommen. Aber wenn mich das Parlament in den Bundesrat wählen würde, nähme ich diese Wahl an. Ich suche dieses Amt aber nicht, und ich würde darunter leiden, auch wenn es mir Spass machen würde, die Bahn- und Strassenprobleme zu lösen. Aber das Parlament wird mich nicht in den Bundesrat wählen.

Warum nicht?

Für die meisten Parlamentarier ist das Bundesratsamt das erstrebenswerteste Ziel, viele möchten Bundesrat werden. Für die meisten wäre das ein Karrieresprung, sie würden mehr verdienen, an Ansehen und Macht gewinnen. Und schliesslich wählt das Parlament heute nur einen Politiker in den Bundesrat, der dem Parlament genehm ist, keine Schwierigkeiten macht.

Das scheint doch vernünftig...

Es war nicht immer so. Minger wurde beispielsweise gewählt, um ihn und seine Partei einzubinden. Jetzt sollen die Kerle mitmachen und zeigen, was sie können, war damals die Devise. Man wählte ihn, obwohl man seine Meinungen nicht teilte.

«Ich hoffe, dass es der Schweiz nie so schlecht gehen wird, dass man mich in den Bundesrat wählt», ist ein bekannter Satz von Ihnen. Heisst das, dass nur Christoph Blocher die Schweiz vor dem Untergang retten könnte?

Nein. Das heisst einfach, dass man mich nur wählen würde, wenn das Amt durch vielerlei Schwierigkeiten derart unattraktiv geworden ist, dass man es mir aufbürden will. Das wird in den nächsten Jahren nicht geschehen. Sollte Ogi je zurücktreten, heisst die erste Frage, ob überhaupt noch einmal einer aus unserer Partei gewählt wird. Falls ja, wird man sich aber einen Netteren und Problemloseren aussuchen als mich.

Das Ziel, Bundesrat zu sein, werden Sie also nie erreichen?

Das ist für mich kein Ziel.

Sie gelangen doch, wo immer Sie tätig sind, auf direktem Weg an die Spitze. Warum denn in der Politik nicht?

Ist der Bundesrat denn die Spitze?

Nun, Volk und Parlament stehen über ihm, aber das Volk können Sie nicht werden...

Aber ich kann in den wichtigen Fragen mit dem Volk zusammen wohl mehr bewirken als ein Bundesrat allein. Meine Anliegen sind die Erhaltung der Unabhängigkeit und Selbständigkeit der Schweiz, die Vermeidung von Steuererhöhungen, die Verhinderung von Fehlprojekten wie die Neat. All diese Auseinandersetzungen finden am Schluss vor dem Volk statt, da mache ich mir gar keine Illusionen. Das Parlament wird das nicht in die richtigen Bahnen lenken.

Haben wir denn ein schwaches Parlament und einen schwachen Bundesrat?

Wir haben einen schwachen Bundesrat, aber das ist keine Ausnahme. Wir Schweizer wollen keine starke Regierung. Der letzte Entscheid liegt immer beim Volk, und wenn der Bundesrat unterliegt, muss er nicht zurücktreten, kann bleiben. Das hat ja bis anhin auch prächtig funktioniert. Und es wird auch solange funktionieren, wie die Macht des Staates zurückgebunden wird, dieser sich nicht allmächtig gebärdet.

Ist denn der Eindruck falsch, wir seien schon von stärkeren Persönlichkeiten regiert worden?

Nein, das ist richtig. Ein Gremium wie der Bundesrat braucht eine oder zwei Persönlichkeiten, die es leiten. Das ist heute nicht der Fall. Es gehört aber zu den Spielregeln, dass der Primus inter pares, der Erste unter Gleichen, sich nicht in den Vordergrund spielt. Das war der Fehler von Bundesrat Kurt Furgler, der gegen aussen zeigte, wer der Chef im Bundesrat war. Das haben die anderen nicht hingenommen und ihm daher immer mal wieder die Grenzen gezeigt, ihn leerlaufen lassen.

Neutralität, direkte Demokratie und Föderalismus

Dr. Ulrich Schlüer, Herausgeber und Chefredaktor der zweiwöchentlich erscheinenden konservativen Zeitung «Schweizerzeit» charakterisiert Christoph Blocher folgendermassen: «Mich beeindruckt, dass er kein Karrierepolitiker ist. Bei ihm geht es um die Sache.» Er besitze eine ausserordentliche Kombination von Fähigkeiten: «Er kann die Leute mitreissen durch die unerhörte Gabe, in einer spontanen und bildhaften, mit Humor und Pointen gespickten Sprache zu reden, die die Menschen begeistert. Und er kann gleichzeitig ausserordentlich differenziert argumentieren.» Christoph Blocher sei kein blinder Polterer, sondern ein äusserst geschliffen auftretender Realist, der durch frappante Detailkenntnisse zu überzeugen vermöge. «Ich habe jedenfalls nie feststellen müssen, dass er etwas Falsches gesagt hätte.»

Blocher selbst sagt über seine politische Arbeit: «Erst nachdem ich mich mit einer Sache auseinandergesetzt und alle Vor- und Nachteile abgewogen habe, treffe ich einen Entscheid. Den gewählten Weg gilt es dann jedoch mit aller Kraft, Offenheit und in einer klaren und verständlichen Sprache zu verfolgen.»

Allein der sachbezogene Kurs der Zürcher SVP sei für die beträchtlichen Mandatsgewinne verantwortlich, ist Blocher überzeugt. «Ich sagte mir von Anfang an: Wir denken nicht an uns, nicht an unsere Parteistärke, wir denken nur an eine richtige Politik. Wir sind auch bereit, dafür den ‹Grind› herzuhalten und Verletzungen und Verunglimpfungen in Kauf zu nehmen. Denn: Je weniger die Politiker an sich selber denken, desto mehr denkt das Volk wieder an die Politiker. Oder anders ausgedrückt: Je weniger wir an Wähleranteile denken oder unsere Gunst beim Volk ins Zentrum rücken, desto mehr spürt das Volk, dass wir für unsere Überzeugung eintreten.»

«Die Schweiz befindet sich auf dem besten Weg, die mühsam erkämpften Vorzüge unseres Staates leichtfertig aufs Spiel zu setzen», sagt Christoph Blocher. «Im Augenblick sind die vier Grundsäulen des Staates in Frage gestellt: die Unabhängigkeit, die dauernd bewaffnete Neutralität, die direkte Demokratie und der Föderalismus.» Die Bedrohung komme aber nicht von aussen, sondern von innen, von den Behörden und sehr vielen Intellektuellen. «Hier erkennt man das Ausmass der politischen Dekadenz. Warum? Weil es für viele eben von erheblichem Nutzen ist, wenn man diese vier Säulen zerstört», sagt er und begründet seine Aussagen wie folgt:

Die Preisgabe der Unabhängigkeit zugunsten einer Einbindung in grosse internationale oder europäische Organisationen sei für die Politiker äusserst angenehm: Dies bringe Ansehen und gute Bezahlung mit sich, man könne an der internationalen Schaumschlägerei teilnehmen, trage keine Verantwortung mehr und könne alles auf die andern abschieben.

Stelle man die Neutralität in Frage, wie es sogar hohe militärische Kreise täten, so könne man sich auf internationalem Parkett bewegen, könne bei der NATO und anderen internationalen Militärbündnissen mittun und an internationalen Verteidigungsseminarien teilnehmen. Die Schranken würden fallen. Internationale Machtpolitik wäre plötzlich auch für die Schweiz möglich. Spöttisch nimmt Christoph Blocher wahr, dass viele Politiker vom globalen Rampenlicht angezogen werden. «Noch ist unseren Politikern aber durch die Verfassung auferlegt, in erster Linie im eigenen Lande für Ordnung, Sicherheit und Stabilität zu sorgen.»

Auch die direkte Demokratie sei schon immer ein Dorn im Auge vieler gewesen. Denn ein Volk, das zu wichtigen Sachfragen selber Stellung beziehen könne, sei natürlich unbequem. Darum versuche man nun mit allen Mitteln, die direkte Demokratie zu unterlaufen und auszuhöhlen, ist er überzeugt. Das von den Sozialdemokraten erfundene sogenannte «konstruktive Referendum» wolle die direkte Demokratie verwässern. Wenn ein Referendum zukünftig von einem Alternativvorschlag begleitet sein müsste, habe das nur mit einer Abwertung der Demokratie zu tun.

Beim Thema Föderalismus ist die Tendenz für Christoph Blocher ebenfalls klar: Mehr und mehr Kompetenzen würden von den Kantonen an den Bund übertragen, was die Machtfülle des Bundes erhöhe und den Kantonen die Verantwortung nehme.

Er lässt keine Zweifel darüber aufkommen, dass er gegen diese nach seiner Meinung verhängnisvollen Trends mit allen Mitteln anzutreten bereit ist, und verleiht seiner Überzeugung einmal mehr Ausdruck, dass kleine, überblickbare und organisch gewachsene Staatsgebilde ihre Aufgaben weit besser erfüllen könnten, als zentralistische und bürokratisch organisierte, auf dem Reissbrett konstruierte Grossgebilde.

«Ich betrachte es als dringendste Notwendigkeit, im Interesse unserer Bevölkerung und unseres Landes, dass man die Unabhängigkeit nach aussen wieder ernst nimmt, an der dauernd bewaffneten Neutralität nicht rüttelt, die direkte Demokratie nicht schwächt, sondern stärkt und den Föderalismus nicht abbaut. Als zweite Priorität ist der Staatsinterventionismus zu bremsen. Drittens darf der Staat nur eine beschränkte Staatsquote beanspruchen, um die Konkurrenzfähigkeit der Schweizer Wirtschaft in der Welt nicht zu verunmöglichen. Und viertens ist die überbordende Gesetzesflut einzudämmen. Für diese Dinge hat man sich uneingeschränkt und mit aller Kraft einzusetzen», fasst Blocher die «richtige Politik» kurz und bündig zusammen.

Ist die Sorge um die Aushöhlung der Staatssäulen gerechtfertigt? Im aussenpolitischen Bericht des Bundesrates von 1993 wird klar festgehalten, dass der Beitritt zur EU wie zur Uno weiterhin ein «strategisches Ziel» der Landesregierung darstellen – negative Volksentscheide in diesen Fragen hin oder her – und dass Möglichkeiten «über die strukturelle Zusammenarbeit mit der Nato» weiterhin geprüft würden. An der Neutralität hält der Bundesrat formell zwar fest – obwohl diese durch den Beitritt zu der Europäischen (Währungs- und Sicherheits-) Union, unter Abtretung der Aussenpolitik nach Brüssel, natürlich zur blossen Worthülse verkäme. Es heisst ja auch, dass «die Neutralität den neuen Gegebenheiten laufend angepasst» werden müsse.

Dazu sagt Christoph Blocher: «Der Beitritt zur EU macht die Neutralität hinfällig. Auch wenn verbal die Sache vertuscht wird.»

Ihm wird oft entgegengehalten, dass die Schweiz gar nie neutral gewesen sei. Man habe ja immer Partei für das eine oder oder andere Lager ergriffen, so auch während des Zweiten Weltkrieges. Ein EU-Beitritt könne also die Schweizer Neutralität gar nicht weiter aushöhlen. Blocher ist anderer Meinung. Er teilt die Auffassung von Prof. Dr. Wolfgang von Wartburg, ausserordentlicher Professor für Schweizergeschichte und neue Geschichte an der Universität Basel. Dieser schreibt: «Auf die Vorwürfe, die Schweiz habe die Neutralität während des Zweiten Weltkrieges nicht strikte eingehalten, wäre zu antworten: Es ist nicht unsere Schuld, dass wir jahrelang von einer einzigen Macht umschlossen waren, von der wir auf Gedeih und Verderb abhängig waren. Weder die sittliche Idee noch das Völkerrecht verlangen von einem Staat, dass er um der Moral willen Selbstmord begehe.» Und zur pro-westlichen Haltung der Schweiz zur Zeit des Kalten Krieges heisst es: «Solange der kommunistische Osten in aller Form den ‹kapitalistischen Westen›, einschliesslich der Schweiz, als Feind und als zukünftige Beute deklarierte, war es nicht nur das Recht, sondern die Pflicht der Schweiz, ihm gegenüber für ihre Sicherheit zu sorgen.» Abschliessend hält von Wartburg fest: «Die Neutralität ist nicht Eigentum der Classe politique, mit der wie mit einer Handelsware verfahren werden darf. Sie ist eine geistig-moralische Verpflichtung, die der Schweiz von ihrer

Gründung und Geschichte her aufgetragen ist. Der Bundesrat hat nicht das Recht, den Weg des geringsten Widerstandes zu gehen und der sich ausbreitenden Tendenz zur Destruktion moralischer Qualitäten nachzugeben.» Blocher selbst hat die drohende Aushöhlung der Neutralität zum Hauptgegenstand seiner Albisgüetli-Rede am 28. Januar 1994 gemacht. Wörtlich sagte er: «Neutralität heisst Verzicht auf Machtpolitik und auf Teilnahme an Konflikten anderer Staaten. Machtbeziehungen – wie sie nun einmal Grossstaaten und Staatenbünden eigen sind – ersetzt der Kleinstaat Schweiz durch Rechtsbeziehungen. Und dies muss so bleiben.»

Opposition oder Konkordanz

Vor Christoph Blocher galt Otto Fischer bis zu seinem 1983 erfolgten Rücktritt aus dem Nationalrat als der grosse Neinsager im Parlament. Einem Journalisten antwortete er einmal auf den Vorwurf, er habe in der Politik nicht mehr geleistet, als immer nur nein zu sagen, folgendes: «Das Konstruktivste, was man in der Politik machen kann, ist, Fehlentwicklungen zu verhindern.» Teilt der von manchen als notorischer Neinsager verschriene Blocher diese Auffassung? «Ganz und gar. Neinsagen zu etwas heisst immer auch Jasagen zu etwas anderem. Politiker wollen aber immer etwas vorweisen. Was sollen sie sonst tun? Sie wollen Macht und Einfluss. Sie glauben immer, einen Legitimationsausweis vorlegen zu müssen für das, was sie alles geleistet haben. Durch das ständige Einbringen verschiedenster Vorstösse und Gesetze neigen sie aber dazu, bestehende Missstände durch neue abzulösen, statt die Missstände zu beseitigen. Und Jasager gibt's in der Politik ohnehin genug. Deshalb ist das Neinsagen derart wichtig. Neinsagen ist in der Führung etwas vom Schwierigsten überhaupt. Glücklicherweise kann ich mich immer wieder dazu aufraffen.»

Der Grundzweck des Staates sei es, für die Sicherheit seiner Bürger im Innern und gegen aussen sowie für die Freiheit der

Gemeinschaft zu sorgen. Der Staat müsse das Zusammenleben der Menschen ermöglichen. «Es ist besser, den Bürgern möglichst grosse Freiräume zu belassen und nicht wegen jedes Missständleins ein neues Gesetz zu erlassen», fordert Blocher. «Denn die richtige Entwicklung ergibt sich in den allermeisten Fällen durch das Zusammenwirken von Privaten besser als durch staatliche Eingriffe. Leider übernehmen heute aber viele Bürgerliche im wesentlichen das Programm der Sozialisten, welches da heisst: ‹Der Staat soll möglichst alles regeln!› Dieser Tendenz können wir nur entgegenwirken, wenn wir den Mut zum Neinsagen aufbringen!»

Nun scheuen viele Politiker ein Oppositionssystem wie der Teufel das Weihwasser. Selbst der oppositionsfreudige Otto Fischer wollte von einem Oppositionssystem in der Schweiz nichts wissen. Dies führe zur «gleichen politischen Plauderei» wie in Deutschland, befürchtete er. Christoph Blocher differenziert: «Jedes System hat seine Vor- und Nachteile. In der Konkordanz wird nach breit abgestützten Lösungen gesucht. Das ist gut. Vorteilhaft ist auch, dass alle Bevölkerungsschichten mehr oder weniger mitentscheiden können, da die Parteienvertreter – ausgenommen der Bundesrat – vom Volk gewählt werden. Der Nachteil besteht aber darin, dass wir keine ernsthafte Opposition kennen. Nur bei den Entscheiden, bei denen das Volk mitredet, kann die Rolle der Opposition noch wahrgenommen werden – vom Volk nämlich. Bei jenen Beschlüssen aber, die ohne Volksentscheid zustande kommen, müssten die bürgerlichen Parteien wieder vermehrt Opposition betreiben, so wie dies die Sozialdemokraten je nach Fall ja auch ausgiebig zu tun pflegen. Gerade in der Konkordanz müsste jede Regierungspartei auch mal opponieren können.» Da die Bereitschaft dazu seitens der Bürgerlichen heute leider weitgehend fehle, habe sich die Konkordanz zu Tode gelaufen.

Die Schweiz hatte nicht immer das Konkordanzsystem. Bis 1848, der Geburtsstunde der modernen Schweiz, regierten die Konservativen alleine. Dann kamen die Radikalen, die heutigen Freisinnigen, später die CVP in die Regierung. 1929 stiess dann auch die BGB (heutige SVP) mit dem legendären Bundesrat Rudolf Minger dazu. Die Sozialdemokraten wurden erst bundesratsfähig, als sie die «Diktatur des Proletariats» aus ihrem Parteiprogramm gestrichen und sich zur Landesverteidigung bekannt hatten. Ihren ersten Bundesrat stellten sie 1943. Sechzehn Jahre später, also erst 1959, wurde dann die Zauberformel eingeführt. «Würde die Konkordanz in ihrer heutigen Form aufgelöst, so schlachteten wir – historisch gesehen – keine heilige Kuh», sagt Blocher.

Mangelnde Opposition habe zur Konsequenz, dass Entscheide vermehrt ohne reifliche Überlegung gefällt würden. Dadurch wachse die Staatsverschuldung rasant an, die Ordnungspolitik werde vernachlässigt, und niemand sei mehr bereit, wirkliche Verantwortung zu tragen, was zu Missständen führe.

«Jene Parteien, die den grössten gemeinsamen Nenner finden, sollten alleine regieren. Ein Oppositionssystem brächte mit Sicherheit die besseren Entscheide zustande, weil sie eben auch vor der Opposition standhalten müssten. Man müsste härter arbeiten und wieder die Besten in die Regierung wählen und nicht jene, die am wenigsten anstossen», meint Christoph Blocher, der sich allerdings keine Illusionen darüber macht, dass solche Vorstellungen blosse Theorie bleiben werden. Zu stark sind die Pfründe, die Beziehungsnetze und Verfilzungen, als dass sich bald eine Änderung abzeichnen könnte.

Eine Hoffnung bleibt ihm. «Das Volk hat das Schlimmste ja immer wieder zu verhindern gewusst. Es ist auch jetzt aufgerufen, bei den Wahlen Zeichen zu setzen. Denn schon zehnprozentige Stimmen- und Positionsverluste bringen Korrekturen. Wenn bei den Wahlen ein grosser Teil des Volkes gegen diese Beitritts-Euphorie antritt, dann gibt es Kehrtwendungen.»

Finanz- und Sparpolitik

Vom Unternehmer Blocher wissen wir, dass er in seinem Betrieb mit eiserner Härte die Kosten senkt. Und der Politiker Blocher? Finanzexperte und alt Ständerat Dr. Hans Letsch vermerkt dazu: «Blocher und ich standen meistens auf der Seite der Sparer im Parlament, wurden aber oft überstimmt. Der Staat ist nicht etwa wegen eines zu knappen Mittelzuflusses in die Sackgasse geraten, sondern wegen seiner zügellosen Ausgabenpolitik.»

In einer Rede im Frühjahr 1993 brachte Christoph Blocher die Sache auf den Punkt: «Sie und wir alle können nur dann Geld ausgeben, wenn wir welches haben. Es ist aber eine Spezialität des Staates, dass er auch dann Geld ausgibt, wenn er keines hat. Die leeren Löcher stopft er dann dadurch, indem er das Geld aus dem Wirtschaftskreislauf herausnimmt. Die so geschwächte Wirtschaft wiederum gefährdet die Arbeitsplätze. Der Teufelskreis ist perfekt. Der Staat redet zwar vom Sparen und tut dennoch das Gegenteil: Wir steigern nämlich unsere Ausgaben um sieben Prozent gegenüber dem Vorjahr! Dem sagt man dann sparen.»

Dass alle immer nur die Einnahmen erhöhen wollen, ist das Hauptübel. «Dabei müssten wir als Sofortmassnahme den Ausgabenplafond einfrieren durch einen dringlichen Bundesbeschluss. Danach müsste der ordentliche rechtsstaatliche Weg der Gesetzesänderung beschritten werden, um überflüssige Ausgaben abzubauen. Stattdessen werden ein paar hundert Millionen nach Russland geschickt, beschliesst man Beiträge an ein Museum des IKRK und des «Roten Halbmondes» und fliegen einige Parlamentsmitglieder mit dem Helikopter an irgendeine Grenze, um zu sehen, wie dort der Zoll funktioniert.»

Die Folgen dieser Verschwendungssucht seien nicht mehr zu finanzieren.

Gespart werden soll aber nicht nur beim Bundespersonal. Der Parlamentarier Blocher hat bei allen wesentlichen Ausgabebeschlüssen nicht mitgemacht und selbst in den guten 80er Jahren in der Regel für die Rückweisung der Budgets plädiert. Er habe immer genau gesagt, wo man sparen solle. So könnten das Amt für Konjunkturfragen, das Amt für Kultur und das Amt für Wohnungsbau ohne jeden Schaden für die Eidgenossenschaft aufgelöst werden. «Ich war gegen alle Kredite zur Förderung des Wohnungsbaus, weil dies Sache der Privatwirtschaft ist und ohnehin nur Verzerrungen mit sich bringt. Ich war gegen die Beschlüsse zur Eindämmung der Bodenspekulation, da diese zum genauen Gegenteil dessen führen, was man eigentlich angestrebt hat; nämlich zur Hortung des Landes, was dieses verteuert. All die interventionistischen Zaubertricks bringen erfahrungsgemäss nichts», sagt er.

Auch in der Forschung sieht Christoph Blocher Sparmöglichkeiten. Er habe alle Forschungsbeiträge an die Wirtschaft bekämpft. «Die Projekte sind nicht durch den Staat, sondern durch die Unternehmen selbst zu finanzieren», sagt er. Einen ordnungspolitischen Sündenfall sieht er auch darin, dass das mikroelektronische Institut in Biel durch den Staat bezahlt wird. Nicht weil die Idee dazu von Nicolas Hayek stamme – dem wolle er nicht «an den Karren fahren» –, sondern weil dies nichts anderes sei als eine indirekte Förderung der Uhrenindustrie in der Grössenordnung von etwa einer Milliarde durch den Staat.

Auch gegen die Ausgabenbeschlüsse im Zusammenhang mit dem Internationalen Währungsfonds (IWF) und der Weltbank ist Blocher angetreten. Unter dem Deckmantel «Entwicklungshilfe» würden nun Aufträge an unsere Grossfirmen für Drittweltländer erteilt, bei denen es sich in Wahrheit um nichts anderes handle als um eine indirekte Exportförderung durch Bundesgelder. Da die Schweiz der Weltbank und dem IWF angehöre, stünde man nun vor der fragwürdigen Situation, dass die Bürger einfach versteckte Aufträge für Schweizer Firmen finanzierten. Man habe hier ein weiteres Fass ohne Boden geschaffen. «Wäre man meinen Sparvorstellungen über die Jahre hinaus gefolgt, so hätten wir diese Defizite in keiner Art und Weise», ist er überzeugt.

Zur geplanten und vom Volk bewilligten Neat hatte er bereits Anfang 1994 gemeint: «Ich glaube nicht an die offizielle Wirtschaftlichkeitsrechnung. Die stimmt hinten und vorne überhaupt nicht.» Diese Aussage blieb weitgehend unbeachtet. Zum Wirbel kam es erst im Frühjahr 1995, als eine Journalistin von Blocher wissen wollte, ob er wirklich empfehle, auf den Lötschbergtunnel zu verzichten. Christoph Blocher bejahte. Seit der Volksabstimmung habe sich die Lage für ihn in vielerlei Hinsicht verändert. Das jetzt vorliegende Projekt führe zu einem finanziellen Debakel, während das Volk über eine rentable Neat abgestimmt habe. Die EU treibe inzwischen den Bau des Brenner- und des Mont-Cenis-Tunnels voran, was die Ausgangslage verändere, und die Italiener seien vorderhand nicht bereit, die Strecke Domodossola – Turin auszubauen, weshalb der Lötschberg auf einem Stumpengeleise enden werde.

Seiner Meinung nach genügten die neuen Verhältnisse für eine neue Volksabstimmung. Das wurde als «Rückenschuss gegen Verkehrsminister Bundesrat Ogi», als «Missachtung des Volksentscheids» und einmal mehr als «Versuch, sich bei den Massen zu profilieren», kommentiert. Blocher kontert, wer solche Dinge behaupte, wolle nur dem wahren Problem ausweichen. Das Thema müsse jetzt diskutiert werden. Bundesrat Ogi habe er längst – auf einem gemeinsamen Spaziergang – über seine Haltung informiert. Offenbar habe Ogi seine Beziehungen zur Ringier-Presse einmal mehr spielen lassen, um Stimmung zu machen.

Christoph Blocher sieht weitere Sparmöglichkeiten: «Eine zunehmend verwahrloste Sicherheitspolitik kostet letztlich mehr als die Konzentration auf eine saubere Ordnungspolitik. Bei der heutigen unklaren Asylpolitik werden zwischen 500 Millionen und 1 Milliarde Franken ungezielt ausgegeben.»

«Beim Sparen muss ich den bürgerlichen Parteien ganz grosse Vorwürfe machen. Die reden zwar den ganzen Tag von Deregulierung, von Revitalisierung und von Gesetzesabbau und machen dennoch vom Morgen bis zum Abend das genaue Gegenteil. Wir haben eine der primären Staatsaufgaben vergessen, nämlich die Frage, wie unser Staatshaushalt wieder in Einklang mit dem wirtschaftlichen Wachstum und die Ausgaben unter Kontrolle gebracht werden können.»

Unter dem Stichwort Umweltschutz werden oft schlicht und einfach neue Geldquellen vom Staat erschlossen: «Die CO2-Abgabe ist keineswegs eine Lenkungsabgabe im Umweltschutzbereich, wie behauptet wird, sondern eine getarnte Einnahmenbeschaffung. Der Fiskus gibt vor, etwas für die Umwelt- und die Energiepolitik zu tun. Alle politischen Parteien können dann verkünden, man habe den grossen politischen Konsens gefunden: von den Linken über die Grünen bis zu den Bürgerlichen – vom Freisinn über die SVP bis zu den Liberalen. Solche Einigkeit kommt – auch international – immer dann zustande, wenn Politiker einen Weg gefunden haben, dem Staat zusätzliche Mittel abzunehmen.»

Dass Blocher mit dem Sparen ernst macht, beweist auch das wesentlich von ihm geprägte Sparprogramm der Gesamtschweizerischen Volkspartei vom Herbst 1994. Trotz des Rekorddefizits von 7,8 Milliarden Franken im Jahre 1993 habe der Bund für 1994 ein Ausgabenwachstum von 8,9 Prozent veranschlagt. So klettere die Staatsverschuldung bald einmal über die 100-Milliarden-Grenze. In drei Schritten seien deshalb entsprechende Gegenmassnahmen einzuleiten:

- Für 1995 seien die Bundesausgaben auf dem Stand von 1994 einzufrieren.
- Bis Ende 1995 seien die Grundlagen für ein ausgeglichenes Budget ab 1996 ohne neue Steuern zu schaffen.
- Bis Ende 1996 sei eine institutionelle Ausgabenbremse einzuführen.

Zusammen mit den Sanierungsmassnahmen des Bundesrates in der Höhe von 2,485 Milliarden Franken schlägt das Programm die Einsparung von insgesamt 5,165 Milliarden Franken vor: 300 Millionen durch Senkung der Auslandausgaben auf den Stand von 1991, 100 Millionen durch Einsparungen in der Verteidigung (die ja ursprünglich für die Finanzierung von Schweizer-Uno-Blauhelmen vorgesehen waren), 260 Millionen im Asylwesen durch die konsequente Ausschaffung abgewiesener Asylbewerber, 100 Millionen im Wohnungsbau durch Streichung der staatlichen Wohnbauförderung, 200 Millionen bei Bildung und Forschung durch den Verzicht einer integralen Beteiligung der Schweiz an Forschungs- und Bildungsprogrammen der EU, 220 Millionen durch Sparakzente im öffentlichen Verkehr sowie 1500 Millionen durch die Einführung einer einmonatigen Karenzfrist in der Arbeitslosenversicherung.

Blocher dazu: «Leider wurde keine unserer Forderungen vom Parlament angenommen, drastische Ausgabenreduktionen blieben aus.» Immerhin: Am 12. März 1995 nahm das Volk die sogenannte Ausgabenbremse an. Einmalige Ausgaben ab 20 Millionen Franken sowie wiederkehrende Ausgaben ab zwei Millionen Franken bedürfen nun der Mehrheit aller Ratsmitglieder (qualifiziertes Mehr).

In den genannten SVP-Sparmassnahmen werden AHV und IV zwar ausdrücklich ausgenommen, bei der Arbeitslosenversicherung hingegen soll gespart werden. «Ich habe die Sozialwerke nie angetastet», sagt Christoph Blocher. «Soziale Errungenschaften, sind sie erst einmal geschaffen, können nicht mehr beseitigt werden. Aber wenn der Bund zuviel Geld ausgibt, können die Mittel für die Sozialwerke eines Tages knapp werden. «Ich habe bei allen Sparmassnahmen, die ich auf den Tisch gelegt habe, nie eine soziale Beschneidung gefordert. Hingegen kann ein Ausbau der Sozialwerke zum jetzigen Zeitpunkt nicht in Frage kommen, weil zuerst die Finanzierungsfrage geklärt sein muss. Ein Ausbaustopp ist jedoch noch keine Kürzung.» Als vertretbar erachtet er indes die Erhöhung des AHV-Alters für Frauen, da die Revision, die im Juni 1995 von Volk und Ständen angenommen wurde, starke Verbesserungen vor allem für ledige und unterstützungspflichtige Frauen bringe.

Eine Prise mehr Selbstverantwortung seitens des Patienten täte nach Blochers Meinung allerdings beim Sozialwerk Krankenkasse not. «Den Versicherten sollte ein Selbstbehalt von ein paar hundert Franken jährlich zugemutet werden können. Damit würden die Krankenkassenprämien massiv gesenkt, was für viele eine spürbare Entlastung bedeutete», ist er überzeugt. Leider bringe das neue Krankenversicherungsgesetz (KVG), das im Dezember 1994 angenommen worden war, die gewünschte Verbesserung nicht, dafür insgesamt einige Milliarden an Mehrkosten. Dies hätte einmal mehr der Mittelstand zu tragen. Mit dem neuen KVG sei eine Chance verpasst worden.

Arbeitslosigkeit

Mehr Selbstverantwortung verlangt Christoph Blocher auch bei der Arbeitslosigkeit, darüber hinaus aber auch rigorose Einsparungen. «Ich bin überzeugt», sagt er, «dass wir bei der Arbeitslosenversicherung schnell eine oder gar mehrere Milliarden einsparen könnten, wenn wir die Missbräuche verhindern könnten. Echte Arbeitslose brauchen Unterstützung», verlangt er, «aber die Zumutbarkeitsgrenze muss neu definiert werden, und das Risiko der Unternehmen ist zu erhöhen.»
Es gehe nicht an, sagte Blocher dazu im Januar 1994 vor Studenten an der Universität Zürich, dass die Arbeitslosenkasse schon dann bezahle, wenn der Traumberuf nicht ausgeübt werden könne. Damit würden auch all jene benachteiligt, die gewillt seien, eine einfachere Arbeit anzunehmen und damit weniger zu verdienen. Bei Familienvätern sei genau abzuklären, ob eine Arbeit zumutbar sei. Von Ledigen hingegen könne eine gewisse Mobilität und Flexibilität bezüglich Art und Ort der Arbeit erwartet werden. Auch schade es nie, mal auf einem andern Gebiet als dem angestammten tätig zu sein. Er spreche aus eigener Erfahrung. Leider würden heute aber viele an sich vermittlungsfähige Personen durch die Kasse entschädigt, denen grundsätzlich eine Arbeit zugemutet werden könne.
Und direkt an die Studenten gerichtet, meinte Blocher, für die ersten zwei, drei Monate nach dem Studium sei im Falle von Arbeitslosigkeit noch keine Entschädigung durch die Kasse vorzunehmen, damit der Druck zur Arbeitssuche grösser würde. Natürlich provozierten solche Aussagen Buhrufe, die der in Hochschulsälen eher umstrittene Redner mit der lakonischen Bemerkung konterte: «Ich habe erwartet, dass Sie hier Protest einlegen. Aber auch Sie müssen Verantwortung tragen.

Fahnenabgabe auf dem Sechseläutenplatz in Zürich, 1992

Oben: Familie Blocher mit Aufbau-Equipe in Foshan (China), 1985

Unten: Mit Ehefrau Silvia vor Ems-Inventa-Anlage in Xinhui (China), 1985

Die Probleme der Arbeitslosenversicherung werden wir sonst nicht los.»

An kritischen Fragen zur Zumutbarkeit mangelte es im Auditorium nicht. Jemand warf ihm vor, wenn er vor der Wahl stünde, einen Finanzanalysten anzustellen, der fünf Jahre auf dem Bau oder am Fliessband gearbeitet, also eine sogenannt zumutbare Arbeit angenommen hätte, oder einen, der während dieser Zeit auf dem angestammten Gebiet geblieben wäre, dass er doch mit Sicherheit den letzteren bevorzugen würde. Blocher meinte, die Frage sei falsch gestellt: «Wenn ich die Wahl hätte zwischen einem Finanzanalysten, der fünf Jahre nicht auf seinem angestammten Gebiet arbeitete und einem Finanzanalysten, der fünf Jahre arbeitslos war – das ist nämlich Ihre Frage –, dann bin ich für den ersteren, da dieser einen grösseren Erfahrungsschatz mitbringt. Es ist immer besser, eine berufsfremde Stelle anzunehmen, als arbeitslos zu sein.»

Dies sei eine volkswirtschaftliche Verschwendung der intellektuellen Ressourcen, wurde eingewendet. Wenn Ressourcen nicht gebraucht würden, dann seien diese eben auch nichts wert, erwiderte Blocher. Der erwähnte Einwand betreffe weniger die Arbeitslosigkeit als das Risiko der Berufswahl, das nach seiner Ansicht von jedem einzelnen wieder vermehrt selber getragen werden sollte.

Arbeitszeitverkürzungen sind nach Blocher ein untaugliches Mittel zur Beseitigung von Arbeitslosigkeit. Bei gleichem Lohn bewirke diese eine Verteuerung des Produkts. Eine lange Arbeitszeit bedeute zudem eine Vertiefung mit dem Stoff, was wiederum die Grundlage bilde für jede Art von Kreativität. «Je intensiver, je tiefer man sich mit einer Sache beschäftigt, desto stärker wird man, desto besser kann man dem Grundsatz ‹anders sein, besser sein› nachleben.»

Was er unter «anders und besser» versteht, zeigte Christoph Blocher am Beispiel der Firma Arbonia-Forster – eine der wenigen nicht zur EMS-Gruppe gehörenden Firmen, in deren Verwaltungsrat Blocher sitzt. Diese stellt Heizkörper her, ein Produkt also, das in der Schweiz wegen der hohen Lohnkosten gar nicht mehr konkurrenzfähig sein dürfte. Und trotzdem: Dank raffinierter und rationeller Fertigungsmethoden, höchster Qualität, gutem Design und Verzicht auf jeden überflüssig aufgeblähten Wasserkopf sei die Firma zum führenden Heizkörperhersteller geworden und werde von der ganzen europäischen Konkurrenz beneidet, weil sie trotz Niederlassung in einem Hochlohnland zu tiefen Preisen produzieren könne.

Staatliche Arbeitsbeschaffungsprogramme sind für Blocher wenig geeignet, das Arbeitslosenproblem zu lösen. «Der Staat beschliesst beispielsweise viele Bauvorhaben, und so gibt's Arbeit. Ein einfaches Rezept. Natürlich können in Notzeiten auch einmal Eisenbahn- oder Strassenbauten vorgezogen werden zur Belebung der Bauwirtschaft. Sie sollten aber nur dann in Angriff genommen werden, wenn sie wirklich dringend notwendig sind», mahnt er, «sonst schmeisst der Bund einfach wieder Geld zum Fenster hinaus, das er ohnehin nicht hat, was wiederum die Konkurrenzfähigkeit und die Wirtschaft schwächt.» Umschulungen seien nur bei jenen Berufsgattungen angezeigt, in denen wirklich keine Stellen mehr gefunden werden könnten, ansonsten brächten sie ausser Kosten nichts.

Auch den Investitionsbonus, der zehnprozentige Bundesbeteiligungen an grösseren Bauvorhaben vorsieht, kritisiert er. Es möge vorteilhaft scheinen, mit Investitionen von 100 Millionen ein Bauvolumen von einer Milliarde auszulösen. Der Haken aber sei, dass Bundesgelder für Unternehmungen eingesetzt würden, die auch ohne Hilfe, also im Alleingang verwirklicht worden wären. Andererseits stelle sich bei Bauvorhaben, die ohne diese Bundesgelder nicht realisiert worden wären, die Frage nach der Notwendigkeit.

Wenn also Arbeitszeitverkürzungen, Arbeitsbeschaffungsprogramme, Umschulungen und Investitions-Bonus nicht wesentlich zur Bekämpfung der Arbeitslosigkeit beitragen können und nur unnötig den Steuersäckel belasten, wo dann glaubt Blocher der Arbeitslosigkeit entgegenwirken zu können? Das beste Mittel gegen Arbeitslosigkeit seien florierende Unternehmen. Mit der Neudefinierung der Zumutbarkeitsgrenze und der Schaffung einer Karenzfrist bekomme man die bestehende Arbeitslosigkeit besser in den Griff. Für komfortable Einkommen sei es zumutbar, eine Sparquote vorsorglich auf die Seite zu legen. Es gehe im Grundsatz darum, das Arbeitslosendasein nicht interessanter zu machen als die Arbeit selbst.

Das Parlament beschloss etwa ein halbes Jahr nach dem erwähnten Vortrag eine Karenzfrist von fünf Tagen, die auf die Arbeit Blochers in der Kommission zurückgeht. Eine längere Frist sei aus völkerrechtlichen Gründen nicht möglich.

Alles in allem kann nach Blochers Überzeugung Arbeitslosigkeit erst dann erheblich vermindert werden, wenn der Staat endlich bessere Rahmenbedingungen für die Wirtschaft schafft. Allen voran müssten Bewilligungsverfahren beschleunigt, Umweltverträglichkeitsprüfungen auf Grossprojekte beschränkt, Staatsquote und Zinsen tief gehalten und auf Steuererhöhungen verzichtet werden. Die Schaffung derartiger Standortvorteile für die Industrie bringe zwar keine sofortige Verbesserung am Arbeitsmarkt, dafür um so nachhaltigere. «Die Grundlage der Überlebensfähigkeit der Betriebe ist, dass sie Gewinne ausweisen und diese auch richtig investieren», erläutert er sein Unternehmens-Credo. Dafür müsse der Staat aber Voraussetzungen schaffen.

Drogen und Sicherheit

Anfang November 1993 fegt ein Sturm der Entrüstung durchs Land. Ein Inserat der Schweizerischen Volkspartei zeigt einen Mann, der eine wehrlose Frau mit einem Messer angreift, um ihr Tasche und Schlüssel zu entreissen. Darunter die Legende: «Das haben wir den Linken und den ‹Netten› zu verdanken: Mehr Kriminalität, mehr Drogen, mehr Angst.» Wenige Tage vor Erscheinen dieses Inserates ist die 20jährige Pfadiführerin Pasquale Brumann aus Zollikerberg einem schrecklichen Verbrechen zum Opfer gefallen. Noch immer stehen die Schweizer unter dem Eindruck dieser Gewalttat, die der Rückfalltäter Erich Hauert im Zolliker Wald während eines Hafturlaubs begangen hatte.

Man warf der SVP und Christoph Blocher vor, aus dieser Mordtat politisches Kapital schlagen zu wollen. In Tat und Wahrheit wurde die Inseratenkampagne aber bereits am 19. Oktober, also vor dem Mord in Zollikerberg, freigegeben.

Für einmal waren sich alle Parteien einig: «Skandal» hiess es von der CVP, «Unter der Gürtellinie» befand die FDP, «Leichenfledderei» schimpfte der LdU, und SP-Zentralsekretär André Daguet fühlte sich durch das Inserat an die «nationalsozialistischen Kampagnen der dreissiger Jahre» erinnert. Bundesrat Otto Stich und Stadträtin Ursula Koch verglichen das Inserat denn auch mit der «Dolchstosslegende» aus der Weimarer Republik, die den Sozialdemokraten die Schuld an der Niederlage im Ersten Weltkrieg zugeschoben hatte. «Man hat die Sozialdemokraten zuerst ausgegrenzt, hat die Partei anschliessend sehr rasch verboten und ihre Mitglieder schliesslich physisch verfolgt», mahnte Stich. Die Linken und «Netten» würden keine kriminellen Handlungen begehen, das Inserat sei irreführend, helfe keineswegs, die Drogen- oder Kriminalitätsprobleme zu lösen.

Der Disput um das Inserat überschattete auch die traditionelle «Albisgüetli-Tagung» der SVP. Dort nimmt Christoph Blocher alljährlich eine Standortbestimmung vor, und aus guter Tradition gibt sich auch der jeweils amtierende Bundespräsident die Ehre, der aus seiner Sicht zu den rund 1500 Parteigängern spricht. Bundesrat Stich sagte seine Teilnahme im Einverständnis mit dem Gesamtbundesrat ab. Otto Stich begründete seinen Schritt in einem Brief vom 18. November an Christoph Blocher wie folgt:

Sehr geehrter Herr Nationalrat, Lieber Christoph
Nachdem ich meine Teilnahme an der traditionellen «Albisgüetli-Tagung» vom 28. Januar 1994 zugesagt habe, muss ich heute...
auf diese Zusage zurückkommen. Der Grund dafür liegt in der gegenwärtig geführten Inseratenkampagne der Zürcher SVP. Mit thematisch korrespondierendem Bildmaterial wird darin unter anderem folgende Aussage gemacht: «Das haben wir den Linken und den «Netten» zu verdanken: Mehr Kriminalität, mehr Dro-

gen, mehr Angst.» Auch wenn ich mich nicht dem Lager der politisch «Netten» zurechne, als Mitglied der Sozialdemokratischen Partei fühle ich mich durch dieses Inserat in meiner persönlichen und politischen Integrität verletzt.

Ich habe meine Betroffenheit dem Bundesrat ... zur Kenntnis ge-' bracht. Gleichzeitig habe ich das Kollegium informiert, dass ich meine Zusage zur «Albisgüetli-Tagung» nur dann aufrechterhalten kann, wenn sich die Zürcher SVP... für den verletzenden Inhalt der Inserate öffentlich entschuldigt. Der Bundesrat hat meine Beurteilung zustimmend zur Kenntnis genommen und mich ermächtigt, meine Zusage rückgängig zu machen, sofern die Kantonalpartei nicht im erwähnten Sinne auf die Inseratenkampagne zurückkommt.

Es entspricht nicht meiner Art, einmal gegebene Zusagen zurückzunehmen. Wenn ich dies dennoch tun muss, so deshalb, weil ich die Angelegenheit mit Blick auf die weitere Entwicklung der politischen Kultur in unserem Land als sehr gravierend einstufe und diese Form der Wahlpropaganda nicht zum politischen Stil der Zukunft werden darf.

Mit freundlichen Grüssen
Otto Stich

Christoph Blocher antwortete am 23. November:

Sehr geehrter Herr Bundesrat,
Lieber Otto
Dein an mich gerichtetes und via Medien verbreitetes Schreiben kann nicht unbeantwortet bleiben. Anlässlich einer Pressekonferenz... haben die SVP des Kantons und der Stadt Zürich die Gründe... zum Inserat ausführlich erläutert. Leider interessieren sich die Medien für die zur Sache gemachten Aussagen jedoch kaum. Ich lege Dir deshalb die entsprechende Pressemappe bei. Wesentlich ist folgendes:
1. Die beanstandeten Inserate... im Hinblick auf die Zürcher Gemeinderatswahlen beziehen sich auf die Verhältnisse in der Stadt und im Kanton Zürich. Dabei ist jedermann klar, dass mit «Lin-

ken» die Linksparteien im städtisch-kantonalen Wahlkampf von Zürich angesprochen sind. Die zunehmende Kriminalität, die Drogenszene, die Angst in der Bevölkerung etc. sind nun einmal Tatsachen, welche die Zürcher enorm beschäftigen. Die SVP tritt gegen die herrschenden Missstände seit Jahren an. Es erstaunt mich ausserordentlich, dass sich ein Bundesrat von Meinungsäusserungen, welche in einem städtisch-kantonalen Wahlkampf gemacht wurden, persönlich betroffen fühlen soll.

2. Die Kriminalität und die Drogenszene..., vor allem in der Stadt Zürich, haben ein unerträgliches Ausmass angenommen. Die Angst, bedroht, zusammengeschlagen, ausgeraubt oder gar getötet zu werden, ist nicht nur bei Frauen und älteren Leuten verbreitet. Zur international bekannten Drogensituation in Zürich genügen die Stichwörter «Platzspitz» und «Letten». Drogenhändler tarnen sich sehr oft mit dem Status des Asylsuchenden. – Die Ausweitung der Drogenszene mit der daraus resultierenden Kriminalität und Verängstigung der Bevölkerung wird von den verantwortlichen Behörden tatenlos hingenommen. Illegale Häuserbesetzungen werden in der Stadt Zürich sogar öffentlich subventioniert (Erlass von Strom-, Wasser- und Abfallgebühren). Anstaltsreglemente, welche vorschreiben, dass gemeingefährlichen Gefangenen kein Urlaub gewährt werden darf, werden verletzt. Kriminelle können nicht mehr verhaftet werden, weil Gefängnisplätze fehlen. Dass hier Politiker und Parteien Verantwortung tragen, ist wohl klar.

3. Die aufgezeigten Missstände sind namentlich von den Zürcher Linksparteien zu verantworten, aber auch von nett sein wollenden Politikern, welche nicht den Mut und die Kraft haben, dagegen anzutreten. Von diesen Kreisen wurden in den letzten Jahren die Strafverfolgung, die Rechtsprechung und der Strafvollzug in einem unverantwortlichen Masse aufgeweicht und die Arbeit der Polizei in unglaublicher Weise erschwert und unterwandert. Folge davon ist, dass die Sicherheit des Bürgers zunehmend weniger gewährleistet werden kann. Es ist allzu billig, die Verantwortung für diese gravierende Fehlentwicklung einfach anonym dem «Staat» anzulasten.

102

4. Sowohl die SVP des Kantons wie auch der Stadt Zürich haben in den vergangenen Jahren vehement gegen Drogenliberalisierung, Hausbesetzungen, large Urlaubspraxis in den Gefängnissen und für eine bessere Unterstützung der Polizei gekämpft. Sie taten dies auf parlamentarischer Ebene und ausserhalb, um der aufgezeigten gefährlichen Entwicklung Einhalt zu gebieten. All dies ist im einzelnen belegbar. Der Erfolg blieb jedoch – mangels Mehrheiten – aus. Ein weiteres Verschweigen und Verdrängen dieser Zusammenhänge kann nun nicht mehr akzeptiert werden. Die Politiker werden nicht gewählt, um sich an den Sorgen der Bevölkerung vorbeizudrücken. Es gehört zu jedem Wahlkampf, die Verantwortlichen zu nennen und die eigene Position klarzulegen. Und dass in der Stadt Zürich seit den letzten Wahlen linksgrüne Mehrheiten existieren, ist nun einmal eine Tatsache!

5. Harte Wahlkämpfe finden auch in anderen Kantonen statt, und ich selbst bin – gerade von Exponenten Deiner Partei – schon oft massiv angegriffen und auf übelste Weise diffamiert worden. Es wird nun interessant sein, festzustellen, ob die bundesrätliche Sorge um den «politischen Stil» inskünftig auch für andere Personen, Parteien, Gemeinden und Kantone gilt oder eben ausschliesslich nur dann, wenn Aktionen der SVP... zur Diskussion stehen. Die Tatsache, dass vor allem Exponenten Deiner Partei die SVP des Kantons Zürich ohne bundesrätlichen Protest in die «nationalsozialistische Ecke» stellen können, zeigt leider schon heute, dass die Sorge des Bundesrates äusserst einseitig gelagert ist.

Dass Du an der «Albisgüetli-Tagung» nicht teilnehmen und die bundesrätliche Standortbestimmung nicht vortragen kannst (aus welchen tatsächlichen Gründen auch immer), ist an sich bedauerlich. So oder so: Deine Art, die Dinge – aus Deiner Sicht – beim Namen zu nennen, ein Hartnäckiger und nicht bloss ein «Netter» zu sein, habe ich jedenfalls immer geschätzt.

Mit freundlichen Grüssen
Christoph Blocher

Für Christoph Blocher gab es keinen Grund, sich vom SVP-Inserat öffentlich zu distanzieren, und Otto Stich blieb der «Albisgüetli-Tagung» fern. Anstelle des Bundespräsidenten wurde dann drei Vertretern aus dem Volk – der dem Bundesrat übergeordneten Instanz, wie Blocher meinte – das Wort erteilt: einer Bäuerin, einem Mitglied der Jung-FDP und einem Staatsanwalt. Blocher vermerkte zu dieser Situation: «Wenn der Knecht (der Bundesrat) nicht auf dem Platz erscheint, dann muss der Meister (das Volk) die Arbeit selbst verrichten.»

Christoph Blocher bekräftigte an der Pressekonferenz im November 1993: «Dass das Inserat missverständlich aufgenommen werden könnte, habe ich zu spät erkannt. Ich nehme diesen Fehler als Präsident der Partei auf mich. Es tut mir leid, wenn damit Gefühle verletzt worden sind.» Er hielt aber fest: «Die stets zunehmende Kriminalität ist Ausdruck einer verfehlten Politik, die namentlich die Linksparteien und ‹nett› sein wollende Politiker zu verantworten haben. Da gibt es nichts zu rütteln. Nach jahrelangem Kampf für mehr Sicherheit, nach Vorstössen, Diskussionen, Schriften, Forderungen ist die SVP nun dazu übergegangen, die Verantwortlichen zu nennen.»

Tatsache gemäss offizieller Kriminalstatistik ist, dass gefährliche Straftaten wie Raubtaten und Delikte gegen Leib und Leben (Tötungsdelikte, schwere Körperverletzung und Gefährdung des Lebens) in erschreckendem Masse zugenommen haben. Beispielsweise stieg die Anzahl der Raubtaten von 381 im Jahre 1986 auf 925 im Jahre 1992 in der Stadt Zürich, und von 465 (1986) auf 1135 (1992) im Kanton. Die Delikte gegen Leib und Leben nahmen im Kanton Zürich von 196 (1988) auf 288 (1992) zu.

Nahm man im August 1994 einen Augenschein am «Letten», so zeigte sich in der Tat ein furchterregendes Bild: 15 Tonnen Drogenmüll wurden durch die Behörden abgeräumt, 8000 bis 12 000 Spritzen täglich konsumiert, Tagesverdienst eines Dealers: 1000 bis 3000 Franken. Nebst den Todesfällen unter den Drogensüchtigen forderten Schiessereien im Bandenkrieg allein in jenem Sommer drei Todesopfer und mehrere Verletzte. Einem «Blick»-Reporter gewährte ein arabischer Dealer ein freimütiges Interview: «Für uns ist das nichts anderes als Hemden verkaufen. Wir machen hier einfach unsere Arbeit. Wir verdienen hier soviel Geld, dass wir sofort aufhören könnten. Aber die Polizei ist doch froh, dass wir hier sind. Wenn sie zumachen, gehen die Drögeler in die Innenstadt und stürmen die Schaufenster an der Bahnhofstrasse. Und das ist nicht gut für die Touristen, die die schöne Schweiz sehen wollen.»

Staatsanwalt Albin Felber schildert in einem Vortrag einen von vielen Fällen aus dem täglichen Umgang mit Drogendelinquenten: «Zehn Libanesen werden wegen des Verdachts auf organisierten Handel mit Betäubungsmitteln festgenommen. Bei der Hausdurchsuchung stellt die Polizei eine grössere Menge Heroin sicher. Keiner der Verhafteten will jedoch wissen, wem der Stoff gehört. Keiner will mit Betäubungsmittelhandel etwas zu tun haben. Die Verhafteten müssten zur Klärung eingehend befragt werden können. Infolge fehlender Gefängnisplätze geht das nicht. Sie werden entlassen. Der Fall ist beweismässig gestorben.»

Dass die Zustände katastrophale Ausmasse angenommen haben, bestreitet niemand. Wer aber ist dafür verantwortlich?

Es sind jene, meint Christoph Blocher, die einen verhängnisvollen Geist propagierten, ein Klima, in dem Gesetze missachtet und Normen aufgeweicht werden. Die SVP habe gegen den Widerstand der Linken und von vielen «netten» Bürgerlichen diese Aufweichungstendenzen stets bekämpft; nicht in erster Linie durch den Ruf nach neuen Gesetzen, sondern indem sie auf die Einhaltung der bestehenden Gesetze drängte. «Linke und Nette» hätten folgende Fehlentwicklungen eingeleitet oder verstärkt:

- Strafvollzug und Strafverfolgung sind aufgeweicht worden.
- Zürich hat eine liberale Drogenpolitik verfolgt, Kleinhändler werden nicht gefasst und Grosshändler nicht verurteilt.
- Der Täter wird als Opfer dargestellt.
- Aus Gefängnissen sind komfortable Ferienheime geworden.
- Die Besetzer des Wohlgroth-Areals wurden verteidigt, etwa durch Stadträtin Ursula Koch, die den Rechtsstaat damit der Lächerlichkeit preisgab.

- Fixerräume sind gegen den klaren Volksentscheid (85 Prozent Nein) eingerichtet worden und damit illegal.
- Die Gefängnisse sind zu klein, und man musste Hunderte von Notentlassungen vornehmen.
- Straffällige Asylanten oder abgewiesene Asylbewerber werden nur zögerlich ausgeschafft.

Es sind auch die Linken und Netten, die alle Vorstösse der SVP zur Beseitigung der zitierten Missstände abblockten. Im einzelnen hatte die SVP vor allem folgendes gefordert: harte Bestrafung von Gewalttätern, stärkere Polizeipräsenz, Bau von Notgefängnissen, Stopp von Notentlassungen, Verbot der Beurlaubung gefährlicher Straftäter, Kampf gegen den Asylrechtsmissbrauch (ohne die Asylgewährung für echte Flüchtlinge anzutasten) und sofortige Durchsetzung des vom Volk beschlossenen Vermummungsverbots.

Alles in allem bewertet Blocher die umstrittene Inseratenkampagne als Grosserfolg. Sicherheit sei dadurch zum wichtigsten Thema geworden. Unter dem Eindruck dieser Diskussion hat der Kantonsrat beschlossen, mehr Polizisten auszubilden. 1994 wurde mit dem Bau von Notgefängnissen begonnen, und es wurden Zwangsmassnahmen im Ausländerrecht eingeführt. «Keine Lösung für das Drogenproblem», sagt er, «aber eine Verbesserung. Wenigstens kann die Polizei nun gegenüber Dealern vorgehen, die sich hinter ihrem Asylstatus verschanzen.» Im Frühjahr 1995 wurde die offene Drogenszene Letten geräumt und aufgelöst.

Bereits im August 1990 hat Christoph Blochers Partei ein umfassendes Drogenkonzept vorgelegt, das im September 1994 letztmals bereinigt wurde:

- Prävention: Gesunde sollen davon abgehalten werden, Drogen zu konsumieren. Dazu ist eine umfassende Information bei Schülern und Jugendlichen über Suchtmittel, Suchtverhalten und über die zerstörerischen Auswirkungen von Drogen unerlässlich. Sie soll erfolgen durch Eltern, Erzieher, Ausbildner und alle Schulen. Die Aufklärungsarbeit hat sich zudem auf allgemein menschliche Verhaltensweisen auszurichten. Entsprechende Stellen für Beratung, Betreuung, Information und Rückfallprophylaxe sind zu schaffen. Flankierend gehören das Konsumverbot sowie polizeiliche Massnahmen zur Unterbindung des Handels ebenfalls zur Prävention. Ziel aller präventiven Massnahmen ist das Streben nach Drogen- und Suchtfreiheit in der Gesellschaft.

• Rigorose Strafen für Drogenhändler: Gefordert werden die Internierung für Drogenhändler und der Landesverweis für illegale oder kriminelle Asylanten, die einen Grossteil des Drogenhandels kontrollieren. Dazu gehören vor allem der Ausbau der Rechtsgrundlagen, um gegen das organisierte Verbrechen wirksamer vorgehen zu können, die Verbesserung der Infrastruktur der Polizei, vermehrte Zusammenarbeit auf internationaler Ebene, Kontrollen bei Grossanlässen und die konsequente Anwendung geltender Gesetze. Rechtsfreie Drogenräume (offene Szenen) sind in Zusammenarbeit von Polizei, Gesundheitsbehörden, Fürsorge, Vormundschaft und Justiz aufzulösen!

• Therapie: Schwer Drogensüchtige sind der Fürsorge ihrer Heimatgemeinde zuzuweisen und dort durch geeignete medizinische Massnahmen einer gezielten Therapie zuzuführen (beispielsweise durch Abgabe von Methadon). Bei Drogen-Verwahrlosten ist der fürsorgerische Freiheitsentzug unter Einbezug der notwendigen medizinischen Massnahmen auch gegen deren Willen anzuwenden. Eine Heroinabgabe durch den Staat kommt dabei nicht in Frage, auch nicht die Zulassung von Injektionsräumen.

Drogenfreigabe ist für Christoph Blocher kein Mittel zur Beschränkung des Drogenhandels. «Das ist ein absoluter Blödsinn. In Zürich, wo Konsum und Handel seit Jahren praktisch freigegeben waren, haben wir die Rechnung jetzt präsentiert bekommen.» Seine Drogenpolitik sei frei von jeglicher Ideologie. Selbst wenn Drogenfreigabe ethisch richtig wäre, könne man dies nicht als einziges Land tun; denn dies hätte eine unglaubliche Sogwirkung.

Erfahrungen auch in seinem persönlichen Bekanntenkreis hätten gezeigt: Dort, wo man die Kraft für einen strikten und harten Entzug aufgebracht habe, seien die Betroffenen von den Drogen losgekommen. Wo nicht, habe es stets Rückfälle gegeben. Ein letzter Aspekt des Drogenproblems ist die Geldwäscherei. Christoph Blocher hatte sich im Parlament gegen den vorgeschlagenen Bankenaufsichts-Artikel gestellt, weshalb ihm in der Folge wiederholt vorgeworfen wurde, er habe dadurch die Geldwäscherei in der Schweiz begünstigt. Wer aber Drogenhändlern das Geldwaschen ermögliche, könne nicht glaubhaft einen Kampf gegen die Drogen führen.

Was beabsichtigte Christoph Blocher damals wirklich? Er beantragte, dass Staatsverträge über Bankenaufsicht auf dem Weg des ordentlichen Staatsvertrags-Verfahrens erfolgen sollten und nicht in die alleinige Kompetenz des Bundesrates gelegt werden dürften. Damit hätte auch zukünftig eine Referendumsmöglichkeit bestanden. Neu hätte der Bundesrat aber alleine entscheiden können. Dagegen wandte sich Blocher, nicht gegen die Einführung von Bankenaufsichten an sich.

«Und jetzt wird plötzlich behauptet, wer das Gesetz in dieser Form abgelehnt habe, der hätte die Geldwäscherei begünstigt», sagt er. «Ein völliger Witz, denn zuvor hatte überhaupt niemand – weder Gegner noch Befürworter – diesen Artikel mit der Geldwäscherei in Verbindung gebracht.»

Das Geldwäschereiproblem sei eine schwierige Frage, die letztlich nur auf internationaler Ebene zu lösen sei. Alleine könne die Schweiz wenig ausrichten. Infolge der härteren Gesetze in der Schweiz seien aber andere Finanzplätze, etwa im Fernen Osten, für solche Machenschaften heute sehr viel attraktiver. Ausserdem werde Geld im grossen Stile heutzutage durch den Kauf und Verkauf wertvoller Güter gewaschen. Die Lage unter Kontrolle zu bekommen sei angesichts der grossen Undurchsichtigkeit, wie sie dem organisierten Verbrechen naturgemäss anhafte, praktisch unmöglich. Das organisierte Verbrechen finde immer wieder neue Wege der Verschleierung. Das SVP-Drogenpapier verlangt im übrigen, wirkungsvolle Instrumente zur Bekämpfung der Geldwäscherei und Massnahmen für eine bessere Überwachung der Finanzkanäle von Drogenhändlern zu schaffen. Es gilt hier aber, nach Mitteln und Möglichkeiten zu suchen, die auch den Drogenhandel unterbinden.

Mit Rassisten nichts zu tun

Die Menschen strömen Ihnen bekanntlich in Scharen zu. Unter Ihren Anhängern befinden sich auch Rechts- und andere Extremisten, von denen Sie sich bisher nicht öffentlich distanzierten. Ist dem Politiker Blocher jeder recht, der seine Streitmacht verstärkt?

Ich kann doch gar nicht verhindern, dass auch Leute meine Anliegen teilen, mit denen ich das Heu nicht auf der gleichen Bühne habe. Das war zum Beispiel in der EWR-Frage der Fall, wo sich auch stark Rechtsstehende für die unabhängige Schweiz einsetzten, auch am Rand angesiedelte religiöse Gruppen. Der Armeeabschaffer Andreas Gross war ja auch auf unserer Seite. Unabhängig von der unterschiedlichen politischen Ausrichtung lag offenbar allen die Selbstbestimmung am Herzen.

Warum grenzen Sie sich da nicht deutlicher ab, heiligt der Zweck die Mittel?

Es gehört zu den politischen Spielregeln in der Demokratie, dass sich immer wieder Koalitionen bilden, dass sich Leute verschiedenster Couleur für eine Sache gemeinsam engagieren. Ich habe mich im Vorfeld der EWR-Abstimmung von niemandem distanziert, der uns geholfen hat, den EWR-Beitritt zu verhindern, habe mich aber auch nicht mit allen auf ewig verbündet. Man kann, will und muss doch nicht jeden einzelnen auf Herz und Nieren prüfen, der sich ins eigene Lager drängt. Sollte es dabei auch Rassisten gehabt haben, so sind sie spätestens bei meinem Ja zum Antirassismusgesetz von mir brüskiert worden und auf Distanz gegangen.

Waren Sie denn für dieses Gesetz?

Bei allen Bedenken habe ich mich schliesslich dafür ausgesprochen, weil ich mit den extremistisch gesinnten Gegnern nicht gemeinsame

Sache machen konnte und wollte. Mit Rassisten will ich nichts zu tun haben. Nicht die Befürworter waren der Grund für die Annahme dieses Gesetzes, sondern die Gegner. Das Gesetz selber aber verfehlt wahrscheinlich sein Ziel. Rassismus wird dadurch nicht verhindert, sondern im Gegenteil noch gefördert. Das ist leider bereits sichtbar.

Es bleibt der Vorwurf, dass Sie sich nicht deutlicher abheben...
Ich bin gegen jede Form von Extremismus. Ich verurteile auch den Rechtsextremismus, Neonazismus, Antisemitismus und dergleichen mehr. Aber soll ich denn für einen Beitritt zur Europäischen Union sein, bloss weil auch noch andere, die falschen Lagern angehören, auf dieser Seite stehen?

Je weniger die Politiker an sich selber denken...

Zurück zu der von Ihnen geschmähten «Classe politique», zu der Sie nicht gehören wollen...
Nein, ich gehöre auch nicht dazu. Ich gehöre zwar zu den führenden Politikern, das kann man sagen. Aber ich gehöre keiner «Classe» oder Kaste an, die sich vom Volk abheben will und ein Eigenleben führt. Ich leide sehr darunter, dass sich die Politiker so weit vom Volk entfernt haben, dass man von einer «Classe» reden muss.
Zu viele Politiker wollen vor allem wiedergewählt werden, richten ihr ganzes Sinnen und Trachten auf Wahlerfolge aus. Das habe ich kritisiert.

Was ist denn der Sinn der Politik?
Der Sinn der Politik ist es, die politischen Zustände zu verbessern, zu verändern, Fehlentwicklungen zu verhindern. Der Sinn der Politik liegt also ausserhalb der Person des Politikers. Und wie kann man nun die politischen Zustände verbessern? Mit Wahlen, sagen die meisten Politiker. Darum wird auf Wahlen derart grosses Gewicht gelegt, um jeden halben Prozent Wähleranteil gerungen.

Es muss doch Ziel des Politikers sein, gewählt zu werden.

Wahlgewinn kann doch nur Mittel zum Zweck sein und nie Selbstzweck. Wahlgewinne sind gerade in der direkten Demokratie nicht das Wichtigste. Ich sage dies, obwohl ich seit 1977 Kantonalpräsident meiner Partei bin und jetzt zum fünften Mal Regierungsrats- und Kantonsratswahlen leite. Diese Wahlkämpfe sind mühsam und oft auch langweilig, sie gehören zu den unangenehmsten Aufgaben in der Politik. Für mich ist das eine politische Neben- und nie die Hauptsache. Ich fürchte immer, bei den Wahlen nicht ganz bei der Sache sein zu können.

Wer gewählt ist, bekommt die Möglichkeit, etwas zu verändern, Einfluss zu nehmen. So ist unsere Demokratie angelegt...

Ich anerkenne, dass man mit mehr Sitzen im Kantonsrat mehr durchsetzen kann. Wo Wahlerfolge dazu dienen, unser Gedankengut durchzusetzen, freue ich mich über jeden gewonnenen Sitz. Wenn ich aber nach allen Seiten Konzessionen machen muss, damit wir die Wahlen gewinnen, dann bekommen wir zwar Sitze, aber wir erreichen damit nichts.

Wer nicht gewählt wird, kann gar nichts verändern...

Da bin ich nicht so sicher. Wenn ich zurückdenke, wo und wann ich politisch am wirksamsten war, beginne ich an dieser Aussage zu zweifeln.

Kann es nicht sein, dass Sie eine Ausnahme darstellen, weil Sie – gewählt oder ungewählt – erfolgreich sind?

Schauen Sie: Die SVP hat in der Stadt Zürich mehr Erfolg, seit sie in der Opposition ist. Vorher hiess es immer: «Wir brauchen einen Sitz im Stadtrat, wir brauchen einen Sitz im Stadtrat.» Als wir im Stadtrat noch vertreten waren, waren wir erfolglos, denn mit einem Stadtrat allein hatten wir nichts zu sagen, und die Fraktion musste alles schlucken. Seit man uns hinausgeworfen hat, können wir unsere Ziele verwirklichen, zum Beispiel die Räumung des Letten. Mit einem Mitglied im Stadtrat hätte man die Kraft nie gehabt, dies innerhalb der Kollegialbehörde durchzusetzen.

Sie treten also jeweils an, um zu verlieren?

Ich sage noch einmal: Wahlen als Mittel zum Zweck sind richtig und wichtig. Wo aber Wahlen Selbstzweck werden, sind sie wertlos. Viele Politiker sind degeneriert. Sie lassen ihre Überzeugungen fallen, um zu Amt und Würden zu kommen. Dies illustrieren derzeit die Zürcher Sozialdemokraten, die lösen sich ja geradezu in sich selber auf. Nun hält sich mein Bedauern über den Niedergang dieser Partei in Grenzen, doch als Sozialist würde ich mich grün und blau ärgern über den Verrat des Gedankengutes, bloss weil die SP-Politiker Einsitz in den Gremien nehmen wollen.

Weil dies so läuft – und zwar nicht nur bei den Sozialdemokraten – vertrauen die Menschen den Politikern nicht mehr. Man stellt fest, dass die Politiker am Ende nur an sich selber denken. Sie denken an ihre Karriere und nicht mehr an die Substanz.

Eine Vertrauenskrise stellt man allgemein wohl fest. Doch soll sich dies ändern?

Ich wiederhole einen Satz aus einer Rede zu diesem Thema: «Je weniger die Politiker an sich selber denken, desto mehr denkt das Volk wieder an die Politiker.» Man will Politiker, die für ihre Überzeugung eintreten und nicht in erster Linie für sich selber.

Tun Sie das?

Meine Popularität habe ich in erster Linie meinen Gegnern zu verdanken. Je mehr ich angegriffen werde, desto mehr nimmt man wahr, dass hier einer ist, der den Kopf hinhält und nicht wetterwendisch und wankelmütig nach dem persönlichen Erfolg schielt. Die heftigen Angriffe zeigen, dass ich nicht so sehr an mich denke. Was sagt man denn heute über mich? Man sagt: «Ich weiss zwar nicht, ob der Blocher recht hat, aber der hat meinen Respekt, weil er für seine Meinung einsteht und die Konsequenzen trägt.» Wenn das mehr Politiker tun würden, gäbe es diese Vertrauenskrise nicht.

Auns – Aktion für eine unabhängige und neutrale Schweiz

Am 26. März 1987 lehnte das Schweizervolk einen Beitritt zur Uno ab. 75 Prozent der Stimmenden und alle 26 Stände waren dagegen. Den Uno-Beitritt hatte ein Aktionskomitee bekämpft, das von den Nationalräten Christoph Blocher, Nationalrat Dr. Otto Fischer (FDP) und Nationalrat Dr. Paul Eisenring (CVP) gegründet worden war. Der geplante Uno-Beitritt, so befürchtete das Komitee, würde eine Gefährdung der schweizerischen Neutralität mit sich bringen. Ihre Argumente lassen sich so zusammenfassen:

Der Beitritt zur Uno unterwirft die Schweiz als neutrales Land dem Willen der Uno. Menschenrechtsverletzungen rügt die Uno in ausgewählten Fällen. Zwei Drittel ihrer Mitglieder sind kommunistisch oder rechtsdiktatorisch regiert. Die Siegermächte des Zweiten Weltkriegs sowie China können ihr Veto einlegen. Die hohen und edlen Ziele der Uno werden nur partiell verfolgt. Die Schweiz leistet bereits hohe Geldbeiträge an die Uno, ist in zahlreichen Uno-Unterorganisationen tätig und beherbergt solche auch auf ihrem Territorium. Als neutrales Land ausserhalb der Uno bietet die Schweiz eine bessere Verhandlungsplattform und hat grössere Möglichkeiten, weltweit für Frieden und Wohlergehen einzustehen.

Obwohl der Volksentscheid überdeutlich ausgefallen war, setzten Bundesrat und Parlament die expansive Aussenpolitik fort. Blocher, Fischer und Eisenring realisierten, dass zwar eine Schlacht, nicht aber der Krieg für Neutralität und Unabhängigkeit gewonnen war. Das Komitee besass noch 60 000 Franken und die Adressen von ursprünglich 4000 Mitstreitern. Das war der Beginn der «Aktion für eine unabhängige und neutrale Schweiz», der Auns. «Wir waren überzeugt, dass die Schweiz eine zurückhaltendere Aussenpolitik zu betreiben habe, die der Neutralität Rechnung trägt. So konzentrierten wir uns vor allem auf Fragen der Sicherheitspolitik. Von einem EWR- oder gar EG-Beitritt war damals noch keine Rede», erinnert sich Otto Fischer, damals Geschäftsführer der Auns. Und niemand konnte ahnen, wie wichtig die Auns bald einmal sein würde.

Die Auns informiert ihre Mitglieder ungefähr vierteljährlich mit einem «Grauen Brief». Ihr Mitgliederbestand stieg von 2838 im Jahre 1987 auf 20 000 im Jahre 1994. Präsident ist seit der Gründung Christoph Blocher.

Die Statuten der Auns legen folgende Ziele fest: Einsatz zur Wahrung der Unabhängigkeit, der Neutralität und der Sicherheit der Schweizerischen Eidgenossenschaft; Überwachung der Aussenpolitik des Bundes sowie Orientierung der Mitglieder und des Volkes über die Probleme und die Problematik der schweizerischen Aussenpolitik; Kampf für eine Aussenpolitik des Bundes, welche die integrale und traditionelle Neutralität respektiert und damit die Unabhängigkeit und Sicherheit des Landes gewährleistet; Verhinderung von Aktivismus bei der Aussenpolitik und von unnötigen internationalen Engagements. Für diese Ziele kämpft die Auns seit ihrem Bestehen mittels Stellungnahmen, Resolutionen, Referenden und Initiativen, Inseratenkampagnen, Verbreitung von Drucksachen sowie Versammlungen und Kundgebungen. Sie bekämpft den EWR-, EU- und Uno-Beitritt der Schweiz, die Annäherung an die WEU (Westeuropäische Verteidigungsunion) und an die Nato und ist damit für die Erhaltung der Unabhängigkeit, der Neutralität und der Souveränität der Schweiz. Folgerichtig stellte sie sich auch gegen die Blauhelm-Vorlage.

Christoph Blocher und FDP-Nationalrat Christian Miesch, seit dem Tod von Otto Fischer Vizepräsident der Auns, lehnten die Blauhelm-Vorlage unter anderem aus folgenden Gründen ab: Ein Ja zur Blauhelm-Vorlage bedeutet nur den ersten Schritt zu einem Uno-Vollbeitritt. Schweizerische Blauhelmtruppen widersprechen unserer Neutralität. Die Aufweichung und Aushöhlung der staatstragenden Werte durch Bundesrat und Parlament widersprechen dem Volkswillen.

Blauhelme werden nur auf Beschluss des Uno-Sicherheitsrates eingesetzt, in welchem die fünf ständigen Grossmächte durch ihr

Veto-Recht das alleinige Sagen haben. Widerspricht der Einsatz den Interessen einer Grossmacht, so werden Menschenrechte über Jahrzehnte hinaus aufs schwerste verletzt, wie etwa in Tibet durch China.

Blauhelm-Interventionen dienen somit politischen und nicht humanitären Zielen. Wer sich hier engagiert, ist nicht mehr unparteiisch. Die bundesrätlichen Bedingungen, wonach alle Konfliktparteien mit einem Einsatz einverstanden sein müssten, entsprechen nicht den Realitäten. Die moderne Kriegswirklichkeit ist geprägt durch bürgerkriegsähnliche Unruhen und Wirren. Dabei ist Zahl, Zielrichtung und Organisation der verwickelten Parteien oft unklar und wechselnd. Gestandene Uno-Generäle wie Morillon oder McKenzie kritisieren Blauhelmeinsätze in aller Öffentlichkeit wegen der komplizierten Einsatzdoktrin als praktisch undurchführbar und ineffizient. In Somalia hat sich drastisch gezeigt, wie Uno-Blauhelme, nur mit leichten Selbstverteidigungswaffen ausgerüstet, völlig unvermittelt in einen Granathagel geraten können. Die Kosten jener Operation deutscher Blauhelme haben sich auf gegen die 500 Millionen Mark belaufen. Völlig unvorhersehbar sind deshalb auch die Kosten für den Bundesrat. Darum weigert sich dieser, die mutmasslichen Blauhelmausgaben ins ordentliche Bundesbudget aufzunehmen. Die Kosten für Blauhelmeinsätze würden dem Militärbudget belastet, was die Landesverteidigung schwächt. Blauhelme dienen dem Frieden nur verbal. Uno-Blauhelme konnten weder den jugoslawischen Bürgerkrieg mit 200 000 Toten verhindern noch den Völkermord in Ruanda. In Zypern sind Blauhelme seit 30 Jahren, in Korea gar 40 Jahre stationiert. An beiden Orten hat deren Präsenz zu keinem dauerhaften Frieden geführt.

Die Schweiz soll sich weiterhin für eine notleidende Bevölkerung in Krisengebieten engagieren, aber ausschliesslich über das IKRK (Internationales Rotes Kreuz) und über andere neutrale und humanitäre Hilfsorganisationen. Sie hat für das IKRK 1993 rund 82 Millionen Franken aufgebracht und ist in absoluten Zahlen nach den USA zweitgrösster Beitragszahler. Die Schweiz als unsolidarisch zu bezeichnen ist deshalb bösartig und wahrheitswidrig. Die bedingungslose Respektierung unserer Neutralität ist für die Schweiz von existenzsichernder Bedeutung. Der Bundesrat darf sich nicht in die machtpolitischen Gegensätze dieser Welt verwickeln.

«Die Auns ist keine Partei und gehört vor allem nicht ins rechtsextreme Lager.» Dies betonte Otto Fischer, Vizepräsident und Geschäftsführer der Auns bis zu seinem Tode am 22. Oktober 1993. «Die Auns hat sich nicht gegen das Anti-Rassismus-Gesetz gestellt, obwohl mir als Privatmann der Gedanke schwerfällt, diese Uno-Konvention zu ratifizieren, die unsere Meinungsfreiheit tangiert. Aber wir wollen und können uns nicht ins Lager von Antisemiten oder anderen Extremisten begeben.»

Christoph Blocher würdigte seinen Mitstreiter nach dessen Tod: «Otto Fischer war nicht nur unser Geschäftsführer, Planer, Regisseur, guter Geist und Motor, sondern auch ein treuer und liebevoller Freund... Die Liebe zu unserem Lande und der unbeugsame Wille, unserem Volk das zu erhalten, was unseren Staat zu dem machte, was er ist, haben ihn angespornt und beseelt. Er liess uns teilhaben an seinem immensen politischen Wissen, seinem Erfahrungsreichtum, seinem ausgeprägten Sinn für das Wesentliche. Die Lasten lud er nicht andern auf, sondern er trug sie selbst.»

Fischer war immer dagegen, dass sich die Auns zur Partei wandelte. «Wegen der ausgesprochen aussenpolitischen Ausrichtung kann sich die Auns nicht noch mit Milchpreisen und anderen innenpolitischen Fragen herumschlagen. Aussenpolitisch müssen unsere Mitglieder eindeutig Farbe bekennen.»

Für eine unabhängige und neutrale Schweiz

Christoph Blocher, Sie sind Nationalrat und Kantonalpräsident der Zürcher SVP. Daneben präsidieren Sie aber noch eine zweite Partei, die «Aktion unabhängige und neutrale Schweiz», kurz Auns...

Die Auns ist keine Partei und will es auch nicht sein. Es ist eine Lobby, die für die Unabhängigkeit unseres Landes eintritt. In der Auns treffen sich vielerlei Menschen, die politisch gar nicht auszurichten sind, da hat es Grüne, Linke, Leute aus der SVP, der FDP, der CVP, der FP, der SD und aus allen möglichen andern Lagern. Diese Leute verbindet nur eines: das gemeinsame Einstehen für die Unabhängigkeit unseres Landes.

Das Programm ist die Unabhängigkeit und die dauernde bewaffnete Neutralität. Das sind immerhin zwei Ihrer vier politischen Grundsätze...

Ja, heute ist für mich die Bewahrung der Unabhängigkeit der Schweiz das wichtigste politische Anliegen geworden, denn ohne Unabhängigkeit ist es unmöglich, eine lebenswerte Schweiz zu gestalten oder zu bewahren. Früher musste man dafür gar nicht kämpfen, darüber herrschte ein allgemeiner Konsens. Heute sind Unabhängigkeit, Selbstbestimmung, bewaffnete Neutralität stark gefährdet – nicht von aussen, sondern im Innern.

Nun ergreifen Sie das Referendum gegen die Einführung von Staatssekretären. Wie passt denn das ins Bild?

Unser Programm ist die Verhinderung von Aktivismus in der Aussenpolitik. Wir befürchten, dass mit der Einsetzung von Staatssekretären die aussenpolitischen Aktivitäten zunehmen werden, und bekämpfen darum diese Vorlage.

Da weichen Sie zur Auns aus, weil Sie Ihre Partei, die SVP, kaum für dieses Referendum hätten gewinnen können, oder?

Es kann sein. Die SVP-Fraktion hat sich allerdings deutlich dagegen ausgesprochen. Die Zürcher SVP hingegen dürfte für ein Referendum zu gewinnen sein.

117

... aber die schweizerische SVP wohl nicht...

... kaum, aber Bundesratsparteien sind ohnehin schwer für Referenden zu gewinnen, ausgenommen die Sozialdemokraten.

So scheint doch die Auns auf dem Weg zur politischen Partei, auf die Sie immer dann zurückgreifen, wenn die SVP Ihnen nicht folgt...

Nur für Belange, welche die Unabhängigkeit und Neutralität betreffen. Zudem ist die Auns mit ihren rund 20 500 Mitgliedern zu klein. Und sie ist, wie gesagt, nicht aus einem Guss. Nur in der Frage der Unabhängigkeit und Neutralität besteht Einigkeit. Wir könnten uns in vielen Fragen, Stichwörter Drogenpolitik oder Wirtschaftspolitik, nicht einigen.

Haben Sie auch Antisemiten und Nationalsozialisten in der Auns?

Nachdem die Presse festgestellt hat, dass es unter den über 20 000 Mitgliedern auch einzelne Rechtsextreme habe, hat der Vorstand beschlossen, solche auf begründeten Antrag hin auszuschliessen. Eines kann ich mit Bestimmtheit sagen: Rechtsextreme werden in der Auns nie den Ton angeben. Sie würden sofort niedergestimmt. Ich bin der Meinung, falsche Auffassungen soll man sachlich bekämpfen, widerlegen. Ausschlüsse müssen auf schwere Fälle beschränkt bleiben. Zudem: Im Namen der Auns sind keine Rechtsextreme aufgetreten. Sehen Sie, die Aktion unabhängige und neutrale Schweiz (Auns), die ich präsidiere, hat rund 20 000 Mitglieder. Sie vereinigt Leute, die sich für die Neutralität und Unabhängigkeit der Schweiz einsetzen, das ist das gemeinsame Anliegen. Wer den Mitgliederbeitrag bezahlt, ist Mitglied. In der AUNS haben wir Grüne und Autoparteimitglieder, Linke und Bürgerliche.

Halten Sie denn die Unabängigkeit der Schweiz heute, nach geschlagener EWR-Schlacht und Ablehnung sowohl des Uno-Beitrittes als auch der Blauhelmtruppe, noch immer für gefährdet?

Ja, mehr denn je. Da herrscht gar kein Zweifel, nachdem Bundesrat und Parlament klar darlegten, wie es in dieser Frage weitergehen soll: Relativierung der Neutralität, klares aussenpolitisches Ziel bleibt der EU-Beitritt, Ziel ist weiter der Beitritt zur Uno.

Und wie lautet Ihre Prognose: Wird es je soweit kommen?

Ich kann mir nicht vorstellen, dass die Schweiz der EU beitritt. Nein, das kann ich mir einfach nicht vorstellen. Immer sofern es gelingt, den Leuten zu zeigen, was sie verlieren und welche Lasten man ihnen aufbürdet.

Sie sind ja landauf und landab unterwegs, um dies zu verhindern. Welche Stimmung schlägt Ihnen derzeit entgegen?

Ich hielt kürzlich einen Vortrag in La Chaux-de-Fonds, in einer Stadt, die sich als «Commune de l'Europe» versteht, wo 80 Prozent für den EWR-Beitritt votierten und die Sozialdemokraten die stärkste Partei sind. Man kann sich vorstellen, dass ich schon günstigere Voraussetzungen angetroffen habe. Und dennoch, sogar hier, beginnt man die Argumente zu begreifen. 15 Prozent Mehrwertsteuer, fünf bis sieben Milliarden Abgaben in die EU-Kasse und Aufgabe des Schweizer Frankens im Falle eines Beitritts – das hat den Leuten die Augen geöffnet. «Est-ce vraiment comme cela?» wollte man da von meinem Gegenreferenten wissen. Der konnte nur abwiegeln, indem er diese Fakten als zum Maastricht-Vertrag gehörend bezeichnete und sagte, das werde nie eintreten.

Was halten Sie den jungen Menschen entgegen, die zu einem völkerverbindenden Europa gehören möchten?

Solange man das als philosophische Frage tarnt, ist die Diskussion schwierig. Aber sobald Sie ins Konkrete gehen, wird es einfach: Arbeitsplatzsicherheit, Lohnniveau, Franken, gesicherte Altersversorgung, Zugang zu den Universitäten. Dann schwenken auch junge Leute auf die Seite der Gegner.

Warum das Kernkraftwerk Kaiseraugst
nie gebaut wurde

Christoph Blocher ist jedermann als populärer und mitreissender Redner bekannt, als ein Wirtschaftsführer und Politiker, der sich gern und geschickt im Licht der Scheinwerfer bewegt, öffentliche Auftritte meisterhaft beherrscht, aus politischen Siegen durchaus Kapital zu schlagen imstande ist. Doch Christoph Blocher kann auch anders vorgehen, wie der Fall Kaiseraugst treffend zeigt: Als beharrlich hinter den Kulissen operierender Stratege, der eine Sache still und leise und von der Öffentlichkeit vollkommen unbemerkt zur Entscheidungsreife führt. Dabei wendet er alle Regeln der Geheimdiplomatie an. «Wenn man einer guten Sache zum Durchbruch verhelfen muss, so sind alle Wege in Betracht zu ziehen», ist seine Überzeugung. Dazu gehört auch, dass nach geschlagener Schlacht andere die Früchte ernten. So geschah es denn auch im Fall Kaiseraugst – und der Öffentlichkeit blieb bis heute verborgen, wie es ihm gelang, das Unmögliche möglich zu machen: Ein bewilligtes Kernkraftwerkprojekt zurückzuziehen und die Entschädigungsfrage zur allseitigen Zufriedenheit zu regeln.

Doch der Reihe nach:
Im Jahre 1966 ersuchte die Motor Columbus AG in Absprache mit verschiedenen schweizerischen Elektrizitätsgesellschaften, darunter die Nordostschweizerische Kraftwerke AG (NOK), die Ara Tessin AG (Atel) und die Kraftwerke Laufenburg AG, um eine Standortgenehmigung für den Bau eines Kernkraftwerkes in der aargauischen Gemeinde Kaiseraugst nach. Diese wurde 1969 erteilt, ebenso die weiteren erforderlichen Bewilligungen und schliesslich 1974 die eigentliche Baubewilligung. Die inzwischen gegründete Kernkraftwerke Kaiseraugst AG verfügte damit über sämtliche rechtlichen Voraussetzungen (Standortbewilligungen, Kühlwasserkonzession und kommunale Baubewilligung), deshalb wurde das Kraftwerk grösstenteils bestellt und in grossen Teilen auch gefertigt.

Das Kernkraftwerk war im Zuge der weitverbreiteten atomenergiefeindlichen Stimmung in der Bevölkerung, vor allem in der Region Basel, stark umstritten. So kam es am 1. April 1975 zur Besetzung des Baugeländes durch Kernenergiegegner und zwölf Wochen später zur Räumung des Geländes durch starke Polizeikräfte. Trotz der Räumung wurde der Bau des Kernkraftwerkes eingestellt und eine Besinnungspause eingeschaltet. Aus dieser kam aber die Schweiz nie mehr heraus. Über das Projekt wurde in der Öffentlichkeit heftig debattiert, auf beiden Seiten standen sich stark verfeindete Lager gegenüber, nicht enden wollende Debatten fanden in den eidgenössischen Räten, in Fachkommissionen, in Wirtschaft und Gesellschaft statt. Gutachten und Gegengutachten wechselten sich ab. Gesetzesrevisionen, die den Bau von Kernkraftwerken erschwerten, wurden durchgeführt. Der Bundesrat schob die Erteilung der nuklearen Baubewilligung hinaus, obwohl sich Volk und Stände 1979 und 1984 zweimal für die Atomkraft ausgesprochen hatten. Christoph Blocher blickt zurück: «Viele, auch Bundesrat und die bürgerlichen Parteien, traten zwar für das Projekt ein, trafen aber gleichzeitig Entscheide, welche dessen Realisierung verhinderten.»

Christoph Blocher hielt von Anfang an den Bau des Kernkraftwerkes Kaiseraugst zur sicheren Energieversorgung dieses Landes für erforderlich und setzte sich schon als Zürcher Kantonsrat (1975 bis 1980) an vorderster Front dafür ein. Zahlreiche Vorstösse, grosse Engagements in Abstimmungskomitees zur Verwirklichung des Kraftwerkes Kaiseraugst, Vorträge und Veranstaltungen in den 70er und 80er Jahren zeigen, wie stark Christoph Blocher hinter diesem Werk stand. 1982 wurde er denn auch in den Verwaltungsrat der Motor Columbus AG gewählt. Diese war Hauptaktionärin der Kernkraftwerke Kaiseraugst AG und federführend beim Bau des Kraftwerkes.

Medien und Öffentlichkeit waren daher völlig überrascht, als am 2. März 1988 ausgerechnet Christoph Blocher eine Pressekonferenz durchführte, die das Ende des Kernkraftprojektes Kaiseraugst einläutete. Mit ihm traten je zwei Vertreter der bürgerlichen Bundesratsparteien an die Öffentlichkeit. Man gab bekannt, dass das Kernkraftwerk Kaiseraugst «aus gesellschaftlichen, staatsbürgerlichen und politischen Gründen aller Voraussicht nach» nicht verwirklicht werden könne, «weshalb eine Weiterführung der Projektrealisierung volkswirtschaftlich nicht mehr vertretbar» sei.

Gleichzeitig wurden zwei identische Motionen, eine Motion Schönenberger für den Ständerat und eine Motion Stucky für den Nationalrat, vorgestellt. Der Wortlaut der Motionen:

Der Bundesrat wird beauftragt,

– mit der Kernkraftwerk Kaiseraugst AG eine Vereinbarung über die Nichtrealisierung ihres Kernkraftwerk-Projektes abzuschliessen;

– die Kernkraftwerk Kaiseraugst AG für die im Zusammenhang mit dem Projekt aufgelaufenen Gesamtkosten angemessen zu entschädigen;

– die Massnahme für eine zukunftssichernde Energiepolitik, in der die Kernenergie offen bleibt, mit Nachdruck weiterzuführen.

Bei den sechs Parlamentariern, welche an der Pressekonferenz anwesend waren, handelte es sich um die Nationalräte: Christoph Blocher, Ulrich Bremi, Zürich (FDP), Gian-Franco Cotti, Tessin (CVP), Georg Stucky, Zug (FDP), und die Ständeräte Hans Uhlmann, Thurgau (SVP), und Jakob Schönenberger, St. Gallen (CVP). Also alles einflussreiche Parlamentarier und ausgesprochene Befürworter der Kernenergie und des Kernkraftwerkes Kaiseraugst.

Die ganze Aktion war offensichtlich von langer Hand und sehr gut vorbereitet worden. Das zeigte auch der weitere Ablauf: bereits sieben Monate nach Einreichung der Kaiseraugst-Motion wurde diese im Parlament behandelt, und Schönenberger konnte im Ständerat erklären, eine Überweisung als Postulat sei unbedenklich, da «der Bundesrat die von ihm als Postulat entgegengenommene Motion bereits erfüllt hat». Schon am 7. November 1988 schloss der Bundesrat mit der Kernkraftwerke Kaiseraugst AG eine Vereinbarung ab, wonach die Arbeiten am Projekt für ein Kernkraftwerk Kaiseraugst eingestellt würden, und der Bund ihr einen pauschalen Betrag von 350 Millionen Franken als Abgeltung ausrichte. Nur vier Monate später, am 17. März 1989, wurde der entsprechende Bundesbeschluss im Parlament verabschiedet. Das Referendum wurde nicht ergriffen.

Es war allen Beobachtern klar, dass hier ein generalstabsmässig vorbereitetes Manöver präzise und mit grossem Tempo ablief. Nicht einmal die schwierigen Verhandlungen mit der Bauherrschaft hatten den Ablauf hemmen können.

Bis heute jedoch ist die Öffentlichkeit nicht über die Hintergründe des Falles Kaiseraugst informiert. Christoph Blocher selber wehrt ab: «Es ist noch zu früh, um die Akte Kaiseraugst vollständig zu öffnen. Bis 1998 – dann werden zehn Jahre vergangen sein – sollte man noch Stillschweigen bewahren.» Die Hintergründe und der genaue Ablauf lassen sich nur schwer recherchieren, da viele der Akteure selber nicht umfassend informiert waren und keine schriftlichen Unterlagen erhielten. Nur so ist es zu erklären, dass während der jahrelangen Vorbereitungen nichts durchsickerte.

Die Pressekonferenz vom 2. März 1988 hatte wie ein Paukenschlag gewirkt und wurde wider Erwarten mehrheitlich positiv aufgenommen. Nun beanspruchten – wie in solchen Fällen üblich – viele Politiker die Vaterschaft des Projektes. Christoph Blocher scheint dies am Anfang sogar gefördert zu haben. Kurz nach Einreichung der Motion schreibt er dem SVP-Parteisekretär von Zürich, der sich offenbar beklagt hatte, dass verschiedene Parlamentarier so taten, als wären sie die Urheber des Planes: «Diese Entwicklung kann uns nur recht sein. Es ist gut, wenn bei der FDP, der CVP oder sogar bei der SP das Gefühl erweckt wird, sie hätten diese Idee gehabt und ihnen sei die Sache zu verdanken. So gibt es in diesen Reihen weniger Widerstände. Ich komme in unserer Fraktion schon durch. Es geht jetzt nicht darum, Lorbeeren zu verteilen, sondern die Sache bis zum Schluss durchzuziehen. Der Schluss ist erst die Verabschiedung eines Bundesbeschlusses im Parlament.»

Aufgrund der vorhandenen Unterlagen lässt sich immerhin feststellen, dass Christoph Blocher in dieser Aktion von allem Anfang an bis zur Verabschiedung des Bundesbeschlusses im Parlament mit grosser Hartnäckigkeit, mit einer wohldurchdachten Strategie, wohl auch mit vielerlei Winkelzügen und mit einer Planung, die bis ins letzte Detail geht, die Sache nicht nur entworfen, sondern auch durchgezogen und bis zum Schluss begleitet hat. Seine starke Stellung in der Politik und in der Wirtschaft, vor allem aber auch seine Stellung in der Elektrizitätswirtschaft, seine guten Verbindungen kamen ihm dabei sehr zustatten.

In einer Stellungnahme zur Kaiseraugst-Motion schreibt Christoph Blocher im März 1988: «Kaiseraugst ist zu einem Phantom geworden. Die Befürworter taten so, als würde man an diesem Projekt aus energie- und staatspolitischen Gründen festhalten. Dies aber immer, ohne es zu verwirklichen, und im Grunde genommen im Wissen, dass man es nie mehr verwirklichen kann. Die Gegner ihrerseits wollten es aus energie- und staatspolitischen Gründen nicht bauen und unter diesem Vorwand eine fragwürdige Energiepolitik durchsetzen.»

Christoph Blocher heute: «Und für mich stellte sich früh die Frage, wie man die Diskussion um die Energiepolitik wieder in Gang setzen konnte, die durch Kaiseraugst blockiert war. Im weiteren erkannte ich, dass sich eine ins Unendliche strebende Kostenpyramide aufbauen würde. Müsste man Kaiseraugst heute in den 90er Jahren liquidieren, so wären die Kosten mittlerweile auf fünf bis sechs Milliarden aufgelaufen. Stellen Sie sich dies bei der heutigen Finanzlage einmal vor! Dies wäre nicht nur für den Bund, sondern auch für die meisten grossen Elektrizitätsgesellschaften zum Problem geworden.»

Christoph Blocher versuchte offenbar anfänglich, die Angelegenheit Kaiseraugst im Einvernehmen mit allen Beteiligten zu lösen. Er strebte eine Art Burgfrieden an. Dabei sollte die SP durchaus miteinbezogen werden. Deren damaliger Parteipräsident, Nationalrat Helmut Hubacher, erinnert sich: «Blocher eröffnete mir in seinem Büro in einem mehrstündigen Gespräch die Idee, Kaiseraugst gemeinsam mit allen vier Bundesratsparteien im Zusammenhang mit einer Neuausrichtung der Energiepolitik abzuschreiben, weil das Projekt politisch nicht mehr durchführbar sei.» Für Hubacher kam aber eine gemeinsame Aktion mit den bürgerlichen Parteien nicht in Frage. Die SP der Schweiz hatte – übrigens gegen den Willen des damaligen Energieministers und SP-Bundesrates Willi Ritschard – bereits beschlossen, auf Atomenergie (und damit auch auf Kaiseraugst) zu verzichten. An einer «zweiten Trauerfeier» wollten die Sozialdemokraten nicht teilnehmen, sagt Hubacher. Christoph Blocher will sich über das Gespräch in seinem Büro nicht äussern: «Weil wir Stillschweigen vereinbart haben.»

Sicher ist, dass Blocher im Frühjahr und Sommer 1987 die beiden damaligen Aargauer Ständeräte Hans Letsch (FDP) und Julius Binder (CVP) in langen und intensiven Gesprächen auf seine Seite ziehen wollte. Die beiden Ständeräte im Standortkanton des Kernkraftwerkes Kaiseraugst schienen ihm deshalb besonders wichtig, weil der Kanton Aargau hinter diesem Kernkraftwerk stand und Blocher der Meinung war, der Kanton Aargau müsse umschwenken und sei zu entschädigen.

Sowohl die beiden Ständeräte als auch Christoph Blocher bestätigen diese Gespräche. Die beiden Ständeräte seien entschlossen zu ihrem Kanton gestanden und hätten auch auf die staatspolitischen Folgen aufmerksam gemacht. Anderseits hätten sie aber auch die völlig aussichtslose Situation erkannt. Eine andere Lösung, eine Alternative, konnten Letsch und Binder aber nicht aufzeigen. Ihre Idee, dieses Kernkraftwerk unter dem Schutz der Armee zu bauen, schien Christoph Blocher völlig abwegig. Dies komme in der Schweiz nicht in Frage. Obwohl Blocher die beiden Ständeräte von der Ausweglosigkeit der Situation überzeugen konnte, wollten sie sich keiner gemeinsamen Aktion anschliessen.

Fest steht auch, dass Christoph Blocher in einem Hotel in der Nähe des Flughafens Zürich ein streng geheimes Treffen mit Professor Angelo Pozzi, damals Präsident der Atel und der Motor Columbus, Dr. Adolf Gugler, damals Direktionspräsident der

Elektrowatt, und dem damaligen Direktionspräsidenten der NOK, Franz Josef Harder, durchführte. Blocher soll diesen Herren seine Pläne zur Beseitigung von Kaiseraugst offengelegt haben. In der Elektrizitätswirtschaft vertritt man heute die Ansicht, dass Pozzi frühzeitig von Blocher ins Bild gesetzt worden sei und auch die Lage von Anfang an gleich beurteilt habe, wie Blocher. Die beiden sassen gemeinsam im Verwaltungsrat der Motor Columbus. Harder dagegen sei an jenem Tage über Christoph Blocher sehr aufgebracht gewesen, da er sich Blochers Lagebeurteilung, nicht aber dessen Schlussfolgerungen habe anschliessen können. Erst mit der Zeit habe auch er Blochers Meinung geteilt. Es scheint, dass Christoph Blocher durch zahlreiche Gespräche auf politischer, wirtschaftlicher und gesellschaftlicher Ebene das Terrain sorgfältigst vorbereitet hat.

«Nachdem Letsch und Binder für eine solche Aktion nicht zu gewinnen waren und 1987 die eidgenössischen Wahlen im Herbst anstanden, wurde das Projekt vorerst aufs Eis gelegt. In der Wahlzeit hätte man das Ganze als billiges Wahlmanöver abgetan, und wir wären unglaubwürdig geworden», sagt Blocher, der als Ständeratskandidat in den Kampf zog. Er sei damals dauernd gefragt worden, ob Kaiseraugst notwendig sei, worauf er stets geantwortet habe und auch antworten konnte, Kaiseraugst sei für eine sichere Energieversorgung dringend notwendig, was auch seiner Überzeugung entsprochen habe. Wäre er jedoch gefragt worden, ob man Kaiseraugst denn auch wirklich bauen könne, wäre es für ihn weit schwieriger gewesen. Aber diese Frage sei ihm nie gestellt worden.

Nach den Wahlen 1987 – Blocher unterlag als Ständerat, wurde aber als Nationalrat wiedergewählt und führte seine zürcherische SVP zu einem stattlichen Wählergewinn – nahm er das Projekt wieder auf. Unterdessen lagen Pozzi, Harder und Gugler, und damit wohl die drei wichtigsten Elektrizitätsgesellschaften, auf seiner Linie. Im Januar 1988 wurden dann der Zürcher Nationalrat Ulrich Bremi und der St. Galler Ständerat Jakob Schönenberger in die Aktion miteinbezogen. Mit Bremi, welcher der Elektrowatt nahestand, sprach Gugler, mit Schönenberger sprach Christoph Blocher. «Schönenberger war ein standhafter und einflussreicher Ständerat. Wenn er einmal überzeugt war, so kippte er nicht so leicht um. Ich suchte ihn im Kanton St. Gallen auf. Zuerst in seinem Büro in Wil und später in seinem Heim in Kirchberg. Es war ein dramatischer Abend. Schönenberger fiel aus allen Wolken und entgegnete mir: ‹Du, Blocher, sagst mir das? Das hätte ich zuallerletzt von dir erwartet. Du bist ja wohl verrückt geworden. Aber dies nicht mit mir. Mich kannst du für eine solche Verrücktheit nicht gewinnen.›» Zu später Stunde in der Nacht war aber auch Schönenberger, nachdem die Lage gründlich beurteilt worden war, überzeugt, dass eine «schickliche Beerdigung» des Projektes für die Eidgenossenschaft das Beste sei. Und es sei sicherlich das Beste, wenn die Initiative zur Aufgabe des Projektes von den Befürwortern ausginge, von jenen, die zur Kernenergie im Grundsatz stünden. Schönenberger habe dann von Anfang bis zum Schluss voll mitgezogen, sei auch nie wankelmütig geworden und habe seine Motion im Ständerat und in der CVP-Fraktion mit Bravour verteidigt. Nach und nach wurden dann auch andere Parlamentarier in die Aktion eingeweiht – zunächst Ständerat Hans Uhlmann, dann die Nationalräte Georg Stucky und der Tessiner Gian-Franco Cotti. Wenige Tage vor dem 2. März 1988 wurden dann auch weitere Ständeräte und 14 Nationalräte in einem vertraulichen Gespräch informiert. 10 Ständeräte und 14 Nationalräte unterschrieben die Motion Kaiseraugst. Einer der Motionäre: «Es war eine streng vertrauliche Angelegenheit. Wir konnten die Motion nur lesen und unterzeichnen. Dann wurde uns höchste Diskretion im Interesse der Sache verordnet, damit nichts zerredet werden könne. Kein Papier, auch nicht die Motion selbst oder einen Anhang dazu bekamen wir ausgehändigt.» Wieviel Wert der Geheimhaltung beigemessen wurde, zeigt die Organisation der Pressekonferenz. Für die Vorbereitung der Pressemappe seien lediglich Angelo Pozzi, der frühere Korpskommandant Rudolf Blocher, ein Vertrauter von Nationalrat Blocher, und zur Ausfertigung der Papiere der Parteisekretär der SVP, Max Friedli, hinzugezogen worden. Am Abend des

1. März sei im Hotel Schweizerhof kurz vor Mitternacht ein Kurier mit einer grossen Tortenschachtel eingetroffen und habe diese Christoph Blocher überreicht. Als die anwesenden Parlamentarierkollegen ihn aufforderten, diese Tortenschachtel auszupacken und die Torte zu essen, habe er abgewehrt: Dies sei eine Geburtstagstorte, die er anderntags einer seiner Bekannten zum Geburtstag schenken wolle. In der Tortenschachtel aber lagen die Dokumente für die Pressekonferenz vom 2. März 1988. Christoph Blocher habe – wie er am Abend des 2. März 1988 einem Freund anvertraute – die Presseunterlagen eigenhändig in seinem Hotelzimmer persönlich abgefüllt und angeschrieben: «Es stimmt, ich habe die ganze Nacht in meinem Hotelzimmer Dokumente zusammengestellt. Erst morgens nach 6 Uhr war die Sache bereit. Ich stellte mit Herzklopfen um 6 Uhr früh das Radio ein, um zu hören, ob alles geheim geblieben sei. Wenn jetzt in den Morgennachrichten nichts berichtet wird, dann ist die Sache gut gelaufen, dachte ich. So war's, und ich legte mich noch für zwei Stunden tief befriedigt schlafen.»

Die Bundeshauspresse wurde dann erst am späteren Vormittag zu einer Pressekonferenz auf 15.30 Uhr eingeladen. Es war eine einfache Einladung mit folgendem Wortlaut:

Pressekonferenz:
«Eine Weichenstellung in der Energiepolitik»

1. *Begrüssung und Einführung durch Nationalrat Christoph Blocher; Erläuterung der Absicht gemäss schriftlicher Unterlage (wird an der Pressekonferenz verteilt).*
2. *Votum des Motionärs im Ständerat, Ständerat Jakob Schönenberger*
3. *Votum des Motionärs im Nationalrat, Nationalrat Georg Stucky*
4. *Fragenbeantwortung*

Nationalrat
Christoph Blocher

Christoph Blocher: «Die Pressekonferenz musste spät angesetzt werden. So spät, dass die Presse in einem ersten Schritt nur noch die Zeit fand, das zu schreiben, was ihr mit der Pressemappe vorgelegt wurde, und nicht eine Verwässerung durch allerlei Kommentare und Stellungnahmen von verschiedenster Seite stattfinden konnte. Andererseits hatte dies doch so früh stattzufinden, dass es noch reichte für die Abendsendungen des Fernsehens und des Radios und für die Zeitungen vom 3. März.» Der Coup am 2. März scheint ein durchschlagender Erfolg gewesen zu sein. Er ist überzeugt: «In einem so schwierigen Fall ist ein handstreichartiger Überfall voller Wucht erforderlich. Eine Erschütterung ist unausweichlich. Die ganze Wahrheit von der Beurteilung der Lagen bis zum fertigen Vorgehen muss auf den Tisch.»

Natürlich fehlten die üblichen kritischen Stimmen nicht. Der Bundesrat nahm die Motionen Stucky und Schönenberger nicht entgegen. Er wollte dies nur in Form eines Postulates tun. Christoph Blocher befürchtete nun eine Verzögerung. Aber offensichtlich wurde die Arbeit zur Erfüllung der Motion trotzdem stark vorangetrieben. Dabei scheint man dann der Diskretion weniger Aufmerksamkeit geschenkt zu haben. Und auch hier war es Christoph Blocher, der hinter den Kulissen hartnäckige Arbeit leistete. Letsch versuchte in einem Dokument, die Räte von der Zustimmung zur Motion abzuhalten. Dies beweist folgender Brief vom 22. März 1988, den Christoph Blocher an verschiedene Parlamentarier versandte:

Liebe Kollegen
Hans Letsch hat uns ein Schreiben vom 16. März 1988 zukommen lassen mit dem Titel «Zur Kaiseraugst-Motion» «Eine Lagebeurteilung». Im Begleitbrief nimmt er Bezug auf einen Artikel in der «Schweizer Illustrierten», der zwar meiner Meinung nach wegen seiner Bedeutungslosigkeit und seines falschen Inhaltes kaum eine Erwähnung verdient. Ich möchte darauf lediglich sagen, dass ich mit Hans Letsch und Julius Binder Anfang bis Mitte 1987 eingehende Gespräche geführt habe über

eine Lösung in Kaiseraugst. Darüber habe ich niemandem aus-
serhalb des engeren Kreises der Motionäre etwas mitgeteilt. Die
Herren Bremi, Schönenberger und Stucky sind von mir darüber
ins Bild gesetzt worden. Allerdings wissen von diesen Ge-
sprächen noch mehr Leute Bescheid, von wem weiss ich nicht.
Es ist aber an sich auch gleichgültig. Ein Geheimnis müssen
diese Gespräche auch nicht sein.

Hans Letsch gebe ich insofern recht: Weder er noch Julius Bin-
der waren bereit, sich an einer möglichen Motion zu beteiligen.
An der gründlichen Lagebeurteilung gab es zwar damals keine
eigentliche Meinungsverschiedenheiten, jedoch hatten beide
Herren in bezug auf das Vorgehen grosse Bedenken. Auch die
damals beigezogenen Experten der Elektrizitätswirtschaft, mit
welchen Hans Letsch, Julius Binder und ich zusammen waren,
hatten verschiedene Vorstellungen über das Vorgehen, mussten
aber schliesslich ebenfalls zugeben, dass Kaiseraugst so oder so
– schon aus technischen Gründen – in den 90er Jahren kaum ge-
baut werden könne; einhellig wurde auch anerkannt, dass die
Gründe für diese Schwierigkeiten auf der politischen Ebene lie-
gen. Die ganze Aktion, die sich schliesslich in die Vorwahlzeiten
hineingezogen hat, haben wir dann abgeblasen, und ich habe sie
im Dezember wieder neu aufgenommen. Da die Herren Letsch
und Binder auf die neue Legislaturperiode zurücktraten, habe
ich mit ihnen dann keine Verbindung mehr aufgenommen.
Zur Sache verweise ich auf das beiliegende Schreiben.

Mit freundlichen Grüssen
Dr. Christoph Blocher

In den Wochen danach haben intensive Gespräche mit Parlamentariern und mit Bundesräten stattgefunden. Christoph Blocher hat auf schnelle Abwicklung gedrängt. Dies beweist eine
Aktennotiz, welche er über eine Besprechung mit den Herren
Bundespräsident Otto Stich und Bundesrat Adolf Ogi am 22.
Juni 1988 geführt hat. Gemäss dieser Notiz war er von 7.30 bis
8.00 Uhr und von 8.45 bis 9.45 Uhr im «Bernerhof» bei Bundesrat Stich, der zwischendrin ein Geschäft im Ständerat zu vertre-

ten hatte. Nach 9.45 Uhr hat er mit Bundesrat Ogi gesprochen. Dass Christoph Blocher einen grösseren Kreis mit dieser Aktennotiz bediente, zeigt, dass hier auf breiter Ebene das Feld vorbereitet wurde. Die Aktennotiz lautet:

Besprechung 8.45 Uhr
Stich fragte mich zu Kaiseraugst, ob er von mir einmal hören könne, wie die Sache mit Kaiseraugst zustande gekommen sei. Ich habe dies Stich eingehend erläutert. Wenn das bis jetzt in der Öffentlichkeit von keiner Seite getan worden sei, dann nicht deshalb, weil etwas Unrechtes geschehen sei, sondern weil dies der Sache aus Eifersüchtelei nicht dienlich gewesen wäre. Ich sagte insbesondere auch, dass auf der Energieseite noch sehr viel zu tun sei. Zahlreiche Energiegesellschaften lehnten einen Verzicht auf Kaiseraugst immer noch ab, die Vorgespräche seien aber so geführt worden, dass es bei der Kernkraftwerk Kaiseraugst AG eigentlich möglich sein sollte, ein ernsthaftes Verzichtsgespräch zu führen und die dahinterstehenden Gesellschaften NOK, Motor-Columbus, Atel und Elektrowatt für eine tragfähige Lösung zu haben wären. Aber es brauche jetzt ein Handeln von seiten des Bundes. Die Verschiebung der Kaiseraugst-Motionen auf den September und den Beschluss des Bundesrates, die Motionen nur als Postulat entgegenzunehmen, sei Ausdruck von bundesrätlicher Führungsschwäche. Es müsste jetzt endlich gehandelt werden. «Wo ist der Staatsmann, der sich aufrafft, dieses schwierige politische Problem an die Hand zu nehmen und zu Ende zu führen?»
Stich dankte für die gründliche Darlegung. Er glaube aber nicht, dass der Bund etwas bezahlen könne, und zwar aus Präjudizgründen. Dabei gehe es ihm nicht nur um die Bundeskasse, sondern vor allem darum, weil das nun ein Unternehmerrisiko sei und dass, wenn man bei Kaiseraugst bezahle, man überall bezahlen müsse, wo einer ein Projekt nicht realisieren könne. Das würde zu unhaltbaren Verhältnissen führen. Er finde die Übernahme eines Postulates nicht so schlecht, aber die Gesellschaften müssten sich selbst helfen.

Ich legte dar, dass es hier nicht um die Abgeltung eines Unternehmerrisikos gehen könne. Bundesrat und Parlament hätten leider das Unternehmerrisiko durch eigene Entscheide übernommen, sogar den Bedarfsnachweis gewährt, die Gesellschaften aufgefordert und dann durch Verzögerungen wieder daran gehindert. Darum sei im Gesetz sogar ein Entschädigungsverfahren vorgesehen. Mit der Entscheidung würde es sich gerade umgekehrt verhalten. Meines Erachtens müsse die Liquidation Kaiseraugst Geld kosten, sonst wären alle diejenigen düpiert, die im öffentlichen Interesse ein Werk bauen würden (Sondermüll, Verbrennungsanlagen etc.), und wenn es dann von den politischen Behörden desavouiert werden müsste, dieselben auch noch die Kosten zu tragen hätten.

Stich räumte ein, dass man dem Kanton Aargau in dieser Sache sicher entgegenkommen könne, was man mit einer Abgeltung z. B. für Lager in Würenlingen tun könne.

Ich erwiderte, damit sei er ja bereits bei einer Entschädigung von 120 Mio. angelangt. Die Motion sehe eine «angemessene» Entschädigung vor, was zwischen einem Franken und einer Milliarde Franken liegen könne. Wichtig sei nun aber, dass der Bundesrat endlich die Verhandlungen staatsmännisch in die Hand nehme.

Stich fragte noch einmal, ob man denn das nicht intern bei der Trägerschaft bei Kaiseraugst regeln könne.

Blocher: Ein Verzicht durch die Gesellschaft Kaiseraugst ist von der Sache her unmöglich. Man vergesse immer, dass Kaiseraugst seit 1974 im Bau sei. Zahlreiche Werkverträge seien abgeschlossen worden, auch mit ausländischen Firmen. Eine Liquidation dieser Verträge aus freien Stücken würde neue Forderungen in der Grössenordnung von Milliardenbeträgen zur Folge haben. Ein Ausstieg aus diesen Verträgen ist nur durch eine klare Willenskundgebung des Bundes oder sogar durch eine Verfügung des Bundes, auf dieses Kraftwerk zu verzichten, möglich. Nachdem der Bundesrat dargelegt habe, dass der Bau dieses Kraftwerkes aus politischen Gründen nicht erfolgen könne, müsse er auch die Ehrlichkeit haben, dazu zu stehen.

132

Stich: Kaiseraugst könne ja nicht gebaut werden, solange man nicht die nukleare Baubewilligung erteilen könne, und der Bundesrat könne diese einfach nicht erteilen.

Blocher: Gerade solche Schlaumeiereien seien zu verhindern. Man könne doch nicht einfach Tatsachen schaffen, die in andern Gebieten, nämlich für die Entsorgung der bestehenden Kraftwerke, Folgen habe, nur damit man einen Grund habe, um Kaiseraugst nicht zu bauen bzw. nicht entschädigen zu müssen. Das sei eine politische Schweinerei.

Stich lenkte hier ein und bestätigte die staatspolitische Gefährlichkeit solcher Umgehungsmassnahmen. Er wolle aber keinen Widerruf der Rahmenbedingung, denn dann müsste man ja voll entschädigen.

Blocher: In der Energiewirtschaft würde man natürlich einen solchen Widerruf am liebsten sehen, dann wäre nach Gesetz die volle Entschädigung akzeptiert. Aber ein solcher Widerruf käme einer gleichen Schlaumeierei gleich wie die Verzögerung durch Nichterteilung der nuklearen Bewilligung: Die Rahmenbewilligung rückgängig zu machen hiesse nachträglich den Bedarf zu verneinen. Das wäre ein fertiger Unsinn. Denn für eine eigene Produktion würden wir doch ein solches Kraftwerk brauchen. Mit solchen unglaubwürdigen Mätzchen komme man nicht weiter, auch wenn sie von solch honorablen Staatsrechtlern im Ständerat, die sich nun noch durch einen solchen Schwindel auszeichnen, kämen.

Stich lenkte hier plötzlich ein und sagte, er sehe ein, dass man jetzt die Verhandlungen aufnehmen müsse, nachdem ich ihm gesagt habe, jetzt stehe nicht die Entschädigung im Vordergrund, sondern die Erledigung des Ganzen, so dass nicht die ganze Kernenergie auf wackligen Füssen stehe. Er sprach dann die Problematik an, ob diese Verhandlungen durch das Energiedepartement (Ogi) oder durch das Finanzdepartement geführt werden sollten. Sein Rechtsdienst hätte ihn informiert, dass bis jetzt Entschädigungen durch sein Departement geführt worden seien, egal, welchem Fachgebiet sie angehören. Gleichzeitig hätte er Verständnis, wenn Ogi, zuständig für die Energie, die Sache führen möchte.

Ich legte Stich dar, dass es meines Erachtens vier Möglichkeiten gebe:
1. *Stich führt die Verhandlungen im Namen des Bundesrates allein.*
2. *Ogi führt die Verhandlungen für den Gesamtbundesrat allein.*
3. *Beide zusammen führen diese Verhandlungen.*
4. *Der Bundesrat bezeichnet eine Persönlichkeit, die diese Verhandlungen führt.*

Meiner Meinung nach müsste die vierte Möglichkeit ernsthaft in Erwägung gezogen werden, so dass sich der Bundesrat nicht in diese Verhandlungen drängen müsste. Eine notwendige Distanz könnte hier wohl sehr gerechtfertigt sein. Anderseits müsste diese Person eine starke Persönlichkeit sein, die nicht schon bei den ersten Schwierigkeiten resigniere. Denn das sei klar, die Fronten seien beim Bundesrat hart: Kaiseraugst nicht bauen, aber nichts bezahlen und auch bei der Gegenseite: Kaiseraugst sofort bauen oder voll entschädigen. Diese Persönlichkeit müsste das Vertrauen vom Bundesrat haben, aber auch von der Wirtschaft. Meines Erachtens dürfte es weder jemand aus dem Parlament noch ein ausgesprochener Politiker, noch eine mit der Energiewirtschaft liierte Persönlichkeit sein.

Stich bekannte sich sofort zur Lösung Nr. 4. Er würde sofort mit einer solchen Lösung mitmachen.

Ich sagte ihm, dass ich mir in bezug auf die Person noch keine Gedanken gemacht hätte, könnte mir allerdings Prof. Eichenberger vorstellen, der ja in die Sache gut involviert sei.

Stich lobte die juristischen und staatsrechtlichen Eigenschaften von Eichenberger, glaubte aber die wirtschaftliche Dimension zu vermissen. Wir sprachen dann noch über Stefan Schmidheiny etc.

Stich bat mich, ihm in den nächsten Tagen einmal einen Vorschlag über eine solche Persönlichkeit zu unterbreiten. Er selbst lege grossen Wert darauf, dass Ogi miteinbezogen würde, sowohl in den finanzpolitischen Teil (weil dies allenfalls die Sparanstrengungen sein müssen) als auch in die Angelegenheit Kaiseraugst.

Ich begrüsste dies sehr, legte ihm dar, dass ich gleich anschliessend an diese Besprechung Ogi treffen werde und ob es ihm recht sei, wenn ich ihn über dieses gemeinsame Gespräch informiere. Stich begrüsste dies.

Ich bat ihn, in dieser Sache mit Ogi in Kontakt zu bleiben, damit nicht durch Kompetenzstreitigkeiten die Sache verzögert würde. Bevor ich mich verabschiedete, bat mich Stich, doch mit ihm in engem Kontakt zu bleiben, denn nach diesem Gespräch merke er noch mehr, wie stark ihn diese Probleme beschäftigen würden. Er sei für mich immer erreichbar, sei ab 6. Juli für 14 Tage in den Ferien, aber auch dort für mich erreichbar. Als ich ihn fragte, wo er hingehe, lachte er: «Wie immer in den Kanton Graubünden, nach Sils Maria, weiter habe ich es noch nie gebracht.»

Anschliessend an das Gespräch hatte mich die Anhänglichkeit Stichs etwas irritiert und auch beängstigt. Sie kommt aber aus einer offensichtlichen Isolation, die man Stich entgegenbringt, weil er relativ rasch die Leute vor den Kopf stösst.

Ende des Gesprächs: 9.45 Uhr.

Um 9.45 Uhr orientierte ich Ogi eingehend über dieses Gespräch und bat ihn, mit Stich Kontakt aufzunehmen. Dies versprach mir Ogi und fügte bei: Nach meiner Schilderung sei bei Stich etwas passiert. Stich habe ihn bis jetzt gehasst und völlig anders gesprochen. Ich erwiderte Ogi, dass er vielleicht auch etwas zu überempfindlich sei. Stich habe nun einmal eine eigene Meinung, aber ich glaube nicht, dass er persönlich etwas gegen ihn habe. Denn Stich hätte von sich aus die Notwendigkeit des guten Einvernehmens mit Adolf Ogi betont.»

An die Empfänger der Aktennotiz sandte Christoph Blocher am 27. Juli 1988 die Kopie eines persönlichen und vertraulichen Schreibens an die Bundesräte Otto Stich und Adolf Ogi.

Dr. Ch. Blocher   *27. Juni 1988*

Persönlich / Vertraulich

Geht an: *Herrn Bundespräsident Otto Stich*
            Herrn Bundesrat Adolf Ogi

Wer käme für die Verhandlungsführung zwischen Bundesrat und Kaiseraugst AG in Frage?

I. Voraussetzungen
– *Starke Persönlichkeit.*
– *Darf nicht dem Parlament angehören.*
– *Darf nicht ausgesprochener Experte der Energiewirtschaft oder einer Partei sein.*
– *Sollte über eine breite Erfahrung in wirtschaftlichen Belangen verfügen und Sinn für politische Realität aufweisen.*
– *Von Bundesrat und von der Wirtschaft als Persönlichkeit anerkannt.*
– *Nicht ausgesprochen juristischer Experte.*
– *Verhandlungsgeschick und Beharrlichkeit.*
– *Darf nicht bei ersten Schwierigkeiten den Bettel hinwerfen.*

II. Persönlichkeiten, die in Frage kämen
– *Dr. Robert Holzach*
    – *würde das sehr gut machen, hat aber den Nachteil, dass er Ehrenpräsident der Bankgesellschaft ist. Zwar haben die Banken keinerlei Risiken bei der Kaiseraugst AG (da alle Darlehen durch die Partnergesellschaften abgedeckt), aber*

Oben: *Mit Appenzeller Streichmusik Alder, 1990*

Unten: *Mit dem Gesangsensemble Cumpagnia Rossini*

50. Geburtstag

die SBG ist Hauptaktionär der Motor-Columbus AG. Dies würde vielleicht in der Politik Misstrauen hervorrufen. – m. E. davon absehen.

– *Dr. Hans-U. Baumberger, Präsident des VR der Ascom-Holding AG*
  – *als ehemaliger Ständerat mit politischen Realitäten gut vertraut. Aber vielleicht doch zu sehr parteiexponiert für die politischen Gegner. Scheint mir persönlich in den Verhandlungen vielleicht etwas zu weich.*

– *Dr. Harald Huber, alt Bundesrichter*
  – *Ich selbst kenne die Persönlichkeit zu wenig. Nachteil: Man sollte keinen reinen Juristen und noch weniger «Richter» nehmen. Gibt sofort Argwohn auf der Gegenseite. Vorteil: Huber ist Mitglied der SP. Könnte diese Partei (vielleicht) schlussendlich auf eine Linie bringen. Allerdings würde dann die FDP wieder «ausschlagen».*

– *Dr. Peider Mengiardi, Delegierter des VR der AT AG*
  – *Kenne Mengiardi nur oberflächlich. Meines Wissens parteipolitisch ungebunden. Hat guten Ruf, aber eventuell über seinen Bruder, Regierungsrat Mengiardi (Graubünden), nicht ganz frei von der Energiewirtschaft. Harter und konsequenter Verhandler. Grosser Vorteil: Hat Treuhandgesellschaften im Rücken, so dass er nur schwer von den Kraftwerkgesellschaften aufs Glatteis geführt werden kann. Genügend juristische Kenntnisse.*

– *Dr. Claude Wenger, Präsident des VR der Schweiz. Revisionsgesellschaft Revisuisse*
  – *Starke, unabhängige und eigenständige Persönlichkeit. Gehört zwar der FDP an, ist aber sehr kritisch gegen seine Partei eingestellt und kein Parteiexponent. Hätte Vorteil, dass er eine Revisionsgesellschaft im Rücken hat. Als Inhaber eines angesehenen Anwaltsbüros in Zürich verfügt auch er*

137

über die notwendigen rechtlichen Kenntnisse. Hat sehr viel
Sinn für politisch Machbares. Durch sein Ansehen könnte er
auch sehr wohl einwirken auf die Elektrowirtschaft. Absolut
überlegen und unbestechlich!

Meines Erachtens sollte die Wahl fallen auf
1.) Dr. Claude Wenger
wenn dieser nicht zusagt
2.) Peider Mengiardi.
Wenn auch dies nicht geht, sollten wir nochmals sprechen!

Bekanntlich wählte dann der Bundesrat Dr. Claude Wenger als
Verhandlungsvertreter für den Bundesrat. Die Sache ging dann
schnell vonstatten. Bereits am 7. November 1988 unterzeichnete
der Bundesrat einen Vertrag zwischen der schweizerischen Eidgenossenschaft und der Kernkraftwerk Kaiseraugst AG über den
Verzicht des Kernkraftwerkes Kaiseraugst.

Die Europafrage

Der EWR-Abstimmungskampf ist im wesentlichen von einer Person geprägt worden: von Christoph Blocher. Keiner hat sich exponiert wie er, keiner hat im Vorfeld zu so vielen Menschen gesprochen, keiner legte eine derartige Entschiedenheit an den Tag. Das hat ihn bis in die hintersten Winkel des ganzen Landes, aber auch weit über unsere Landesgrenzen hinaus bekannt gemacht. Er stand einer fast geschlossenen Front gegenüber: Die Medien, die Classe politique, die Spitzenverbände, die Banken, die Wirtschaft waren für den EWR-Beitritt. Seine einzigen Verbündeten waren die Menschen im Volk, und mit ihrer Hilfe hat er diese Abstimmung gewonnen. Ein solcher Kampf, ein solcher Sieg ist nur in der direkten Demokratie der Schweiz möglich.

Nach geschlagener Schlacht war Christoph Blocher für die einen ein Held, für die anderen ein populistischer Demagoge. Die EWR-Gegner feiern, die Befürworter fürchten ihn – gleichgültig aber steht ihm seither keiner gegenüber.

Christoph Blocher erhielt vor, während und nach der EWR-Abstimmung Tausende von Briefen. Rund 80 Prozent stammten von Gegnern des EWR-Beitritts, die restlichen von Befürwortern.

Die EWR-Gegner seien «Ewiggestrige», «Hinterwäldler» und «Naivlinge», wird immer wieder behauptet. Man unterstellt ihnen rückwärtsorientierte Politik, Abschottungsmentalität, Engstirnigkeit. Die grosse Mehrheit dieser Briefe müsste also die Handschrift von rückständigen Hinterwäldlern und Unbelehrbaren tragen, während sich die Minderheit der Schreibenden durch besondere Geisteskraft oder Intelligenz auszuzeichnen hätte. Dieser Zusammenhang liess sich bei Durchsicht der Korrespondenz nicht feststellen. Vielmehr waren fast alle Briefe – die der Befürworter wie der Gegner – von hohem Niveau geprägt, wobei es selten Ausrutscher gab, dies auf beiden Seiten.

Bezeichnend für die meisten Schreiben war das grosse Engagement, eindrucksvoll die unglaubliche Fülle von Fakten, das wohlüberlegte Abwägen von Vor- und Nachteilen. Viele Autoren schlugen neue Wege vor, andere kritisierten Bundesrat und Parlament heftig.

Spenden gingen ein. Es kamen Schreiben mit ein paar Franken, die sich jemand wohl vom Munde abgespart hatte, aber auch mehrstellige Beiträge und damit eigentliche Finanzhilfen. Auch darin zeigt sich die Bandbreite all der Bürgerinnen und Bürger, die Christoph Blocher unterstützen wollten. Die Briefe kamen aus allen nur erdenklichen Bevölkerungsschichten: Leute aus der Bauwirtschaft, von Treuhandgesellschaften, Textilfirmen, Klein- und Grossunternehmern; Besitzer von Werbebüros, Steuerberatungsfirmen, Kommunikationsinstituten, Gastgewerbebetrieben schrieben Briefe. Zur Feder griffen Anwälte, Piloten, Ärzte, Schauspieler, Musiker; das Spektrum reichte von Schülern über Studenten bis zu Professoren unterschiedlichster Fakultäten. Es schrieben Physiker, Kirchenvertreter, Weinproduzenten, Hausfrauen, Politiker, Diplomaten, Schriftsteller, Arbeiter, Bauern, Ingenieure, Transportunternehmer und Bankangestellte. Schweizerinnen und Schweizer aus dem In- und Ausland taten ihre Meinung kund.

Das real existierende Schweizervolk hatte sich zu Wort gemeldet. Viele der Briefschreiber sandten Kopien ihrer Texte an Bundesämter, Bundes-, Stände- und Nationalräte, an Pressestellen und Parteisekretariate. Dennoch floss kaum eines der Argumente aus diesen Briefen in die öffentliche Diskussion ein. Wer sich gegen den EWR-Beitritt äusserte, wurde von Politikern und Medien totgeschwiegen.

Christoph Blocher beantwortete die anerkennenden Schreiben meist mit einem standardisierten Dankesbrief. Darin hiess es unter anderem, dass er seine Kraft zum Kampf gegen den EWR aus der Unterstützung durch das Volk beziehe. Zu kritischen Briefen nahm er in der Regel persönlich Stellung. Davon liess er sich auch durch den kräfteverschleissenden Abstimmungskampf nicht abhalten.

Zitate aus Briefen an Christoph Blocher

Es gibt überhaupt keinen wirtschaftlichen Grund, die Eigenständigkeit aufzugeben. • *Obwohl wir FDP-Mitglieder sind, überweisen wir hiermit der SVP 500 Franken.* • *Der sittliche und moralische Niedergang ist wohl nicht aufzuhalten. Dem Zerfall der Familien folgt der Zerfall des Staates. Wir danken Ihnen für Ihren geschätzten Dienst am Volk.* • *Die Erosion der dezentralen Kräfte nagt am EWR/EU-Gebilde.* • *Unsere überheblich auftretenden Medien sind eine Zumutung für alle nach gesundem Menschenverstand urteilenden Schweizer Bürger.* • *Weshalb lassen sich die Menschen von Mammutplänen hinreissen?* • *Nach dem Nein hat der Schweizer Franken nicht an Wert verloren, die Effektenbörse erlebte eine Hausse, die Zinsen zeigen sinkende Tendenz, ansehnliche Aufträge aus dem Ausland wurden eingebracht.* • *Halten wir alle fest zusammen, um das Unglück abzuwenden.* • *Würden bei uns die Medien gemäss beiliegendem Artikel aus dem «Economist» informieren und analysieren, gäbe es nicht so viele dumme Ja-Sager.* • *Der Photograph wartet eine halbe Stunde, bis der Christoph die Faust erhebt. Welch fauler Zauber!* • *Wir stimmten gegen die macchiavellistische Infiltration durch den via Brüssel infizierenden Sozialismus.* • *Machen Sie weiter. Wir brauchen dringend unerschrockene Köpfe.* • *Heute ist die EU abenteuerlich unberechenbar. Ausserdem sind wir wirtschaftlich in Europa und in der Welt längst integriert.* • *Da Sie viel gebissen werden, mache ich Ihnen Mut im Kampf gegen Schlamperei und Haltlosigkeit.* • *In Wirklichkeit hat ein Zusammenschluss noch nie auch nur einen Arbeitsplatz generiert.* • *Niemand hat mehr den Mut, nein zu sagen. Alles wird toleriert. Die Massenmedien sind die grösste Gefahr für die Menschheit.* • *Mies, dass Sie Blocher als Demagogen titulieren. Er ist der einzige, der seine Gegner weder diffamiert, noch persönlich angreift.* • *... sende ich Ihnen ein gutes Bändli über Europa und das Römische Reich.* • *Schon Rudolf Steiner bekannte: Die Schweiz ist erstens so etwas wie der Schwerpunkt der Welt...* • *Nüd lugg loh gwünnt!* • *Ihr politisches Handeln hat historische Dimension* *und wird die Schweiz vor grossem Schaden bewahren.* • *Sie haben mir aus dem tiefsten Herzen gesprochen. Ausgezeichnet. Gratulation! Für Ihren Einsatz besten Dank.* • *Haben Sie sich noch nie überlegt, dass Blocher nicht aus Verbohrtheit und Selbstzufriedenheit heraus politisiert, sondern aus klugen, rationalen, beachtens- und bedenkenswerten Gründen?* • *...überreiche ich Ihnen 12 Original-Lithos für Ihren selbstlosen Einsatz und die riesige Arbeit, die Sie für die Unabhängigkeit der Schweiz leisten.* • *Mit standfester Haltung und Heldenmut haben Sie gekämpft. Beschämend haben die Verlierer ihre Wut und ihren Zorn an Ihnen ausgelassen.* • *Die Zukunft ist die Ausrede jener, die in der Gegenwart nichts leisten wollen (Harold Pinter).* • *Im «Spiegel» las ich, die EU sei die hohe Schule der Heuchelei. Wie wahr!!!* • *Verrückt: die EU verbietet Gams-Bärte. Die Beweislast der Unschuld liegt künftig am EU-Bürger.* • *Sie sind bald der einzige, der sich noch getraut, für die Unabhängigkeit dieses Landes einzutreten.* • *Ihr überzeugender Auftritt und Ihr fundiertes Wissen haben mich beeindruckt. Die Leute schätzen Ihre ehrliche Politik, die keinen EU-Filz kennt.* • *Als Auslandschweizer mit einem Grosslandwirtschaftsbetrieb in Frankreich warne ich mit tausend Argumenten dringendst vor einem Beitritt.* • *Es ist das Schicksal eines jeden, das zu sein, was er ist, und nicht das, was der andere ist.* • *Die EU ist die glatte Kopie des Kommunismus. Sind die Leute denn blind? Bitte retten Sie die Schweiz.* • *Als Unternehmer aus Zürich kann ich einer Fernsteuer aus Brüssel nichts abgewinnen.* • *Die flache Pro-EWR-Argumentation bringt mich in Versuchung, vom Polit-Beobachter zum Polit-Aktivisten zu werden.* • *Der Herr schütze Sie, Ihre Familie, und all Ihre Werke.* • *Bringen Sie Ogi, Felber, Delamuraz, Cotti & Co. dazu, klar und wahrheitsgetreu zu erklären, was auf uns zukommt.* • *You will no doubt go down in history as a 1992 Wilhelm Tell* • *Auch Kassandra warnte vergeblich die Troier vor dem hölzernen Pferd des Odysseus.* • *Bewundere Ihre Standfestigkeit gegen die unzähligen Anfeindungen.* • *Bin 13 Jahre alt und habe leider das Stimmrecht noch nicht. Aber wenn es um EWR/EU geht, bin ich ganz Ihrer Meinung. Darum sollten wir*

142

Schweizer Schweizer bleiben. • Wenn Sie ein Problem haben und fest daran glauben, genügt Ihnen ein Schluck unseres herrlichen Maienfelder-Marcs. • Möchte Ihnen und Ihrer Familie ein paar Stunden zum Entspannen gönnen und lade Sie herzlich zu einem Fest in unser schönes Dorf ein. • In den Fernseh-«Diskussionen» geht es nur noch darum, Sie unglaubwürdig hinzustellen. • Mich stört zutiefst, wie die als «opinion leaders» geltende Kategorie von Schweizer Bürgern versagt hat. Ich mag dieses Unrecht nicht mehr schweigend tolerieren. • Als ehemaliger Parteipräsident rufe ich Ihnen zu: Machen Sie weiter so, nennen Sie die Dinge beim Namen und markieren Sie einen Kontrapunkt in der leider so ziellosen politischen Landschaft unserer nach wie vor doch lebenswerten Schweiz. • Bewundere Ihren Mut im geistigen Streit gegen das konstruktivistische Planifikations-Monster von Maastricht und Brüssel. • In Friedenszeiten und ohne zwingende Not die Unabhängigkeit und Freiheit preisgeben zu wollen, empfinde ich als ungeheuren Frevel. • Bin verantwortlich für ein Elektrizitätsunternehmen in Italien. Infolge neuer EU-Gesetze mussten wir 1,7 Mio. Schweizerfranken investieren, dabei funktioniert die Fabrik bestens und sind die Maschinen auf dem neuesten Stand. • Kurzformel des EWR-Vertrags: Keine Rechte, nur Pflichten. Kein Geschäftsmann würde je einen derart miserablen Vertrag unterzeichnen. • Für mich steht ausser Zweifel, dass die Skepsis gegenüber Brüssel nicht nur in Frankreich, sondern auch bei uns in der Bundesrepublik sichtlich wächst. • Zur Zeit befindet eine Kommission des Ständerats mit 12:0 Stimmen, die Schweiz habe nur mit dem EWR-Vertrag einen ungehinderten Zutritt zum Binnenmarkt. Selten habe ich von einem derartigen Exsudat einer Philosophie gehört. • Ihre Argumente sind stichhaltig und deshalb zukunftsweisend. • Sie gehören zu jenen Mitmenschen, die mir überhaupt noch die Kraft geben, als «Milchkuh» und mittelständischer Unternehmer durchzuhalten. • Unsere Geschäftsleitung vertritt die Auffassung, der Beitrittspreis sei zu hoch. •... schicke ich Ihnen nach dem EWR-Nein nun einen Massnahmenkatalog, wie ich ihn an einer Treuhandkammer-Veranstaltung meinen Berufskollegen vorstellte. Überreichen Sie die Liste bitte dem Bundesrat. • *Wir echten Schweizer müssen zusammenhalten, sonst werden wir von den feinen Herren und den Medien an die Wand genagelt.* • *Am Jahresende drängt es mich, Ihnen und Ihrer Frau für das Geleistete zu danken.* • *Das unselige Karussell der Umverteilung dreht sich schneller und schneller.* • *Ihr Grundlagenpapier zum EWR-Nein ist richtig und muss nun umgesetzt werden.* • *Die EU wird eines Tages an der sozialistischen Krankheit zerbrechen.* • *Die Broschüre «Der schweizerische Weg in die europäische Zukunft» und der dazugehörige Videofilm aus dem Integrationsbüro des Bundeshauses sind inhaltlich unsachlich, ohne brauchbare Substanz und enthalten keine konkreten Aussagen.* • *700 Jahre Confoederatio Helvetica sind «nicht genug», wie uns die Abschaffer höhnisch suggerieren wollen.* • *Unsere Ja-Sager in Bern leisten in ihrer Konsens-Sozietät fast sklavisch anmutende Steigbügeldienste: Geschichtsbewusstsein nullkommanull. Denn jeder zentralistisch dirigierte Länderverbund segelte direkt in die Verwahrlosung: die alten Griechen, die Araber, die Römer, die Spanier... und in der Neuzeit die Briten, die UdSSR und Jugoslawien.* • *Unserem gesamten Bundesrat sollte es Pflichtübung sein, wieder einmal den Film «Stauffacher» aus dem Jahre 1941 anzusehen, bevor er uns an eine neue graue totalitäre Vögte-Macht verschachert.*

In den Briefen, von denen hier natürlich nur ein Bruchteil zitiert werden kann, spielt die Angst vor Überfremdung eine untergeordnete Rolle. Im Zentrum stehen historische, philosophische und wirtschaftliche Argumente. Viele Briefe zeugen vom Misstrauen gegenüber den Politikern und Medien.

Mit kritischen Zuschriften setzte sich Christoph Blocher ausführlich auseinander:

Eine Frau schreibt: *«Kann denn die Schweiz als Nicht-Massenproduktionsland mit den hohen Kosten überhaupt noch mithalten, wenn alle Umliegerländer EU-Mitglieder wären. Die Schweiz würde ihre Produkte nicht mehr im bisherigen Umfange verkaufen können, die Exportmarge würde sinken, wenn*

ähnliche Produkte in den EU-Ländern viel billiger produziert würden.»
Christoph Blocher antwortet: *«Auch in der Schweiz wachsen die Bäume nicht in den Himmel. Aber eines ist sicher: ausserhalb der EU hat die Schweiz die bessere Möglichkeit, Nicht-Massenprodukte, d.h. Spezialitäten zu produzieren, und dem Markt besondere Produkte zu liefern. Dann fallen die Kostennachteile weniger ins Gewicht.»*
Ein Mann schreibt: *«Ich habe damals mit Überzeugung ein Nein in die Urne gelegt. Heute würde ich aber Ja stimmen. Denn ich sehe ja, wie sich die Wirtschaft auf Talfahrt befindet. Inzwischen habe ich meine Stelle verloren. Was hat es mir genutzt, ein Verehrer von Ihnen zu sein? Gar nichts. Denn Sie helfen mir jetzt auch nicht aus dem Sumpf. Als Unternehmer und Nationalrat können Ihnen keine solchen Ungerechtigkeiten passieren.»*
Christoph Blocher antwortet: *«Es wäre verfehlt gewesen, wenn Sie meinetwegen am 6. Dezember nein gestimmt hätten. Ich kann Ihnen aber versichern, dass der Beitritt der Schweiz zum EWR die Arbeitsplatzbedingungen in unserem Lande massiv verschlechtert hätte. Wenn Sie heute hören, dass es einer Firma wegen des EWR-Neins schlechter gehe, so sind dies faule Ausreden. Hingegen ist das tiefere Zinsniveau, welches die Voraussetzung für einen Konjunkturaufschwung bildet, zu einem wesentlichen Teil auf die Ablehnung des EWR zurückzuführen. – Nun sind Sie als LKW-Fahrer im Moment arbeitslos. Ich glaube, es gibt nichts anderes, als eine neue Stelle zu suchen. Auch wenn es hart ist: bei guter Arbeit werden Sie aber etwas finden. Leider kann ich Ihnen in der Umgebung von Ihrem Wohnort nichts anbieten. Aber fragen Sie mal bei der Firma... Personalchef... an. Gute Berufsarbeiter sind dort gefragt. Ich wünsche Ihnen Erfolg bei Ihrer Stellensuche und grüsse Sie freundlich.»*
Ein Auslandschweizer Professor und EG-Beauftragter an der Universität Augsburg schreibt in einem «offenen Brief» an Christoph Blocher unter anderem:
»Schweizer Medizinstudenten werden jetzt von deutschen Unis abgewiesen und gleich behandelt wie ihre Kommilitonen aus Bul-

garien und Senegal... Als einer, der im Ausland sein Brot ver-
dient, ist das, was von der Schweiz im Anschluss an das EWR-
Debakel nach aussen dringt, beschämend... Kürzungen von
Hochschul- und Forschungsbudgets werden die besten und fähig-
sten Nachwuchskräfte zwingen, auszuwandern. Die Schweiz, das
Land ohne Rohstoffe, geht mit ihrem Rohstoff Intelligenz in sträf-
licher Weise um. Die wirklichen Folgen dieser verheerenden Poli-
tik, die am falschen Ort zur falschen Zeit bremst, werden erst
nach einem Jahrzehnt zu spüren sein...
Applaus erhalten Sie, Herr Blocher, von Populisten wie Haider
und möglicherweise von einigen Zahnärzten. Sie nützen ver-
ständliche Unsicherheiten vieler aus, weil sie gröblich verein-
fachen und die Vergangenheit idealisieren... Sie selbst sind ein
Paradebeispiel eines Populisten. Populismus schadet der Demo-
kratie weit mehr als sogenannte linke Splittergruppen. Welche
Wege weisen Sie für die Zukunft der Wissenschaft der Schweiz?»

Christoph Blocher antwortet:

«Sehr geehrter Herr Professor.
Sie haben mit Schreiben vom 10.2.93 Ihr Missfallen gegenüber
der EWR-Ablehnung... zum Ausdruck gebracht. Ich kann verste-
hen, dass es – namentlich in Ihrem Kreis – Leute gibt, die per-
sönlich diese Ablehnung als Nachteil empfinden. Doch leider ist
diese enge persönliche Sicht nicht die alleinige. Man hat einen
solchen Vertrag in der Gesamtheit der Landesinteressen zu wür-
digen. Dabei bin ich eindeutig zu einem ablehnenden Entscheid
gekommen, und zwar sowohl aus politischen als auch aus ökono-
mischen Gründen.
Bei allem Verständnis für die Enttäuschung bei Personen, die an-
derer Meinung waren, kann ich über die mangelnde Substanz
und die Oberflächlichkeit Ihres Schreibens – und dann erst noch
von wissenschaftlicher Seite – nur den Kopf schütteln. Ihr Brief
spricht für sich selbst und steht im übrigen im grossen Wider-
spruch zu zahlreichen Schreiben, die ich gerade aus Deutschland
erhalten habe. Mit freundlichen Grüssen. Blocher.»

Eine Frau schreibt: «*Der Schock des Neins sitzt tief in der ganzen Familie. Unser Sohn will ein Studium machen, das ihm die Welt öffnet. Er freut sich auf das Miteinander in Europa. Was, Herr Blocher, bieten Sie diesem nun an?* – *Unsere Tochter ist als Exchange-Studentin in Amerika und Mexiko gewesen. Ein junger Mensch voller Mut, die neuen Herausforderungen anzunehmen. Auch sie freut sich auf offene Grenzen. Was bieten Sie ihr an? Ich erwarte dringendst eine Antwort... Welche Zukunftslösung sehen Sie für meine zehnjährige Tochter in einer isolierten Schweiz?* – *Mein Mann ist Swissair-Pilot. Als Militärpilot hat er dem Vaterland Hunderte von Tagen gedient. Was können Sie diesem anbieten? Ich selber bin Air-Hostess und an internationalen Kongressen tätig gewesen. Was bieten Sie mir an?* – *Was haben Sie unter unsern Bauern, unter unserer Bevölkerung angerichtet? Anstatt ihnen Mut zu machen zur Chance, im internationalen Europa mitzudenken und mitzumachen, haben Sie sie mit dummen Parolen angeheizt und falschen Patriotismus geschürt. Was bieten Sie all jenen an, die ihren Arbeitsplatz verlieren? Setzen Sie Ihr Vermögen, Ihre Kunstsammlung ein, um das Übel zu lindern? Was bieten Sie unseren welschen Mitbürgern an? Wo bieten Sie den nötigen Gedankenaustausch an? Können Sie für all diese Probleme geradestehen?... Sie haben sich zuviel zugemutet, Herr Blocher. Mein Gott, es ist nicht mehr wie vor 700 Jahren. Wir brauchen Weitsicht, um sich in dem ständig verändernden Weltbild bewegen und bestehen zu können. Dies zum Wohle unserer eigenen Bevölkerung und zum Nutzen unseres Vaterlandes.*»

Christoph Blocher antwortet: «*Es ist für mich interessant, wie Sie unser Land und die künftige Entwicklung beurteilen. Es ist vor allem interessant, weil Sie als Mutter von drei Kindern und ich als Vater von vier Kindern die Zukunft so ganz anders sehen.*» Er beschreibt in der Folge die Studiengänge seiner Kinder, die zum Teil ebenfalls als Austauschstudenten im Ausland waren. Dann fährt er fort:

«*Ich glaube, dass Sie in den EWR-Vertrag viel zu viel hineininterpretiert haben und dass Sie für eine Schweiz ausserhalb des EWR eine viel zu negative Entwicklung sehen. Ich sehe es we-*

sentlich anders als Sie, und ich glaube, dass unsere Schweizer Jugend in einer Schweiz, welche ausserhalb der EU liegt und sich nicht durch einen so entwürdigenden Vertrag wie dem des EWR binden lässt, eine wesentlich bessere Zukunftschance hat. Ich erlaube mir, Ihnen die Schrift beizulegen, welche dies begründet. Eine Schweiz, welche ausserhalb des EWR politisch richtig geführt wird, die weniger Arbeitslose hat, wird der Bevölkerung eine bessere Wohlfahrt bieten können und wird auch dank Studienaustauschprogrammen – welche übrigens heute nicht ausgeschöpft werden – auch den Studenten die nötige Möglichkeit des Studiums im Ausland bieten. Zum Wohl unserer eigenen Bevölkerung und zum Nutzen unseres Vaterlandes ist weder der EWR noch die heutige Fehlkonstruktion der EU gutzuheissen. Ob sich die EU einmal im Sinne eines Staatenbundes organisieren wird, bleibt abzuwarten. Dann stünde wohl einer weiteren Integration nichts mehr im Wege.»

Nach dem EWR-Nein: Wie geht es weiter?

Die SVP hat nach der EWR-Abstimmung ein Grundsatzpapier über den Weg der Schweiz ohne EWR und EU vorgelegt, das Christoph Blocher wesentlich geprägt hat.

Das Papier fordert zuerst die Einhaltung des Volksentscheides durch den Bundesrat. Die offenen zwischenstaatlichen Beziehungen sollen in wirtschaftlicher, politischer und kultureller Hinsicht weiter gepflegt werden. Festgehalten wird, dass die Schweiz ihre Zukunft in erster Linie selber gestaltet und verantwortet: Die eigenen Anstrengungen und Leistungen zählen. Rezessionsbedingte Schwierigkeiten hätten die Unternehmen selbst zu tragen, der Staat müsse einzig bessere Rahmenbedingungen schaffen.

Solche Forderungen an den Staat sind
• ein ausgeglichenes Budget,
• die Durchsetzung der Personalplafonierung beim Bund,

- eine niedrige Staatsquote,
- die Revision der Baugesetzgebung, um kürzere Bewilligungsverfahren zu erhalten, und
- die Abschaffung wettbewerbshemmender Gesetze und Verordnungen.

Weiter heisst es, der Nord-Süd-Verkehr, der freie Zugang zum Schweizer Markt sowie die Schweiz als Käufermarkt seien als Pluspunkte in die Verhandlungen mit der EU einzubringen. Standortvorteile der Schweiz wie die hohe Produktivität, die günstigen Realzinsen, die niedrigen Steuern, die hohe unternehmerische Flexibilität seien zu bewahren und zu fördern. Die selektive Arbeitsmarktpolitik sei fortzusetzen, ein völlig freier Personenverkehr komme indes nicht in Frage. Schliesslich sollen die Freihandelsverträge weiterentwickelt werden.

Aussenpolitisch verlangt das Papier vom Bundesrat, dass er auf die Vorteile eines unabhängigen und neutralen Staates im Herzen Europas hinzuweisen habe. Die traditionell guten Beziehungen mit allen Staaten der Welt gelte es auszubauen und weiterhin zu pflegen.

Christoph Blocher und die SVP verlangen, dass diese Grundsätze in die Politik einfliessen und verwirklicht werden müssen.

Europadebatte im Nationalrat

Wen Christoph Blocher ins Bundeshaus bittet, dem ist er ein kundiger und geduldiger Führer. Gästen erklärt er sogar, warum die Engel auf dem Fresko von Charles Giron «Die Wiege der Eidgenossenschaft» im Nationalratssaal übermalt worden seien: Ihre Blösse habe die Räte zu sehr abgelenkt. Seine Bewunderung gehört aber dem Wandgemälde im Ständeratssaal von Albert Welti «Obwaldner Landsgemeinde». Dieses sieht er selten, hat er doch die Ständeratswahl einst verloren. Bedauert er das immer noch? Wäre er im Ständerat häufiger präsent als im Nationalrat? Schwer zu sagen. «Früher war die Kleine Kammer eine Art nationales Gewissen. Heute schliesst sie sich in der Meinungsbildung allzuoft dem an, was gerade Mode ist», bedauert er jedenfalls.

Er nimmt sich vor Beginn der Debatte auch Zeit, ein paar Fragen zum Parlamentsbetrieb zu beantworten.

Weshalb sind bei Nationalratsdebatten von den 200 Ratsmitgliedern jeweils höchstens die Hälfte anwesend? Warum widmen sich die Anwesenden im Nationalratssaal vorwiegend der Zeitungslektüre, dem Aktenstudium oder einer anderen Tätigkeit? Warum plaudert man im Saal ungeniert weiter, auch wenn einer am Rednerpult steht und spricht? Warum herrschen diese Hektik und Unruhe? Dieses Kommen und Gehen?

Der Parlamentsalltag sei halt so, erklärt Christoph Blocher. «Die meisten Dinge, die hier drin gesagt werden, kennt man schon. Die Vorlagen wurden bereits mehrfach vorberaten. Es findet also praktisch keine Meinungsbildung mehr statt. Die Voten fallen eigentlich nur noch für die Öffentlichkeit. Es geht um das Zelebrieren von Meinungen zuhanden der Öffentlichkeit. Es gibt zwar immer ein paar Interessierte, die der Debatte folgen. Die Mehrheit aber taucht erst zur Abstimmung auf. Die Meinungen werden bei Gesprächen hinter den Kulissen gemacht.» Und zur Betriebsamkeit sagt er: «Das ist in allen Parlamenten auf der ganzen Welt so. Die Hektik hat zugenommen. Wir haben heute mehr Bürokratie, mehr Gesetze, mehr Staatsinterventionismus. Deshalb gibt's auch Parlamentarier, die ein Berufsparlament fordern, um diese Flut besser bewältigen zu können. Dabei würde das Berufsparlament das Ganze nur noch vorantreiben.» Deshalb hat Christoph Blocher die Parlamentsreform bekämpft und schliesslich durch das Referendum zu Fall gebracht.

Heute wird der Bericht des Bundesrates über die Folgen des EWR-Nein beraten. Es handelt sich um ein Paket von Gesetzesvorlagen unter dem Namen Swisslex, ursprünglich Eurolex. «Ziel ist es, unser Recht an Europa anzupassen. Und Sie werden sehen, dass mein Rückweisungsantrag abgelehnt wird», sagt Christoph Blocher voraus. «Der Bundesrat hat sich nicht auf ein Nein zum EWR vorbereitet. Jetzt weiss er nicht, was tun. Das ist unglaublich. Wenn man dem Volk etwas vorlegt, so muss man damit rechnen, dass es entweder ja oder nein sagt. Auf das Nein waren die aber nicht gefasst. Die Bundesräte standen förmlich mit leeren Händen da, was ein deutliches Zeichen von Führungslosigkeit ist», tadelt er den Bundesrat.

Und wieso geht die nun vorgeschlagene Swisslex nicht durch die ordentliche Vernehmlassung?

«Dies verletzt ohne Zweifel die Verfassung. Aber wir kennen keine Verfassungs-Gerichtsbarkeit. Das Parlament kann bei uns die Verfassung nach Belieben verletzen. Es ist die oberste Instanz im Staat. Natürlich müsste sich das Parlament eigentlich an die Verfassung halten. Aber es gibt eine ganze Reihe von Bundesgesetzen, die im Grunde verfassungswidrig sind und von denen das Parlament einfach behauptet, sie seien verfassungsmässig. Kein Gericht kann überprüfen, ob die Verfassungsmässigkeit zutrifft», erklärt Jurist Blocher.

«Verfassungswidrig sind beispielsweise alle Gesetze, die in die Handels- und Gewerbefreiheit eingreifen oder diese beschneiden, sofern die Bundesverfassung nicht ausdrücklich eine Ausnahme vorsieht. Hier dürfte es besonders viele Gesetze geben, die von der Verfassung abweichen. Ein weiteres Beispiel: Gemäss Verfassung kann das Parlament selbständig über Ausgaben beschliessen. Denn in der Schweiz haben wir kein Finanzreferendum. Wir müssen dennoch über die Beschaffung des Flugzeuges abstimmen, weil das Parlament eine rückwirkende Volksinitiative gutgeheissen hat. Auch diese Rechtmässigkeit kann kein Gericht auf Verfassungsmässigkeit überprüfen, nicht einmal das Bundesgericht.»

Zurück zur Eurolex. Warum ist Christoph Blocher sicher, dass sein Rückweisungsantrag keine Chance hat?

«Mehr als 20 werden mir nicht zustimmen. Sicher sind es mehr, die meine Meinung teilen. Gerade bei der EWR-Frage aber stehen viele nicht zu ihrer inneren Überzeugung. Manche halten zu ihrer Partei, andere getrauen sich nicht, ihrem Arbeitgeber zu widersprechen, und wieder andere ordnen sich anderen Interessengruppen unter. Deshalb ist der Parlamentsbetrieb so furchtbar langweilig. Deshalb schwänze ich auch mal bei Geschäften, die nicht so wichtig sind oder bei denen das Resultat von vornherein feststeht. Wenn ich ausserhalb des Parlaments mehr bewirken kann, muss ich Prioritäten setzen. Immerhin: Wenn ich im Saal rede, ist es wenigstens meistens ruhig.»

Das bundesrätliche Folgeprogramm besteht aus drei Optionen:
• bilaterale Verhandlungen,
• allfälliger späterer EWR-Beitritt,
• EU-Beitritt.

Dazu nimmt der Sprecher der aussenpolitischen Kommission Stellung und vertritt die Ansicht, dass die Schweiz im europäischen Integrationsprozess nicht in die Rolle eines Randstaates abgedrängt werden dürfe. Die drei Optionen des Bundesrates seien deshalb nötig und richtig. Die Möglichkeit einer erneuten EWR-Abstimmung soll offengehalten werden, denn die ersten Kontakte über bilaterale Verhandlungen seien leider ernüchternd ausgefallen. Man sei in ein politisches Loch gefallen, aus dem man sich nun wieder hochrappeln müsse.

Auch der Sprecher der wirtschaftlichen Kommission kommentiert die Vorschläge des Bundesrates positiv. Er verlangt aber, dass den Worten Taten folgten. Priorität komme der Revision des Kartellrechts zu. Man müsse vom defensiven zum offensiven Handeln übergehen. Man habe dafür zu sorgen, dass der äusserst schwierige Weg der bilateralen Verhandlungen verschiedene Optionen offenhalte. Zudem verlangt die Kommission mittels Motion eine Auflistung der diskriminierenden Massnahmen der EU als Folge der Nichtbeteiligung am EWR.

Die Kommissionen sind sich einig, dass es die Schweiz im Alleingang schwieriger habe, dass die bilateralen Verhandlungen harzig verliefen und dass die drei bundesrätlichen Optionen richtig seien. Nach etlichen Voten tritt Christoph Blocher ans Rednerpult und verlangt, dass die Botschaft des Bundesrates über das EWR-Folgeprogramm zurückzuweisen sei. «Dieses Geschäft trägt den Untertitel ‹EWR-politische Standortbestimmung› und ‹Marktwirtschaftliche Erneuerung›. Ich finde dieses Programm weder vollständig noch umfassend», ruft er in den

Oben: Mit dem ehemaligen Schaffhauser Nationalrat Kurt Schüle, Herbstsession 1985 (Foto: «Bild + News»)

Unten: Im Zwiegespräch mit Parteifreund Walter Frey, 1992 (Foto: Markus Senn)

*Oben: Mit Bruder Gerhard Blocher (stehend) und Bundesrat Otto Stich,
Albisgüetli-Tagung, 1990*

Unten: Mit Bundesrat Kaspar Villiger, Albisgüetli-Tagung, 1992

Saal, in welchem tatsächlich eine bemerkenswerte Ruhe einge-
kehrt ist. «Jedenfalls ist es keine marktwirtschaftliche Erneuerung. Was uns hier an Erneuerung geboten wird, müssen Sie mit
der Lupe suchen.» Dann fährt er fort: «Der Bundesrat hält mehrmals fest, dass er sich an den Volksentscheid halten werde. Ich
danke ihm dafür, dass er sich noch an Volksentscheide halten
will – anscheinend ist das nicht selbstverständlich, sonst müsste
er es nicht dauernd wiederholen. Aber wenn ich zwischen den
Zeilen lese, merke ich, dass diese Zustimmung zum Volksentscheid eine höfliche Form der Ablehnung darstellt.»
«Wenn der Bundesrat sagt, er wolle mehrere Optionen offenhalten, so tut er dies bloss, weil damit alle leben können. Gehen
kann man indes nur einen Weg. Man kann nicht gleichzeitig
mehrere Wege gehen, sonst bleibt man an Ort stehen. Nach dem
Volksentscheid gibt es aber nur den einen Weg: nämlich ausserhalb von EWR und EU bleiben, ohne sich damit in die Isolation
zu begeben.»

Zur Innenpolitik meint Christoph Blocher:

• «Wir brauchen eine kleinere Staatsquote, doch leider sagt der
bundesrätliche Bericht darüber nichts aus», bemängelt er und
verweist darauf, was er an Sparvorschlägen in den letzten Jahren alles eingebracht hat, und fordert endlich deren Durchsetzung. Als zweiten wesentlichen Faktor nennt Blocher die Zinssituation. «Auch darüber schweigt sich der Bundesrat aus. Die
Schweiz hat das Glück, nach der Verwerfung des EWR-Abkom-
mens und nach den Wirren im europäischen Währungssystem
wieder eine Zinsinsel zu sein. Dieses Währungssystem ist ein
zentraler Punkt des EU-Gedankens, bei dem der Irrsinn des
Maastrichter Vertrags, der über die Grenzen aller Länder Europas sogar die Währung gleich regeln will, am besten zum Ausdruck kommt...»
• Auch die Inflation stehe mit diesem Themenkreis in Zusammenhang. Und auch darüber sage der bundesrätliche Bericht
nichts, kritisiert Blocher.

• Dann spricht er die sogenannte Swisslex an. «Früher hiess es
Eurolex. Seit der Abstimmung hat man gemerkt, dass der
Schweizer lieber ‹Swiss› statt ‹Euro› hört. Deshalb sagt man jetzt
Swisslex. Aber was uns hier vorgeschlagen wird, ist im Grunde
genommen nichts anderes als eine Anpassung an das europäische Recht. Es gibt ganz wenige Bereiche, von denen man sagen
kann, dass Swisslex eine marktwirtschaftliche Verbesserung
bringt. 90 Prozent davon bringen in Wirklichkeit eine zusätzliche Regulierung. Natürlich, ein neues Gesetz allein ist noch
keine Katastrophe: Aber im gesamten machen wir genau das Gegenteil von dem, was wir fordern.»
• Als letzten Punkt nennt Blocher die offenen Märkte. Hier hätte
der EWR-Vertrag gewisse Erleichterungen bringen können. In
allen vier zuvor genannten Punkten hätte sich die Situation indes mit Sicherheit verschlechtert. Immerhin, so sagt er, habe
man den offenen Markt bereits jetzt. «Wir müssen uns diese
Märkte nur weiterhin offenhalten. Leider sieht es in bezug auf
die bilateralen Verhandlungen nicht gut aus. Dies liegt aber
nicht an der anderen Seite, sondern dies liegt an uns, denn ich
stelle fest, dass wir weder klare Verhandlungsziele noch eine
klare Verhandlungsstrategie haben. Man kann doch nicht verhandeln, indem man schon zu Hause sagt: ‹Ja, wir werden wahrscheinlich nichts durchsetzen können, die EU hat wahrscheinlich keine Zeit, sie hat vermutlich andere Prioritäten.› Wir
können auch nicht Forderungen stellen, ohne zu wissen, was wir
den andern anbieten können. Also hier sieht es ganz schlecht
aus! Und ich weiss nicht, Herr Delamuraz, ob es gut ist, dass wir
die gleichen Leute zu Verhandlungen schicken, die für den EWR
eintraten. Vielleicht müssen Sie andere Leute nehmen! Denn
wenn ich als Unternehmer im Ausland in dieser Weise verhandeln würde, so wäre ich schon lange bankrott. So geht das nicht!»
«Wie soll ein Staatssekretär (Franz Blankart), der kurz nach der
Volksabstimmung auf dem Bundesplatz gegen den Volkswillen
demonstriert, die Schweiz noch vertreten können? Mir tut das
Land leid. Wir sollten schauen, dass dem Abhilfe geschaffen
wird. Wir müssen zielgerichtet verhandeln!»

- Anschliessend trägt Blocher vor, was er als konkrete Massnahmen fordert. So verlangt er insbesondere die Vereinheitlichung von technischen Normen sowie die Beseitigung von staatlichen und indirekten Preisbindungen. Wettbewerbsverzerrende Steuern seien auszumerzen, namentlich im Bereich der Doppelbesteuerung von Aktiengesellschaften und Verrechnungssteuern. Nachteile, die aus dem GATT für die Landwirtschaft entstünden, seien zu beseitigen. Hier beschliesse man Direktzahlungen, ohne ein Finanzierungssystem zu haben. Auch die heute dramatischen Wettbewerbsbeschränkungen im Kommunikationswesen müssten aufgehoben werden.

«Das Schicksal unseres Landes und unserer Wirtschaft kann doch nur in unseren Händen liegen. Ich bitte Sie, hier eine mutige Tat zu vollbringen.» Abschliessend bemerkt er, dass ihn Modewörter wie Liberalisierung, Deregulierung und Revitalisierung wenig beeindruckten. «Jeder kann darunter etwas Unterschiedliches verstehen. Man redet sehr oft davon und tut in Wirklichkeit das Gegenteil. Revitalisierung heisst Wiederbelebung. Unsere Wirtschaft müssen Sie nicht wiederbeleben. Diese lebt. Aber es gibt gewisse Dinge im Staat, die tot sind und die man wieder zum Leben erwecken sollte: eines davon ist zum Beispiel die marktwirtschaftliche Erneuerung!»

Nach zweitägiger Debatte spricht der Nationalrat dem Bundesrat das Vertrauen aus und lehnt, wie zu erwarten war, den Rückweisungsantrag Blochers ab. Aus der bundesrätlichen Argumentation war zu vernehmen, dass man zwar den Volkswillen respektieren und den bilateralen Weg beschreiten wolle, dass aber andererseits eine Isolation nicht in Frage komme: «Es ist nicht möglich, die alte Igelposition einzunehmen oder uns in Bunkern oder gar im alten Réduit zu begraben.» (Cotti) «Wir wollen nicht den Rolladen gegenüber Europa runterlassen, sondern die Fenster Richtung Europa öffnen.» (Koller) «Wenn das Parlament die Vorschläge des Bundesrates zurückweist, wird Zeit verplempert statt gehandelt.» (Delamuraz)

Christoph Blocher bezweifelt, dass sich Bundesrat und Parlament an den Volkswillen halten, obwohl dies immer wieder beteuert wird. So verlangen Sozialdemokraten den raschestmöglichen Beitritt zur EU. SPS-Präsident Bodenmann forderte eine weitere EWR-Abstimmung noch für 1994. Auch die damalige Nationalratsvizepräsidentin Gret Haller, ebenfalls SPS, befand in einem Interview mit dem «Tages-Anzeiger», der Weg bilateraler Verhandlungen sei eine Illusion. «Man muss dem Volk immer wieder neue Abstimmungsmöglichkeiten bieten und Brüssel damit signalisieren, dass die Schweiz über den EU-Beitritt diskutieren will.»

Ein Bürger fragt in einem Brief SPS-Bundesrätin Ruth Dreifuss an, ob sie tatsächlich möglichst rasch eine zweite EWR-Abstimmung fordere. Frau Dreifuss antwortet: «Sie werfen mir mangelndes Demokratieverständnis vor. Ich möchte Sie darauf aufmerksam machen, dass... am 6. Dezember eben auch fast die Hälfte der Stimmenden für den EWR war. Im übrigen müssen wir feststellen, dass die geschlossene Westschweiz mit überwältigender Mehrheit ja... gestimmt hatte. Deswegen... darf man durchaus dem Schweizer Volk die Frage einer EWR-Ratifizierung von neuem stellen.»

Der Fragesteller gibt nicht klein bei und schreibt zurück: «Diese Antwort gibt mir als Staatsbürger sehr zu denken. Was ist das für ein Staat, in welchem sich die doppelte Mehrheit, nämlich die Bevölkerung sowie 19 von 26 Ständen, dem Diktat der Minderheit unterziehen muss? Jedenfalls kein demokratischer Rechtsstaat mehr, sondern viel eher eine zwängende Minderheitendiktatur... Mit einer solchen Haltung verstärken Sie die ohnehin schon bestehende Tendenz, sich als Bürger von diesem Staat abzuwenden.»

Gegen den Volkswillen handelt aber nicht nur die SP. Das tut die Mehrheit im Parlament und auch im Bundesrat. Für diesen sprach Arnold Koller vor dem Landtags-Club der ÖVP (Österreichische Volkspartei) in Salzburg vom 7. Mai 1993, also kurz nach der EWR-Sondersession: Das Ergebnis der EWR-Abstimmung sei für den Bundesrat und die eidgenössischen Räte eine

herbe Enttäuschung gewesen. Unter der Führung von Nationalrat Blocher sei «in organisierten Grossaufmärschen bei einer
verunsicherten Bevölkerung der Eindruck erweckt worden, dass
das ‹Volk› eigentlich gegen den EWR sei». Weiter meint Koller,
dass die Schweizer ein falsches Bild von ihrem Land hätten. Es
handle sich um ein «idealisiertes, selbstüberschätzendes Bild,
das der Vergangenheit angehört». Die Angst vor fremdem Recht
hätte eine sachliche Diskussion über die Stellung der Schweiz in
Europa verunmöglicht.

Das Volk sei noch nicht bereit gewesen, «die bisherige erfolgreiche Politik des neutralen Abseitsstehens gegen eine Form der eu-
ropäischen Integration einzutauschen». Es sei zwar politisch unklug gewesen, vor der EWR-Abstimmung
bereits ein EU-Beitritts-Gesuch einzureichen. Nach wie vor
bleibe jedoch der Beitritt zur EU langfristiges Ziel der schweizerischen Europapolitik. «Der Zeitpunkt für solche Verhandlungen
wird um so schneller kommen, als sich die ersten beiden Optionen als nicht erfolgversprechend erweisen.»

In der Gesamtwürdigung kommt Koller zum Schluss, dass sich die
wirtschaftliche und politische Lage der Schweiz nach dem Nein
nicht vereinfacht habe. An einer neuen Ordnung, die erhebliche
Auswirkungen auf uns habe, könnten wir nun nicht teilhaben und
in ihr nicht mitbestimmen. Der wirtschaftliche Alleingang werde
früher oder später neue politische Weichenstellungen verlangen.
Das Welschland habe deshalb zugestimmt, weil die Konfrontation
mit Europa dort schon sehr viel früher und tiefgreifender eingesetzt habe als in der Deutschschweiz. Koller versichert dann seinem Publikum, dass sich nun «hochkarätige Expertengruppen»
all dieser Probleme angenommen hätten.

Damit bestätigte Bundesrat Arnold Koller, was die Europaskep-
tiker und EWR-Gegner behaupten: Der Bundesrat fährt auf einem anderen Kurs als die Mehrheit der Schweizerinnen und
Schweizer. Ist es verwunderlich, dass das Volk den Politikern
misstraut?

Kann der Bundesrat diese offensichtliche Missachtung des
Volkswillens mit der Pflicht begründen, für das Wohl der

Schweiz eintreten zu müssen? Ist etwa die EU das wirtschaftliche Wunderparadies, das uns vor dem drohenden Untergang bewahrt?

EU-Realitäten

Die EU hat über 20 Millionen Arbeitslose. Die Jugendarbeitslosigkeit liegt noch viel höher, in Spanien bei rund 35 Prozent, in Italien gar bei weit über 40 Prozent. Die EU weist eine Verschuldung von nahezu 6000 Milliarden Franken aus, Tendenz steigend. Deutschlands Schuld alleine beläuft sich mittlerweile auf über 2000 Milliarden Franken, das sind rund 25 000 Franken pro Kopf. Italien folgt mit 1900 Milliarden, was 40 000 Franken pro Einwohner ausmacht. Sogar südamerikanische Staaten haben weniger Schulden.

Der Nationalökonom Dr. Willy Futterknecht, Verfasser des Buches «Das EG-Trugbild», vertreibt ein regelmässig erscheinendes Bulletin mit dem Titel «EU-Realitäten». Darin vergleicht er die Schweizer Wirtschaftssituation mit derjenigen der EU, die keine glaubwürdige Alternative zu den organisch gewachsenen Volkswirtschaften Westeuropas ist. So schreibt er beispielsweise: «Für die Befürworter bedeutet das EWR-Nein immer noch ein Krebsgang unserer Wirtschaft, den sie mit inhaltlosen Schlagworten wie Alleingang, Isolation, Abschottung und Abkapselung titulieren.»

Futterknecht zitiert im weiteren den Schweizerischen Handels- und Industrieverein «Vorort», der in seiner öffentlichen Konjunkturbeurteilung einen klaren Aufwärtstrend feststellt.

Selbst der Bericht der Schweizerischen Bankiervereinigung beurteile neuerdings die innere Entwicklung der EU mit Vorsicht und anerkenne nun das Vertrauen der Kunden in eine eigenständige Rechts- und Währungspolitik der Schweiz. Im ersten Quartal 1994, so ist den Futterknecht-Bulletins weiter zu entnehmen, seien in der Schweiz 16 Prozent mehr Neu- und Umbaugesuche eingereicht worden als im Vorjahr. Fünf Schweizer

Nobelpreisträger hätten den Bundesrat vor den EU-Forschungs-
programmen gewarnt, da diese nur Geld verschlängen, jedoch
kaum brauchbare Resultate erbrächten. Die Swissair stünde im
Vergleich zu anderen europäischen Fluggesellschaften, die Defizite in Milliardenhöhe einfliegen würden, geradezu komfortabel
da, die Arbeitslosigkeit in der Schweiz sinke, während Brüssel
für 1995 eine Zunahme von 400 000 Arbeitslosen im EU-Raum
prognostiziere, usw. Auch zitiert Futterknecht aus unzähligen
Geschäftsberichten von Schweizer Firmen, die Umsatz- und Ge-
winnsteigerungen verzeichnen konnten. Aber nicht nur im Lan-
desinnern ginge es aufwärts, die Schweiz zeige sich durchaus
auch solidarisch, indem sie Investitionen im Ausland tätige, um
Arbeitsplätze zu erhalten – so seit 1993 allein in den neuen deutschen Bundesländern durch den Erwerb von 280 Betrieben und
Investitionen von über 850 Millionen Mark.

Natürlich ermöglichen diese Beispiele kein repräsentatives Bild
über die tatsächliche Situation, doch sind sie ein Indiz dafür,
dass die Schweiz ohne EWR bis anhin keine wirtschaftliche Katastrophe erlitten hat. Jedenfalls widerlegt die Realität die Voraussagen des «Integrationsbüros». Die von Steuergeldern finanzierte Institution unter der Leitung des Völkerrechtlers
Dr. Bruno Spinner ist den Bundesräten Cotti und Delamuraz unterstellt. Für den Fall eines Neins zum EWR sagte das Integrationsbüro voraus:

«Im Falle eines EWR-Neins nimmt die Bedeutung des Finanz-
platzes Schweiz schnell ab. Die Schweiz müsste aus einer Position der Schwäche heraus auf den Knien mit den EU-Staaten
fallweise um Verhandlungen betteln.» («Sonntagsblick» vom
30. 8. 1992)

«Nur wenn wir verantwortlich mitentscheiden, können wir die
uns unverzichtbaren Prinzipien ... einbringen und sicherstellen,
dass sich die europäische Zusammenarbeit in unserem Sinne
entwickelt. Wir verzichten dadurch nicht auf unsere Souveränität, sondern nehmen diese teilweise gemeinsam mit anderen
Staaten wahr, um eine grössere Wirkung zu erzielen.» (Brief des
«Integrationsbüros» an Futterknecht vom 16.12.1993)

Willy Futterknecht schildert immer wieder – zur Belustigung seiner Leserschaft – Belege für die EU-Bürokratie, die jedes und alles regelt. Zum Beispiel auch die Beschaffenheit eines geschlachteten Huhnes: Zitat aus dem Bulletin 10/1994 des EU-Gerichtshofes, worin ein Generalstaatsanwalt in seinen Schlussanträgen folgendes festhält:

1.1 Ein Hühnerschenkel mit (einem Teil des) Rückens (ohne Sterz) stellt kein «Viertel» im Sinne der Tarifposition 02.02.B.II a) des Verzeichnisses im Anhang zur Verordnung (EWG) Nr. 1151/87 der Kommission vom 27. April 1987, im Anhang zur Verordnung (EWG) Nr. 2303/87 vom 30. Juli 1987 und im Anhang zur Verordnung (EWG) Nr. 2800/87 der Kommission vom 18. September 1987 dar.

1.2 Ein solches Erzeugnis ist – was den Zeitraum vom 1. Januar 1988 bis zum 1. Oktober 1988 betrifft – ein «Viertel ohne Sterze» im Sinne der Tarifposition 0207.41.71.100 des Verzeichnisses im Anhang zur Verordnung (EWG) Nr. 3846/87 der Kommission vom 17. Dezember 1987, wenn es als Hinterviertel, bestehend aus Unterschenkel, Oberschenkel und hinterem Rückenteil, angesehen werden kann. Die Feststellung, ob das streitige Erzeugnis dieser Definition entspricht, ist Sache des nationalen Gerichts.

2.1 Es ist Sache des nationalen Gerichts, anhand der im betreffenden Mitgliedstaat gebräuchlichen Methode für das Zerlegen von Hühnerkörpern den Teil des Huhnes anatomisch genau abzugrenzen, der in der Tarifposition 02.02.B.II b) des Verzeichnisses in den Anhängen zu den Verordnungen Nrn. 267/87, 1151/87, 2303/87 und 2800/87 und in der Tarifposition 0207.41.21.000 im Anhang der Verordnung Nr. 3846/87 als «ganze Flügel, auch ohne Flügelspitzen» bezeichnet wird.

2.2 Gelangt das nationale Gericht zur Ansicht, dass es sich bei vorderen Rückenteilen mit Flügeln um mit einem Stück des Rückens verbundene «ganze Flügel, auch ohne Flügelspitzen» im Sinne der unter Ziffer 2.1 gegebenen Antwort handelt, so fällt das Erzeugnis unter die in Ziffer 2.1 genannten Tarifpositionen, wenn der Anteil dieses Rückenstücks am gesamten Erzeugnis unter Berücksichtigung der Gewohnheiten der Verbraucher und des Handels sowie der in dem betreffenden Mitgliedstaat oder der betreffenden Region gebräuchlichen Methoden für das Zerlegen eines Huhns für das Erzeugnis nicht charakterbestimmend ist.»

Wenn ein schlichtes Poulet derart viel an Vorschriften erfordert, wie geht die EU dann wohl mit komplizierteren Sachverhalten um?

Freiheit heisst auch Selbstverantwortung

Dr. Manfred Brunner, der einstige Stabchef von EU-Kommissar Martin Bangemann, hielt am 13. November 1993 im zürcherischen Berg am Irchel einen Vortrag mit einer anschliessenden Podiumsdiskussion. Er begann seine Ausführungen mit einem Satz von George Bernard Shaw: «Freiheit heisst Selbstverantwortung, deshalb ist sie so unbeliebt.»

Weitere Aussagen aus Brunners Rede lauten:

«Dort, wo wir die EU bräuchten – etwa zur Friedensstiftung in Jugoslawien oder zur Durchsetzung des Selbstbestimmungsrechts der Völker –, leistet sie nichts. Dort aber, wo wir sie nicht brauchen – bei der Definition des Krümmungsgrades der Gurke, bei der Festlegung der Mindestdurchmesser von Äpfeln, bei der Schwalbennesterverordnung auf Bauernhöfen oder bei Mindeststandards für zoologische Gärten –, dort mischt sie sich ein.»

«Es geht nicht um die Frage: EU, Ja oder Nein? Es geht um die Frage: Wo brauchen wir eine Institution, die über den Nationen steht, und wo brauchen wir eine solche Institution nicht.»

«Es ist ein Hirngespinst zu glauben, die neuen Herausforderungen unserer Zeit könnten nur noch durch die Preisgabe der Unabhängigkeit bewältigt werden. Würde die Behauptung stimmen, dass die Probleme von heute nur noch in Grossverbünden gelöst werden können, dann müsste die Schweiz ja das Armenhaus Europas sein.»

161

«Die EU übersieht die Unterschiedlichkeit der Menschen, sie übersieht die Vielfalt der Interessen. Sie verschliesst sich der Tatsache, dass nur ein Nationalstaat ein Verfassungsstaat sein kann. Sie verdrängt damit die grundlegende Erkenntnis, dass es keine noch so faszinierenden Ideen auf dieser Welt geben kann, die es rechtfertigen würden, die Völker als Souverän auszuschalten.»

«Für mich war es immer absolut unverständlich, dass Diplomaten und Politiker bereit waren, ihr Land für alle Zukunft den Entscheiden eines Gebildes zu unterwerfen, an dessen Zustandekommen sie über den EWR-Beitritt keinerlei Mitwirkungsrecht gehabt hätten.»

«Das Nein des Schweizervolkes und der auch im Ausland verfolgte Kampf von Nationalrat Blocher haben deshalb eine weittragende Bedeutung für ganz Europa. Man hat im Ausland auch registriert, dass dieser Kampf nicht von einem Berufspolitiker, sondern von einem Unternehmer geführt worden war.»

«Von allen durchaus schwierig zu regierenden Völkern Europas ist die Schweiz sicherlich das stabilste Land. Gerade deswegen muss das Europa von morgen eine Konföderation souveräner Staaten sein, wie das die Schweiz seit 1848 von ihrem Konzept her war. Jedem anderen Ansatz ist Widerstand zu leisten.»

Nach diesen Worten von Manfred Brunner forderte Kantonsrat Hans Fehr spontan, der Bundesrat müsse gezwungen werden, sich den ganzen Vortrag mindestens 15 Mal anzuhören, notfalls in gefesseltem Zustand.

«Wieso muss uns Schweizern dies alles eigentlich ein Deutscher sagen, während die Classe politique in der Schweiz zunehmend versucht, die Stärken unseres Landes zu zersetzen? – Natürlich sind wir alle Europäer! Schon von der Landkarte her. Aber die EU ist nicht Europa! Würde Europa als lockerer Staatenbund, als eine Gemeinschaft souveräner Staaten strukturiert, die miteinander in Freundschaft lebten und wirklich gemeinsame Probleme miteinander anpacken und sinnvoll regeln würden, dann bereitete mir diese Vorstellung keine Mühe», hält Christoph Blocher im anschliessenden Referat fest.

«Fälschlicherweise zählt heute allein der Glaube an die Grösse. Kleine Volkswirtschaften sind aber effizienter als grosse. Überall auf der Welt! Nur so können Verantwortungsbereiche klar bestimmt und abgegrenzt werden. Auch in der Chemie, wo ich mich auskenne, werden grosse Industriegiganten zum Teil gewaltsam zerschlagen. Grossgebilde sind, ähnlich einem Dinosaurier, nicht mehr führbar. Dies gilt für die Wirtschaft wie für die Politik. Denn wo alle Verantwortung tragen, ist niemand mehr verantwortlich.»

«Ich habe die EU wiederholt als intellektuelle Fehlkonstruktion bezeichnet, was mir die Befürworter als helvetische Überheblichkeit angekreidet haben. Die EU ist für die Schweiz deshalb gefährlich, weil die Schweiz keineswegs ein Produkt intellektueller Einbildungskraft, sondern ein über die Jahrhunderte gewachsenes Gebilde ist. Erstens ist die EU eine politische Fehlkonstruktion, weil sie verschiedene Länder mit je verschiedener Geschichte, verschiedenen Kulturen und verschiedenen Identitäten in eine einheitliche Form zwingen will – eine Form, die aus unserer Sicht extrem undemokratisch ist. Dann ist sie zweitens eine ökonomische Fehlkonstruktion, weil sie elementare Grundsätze der Volkswirtschaft schlicht und einfach missachtet. Die Idee, eine Einheitswährung zu schaffen, beraubt fortan alle EU-Mitgliedländer der Möglichkeit, eine eigenständige Notenbankpolitik, eine eigenständige Währungspolitik, die ihren eigenen Verhältnissen entsprechen würde, zu führen. Für einzelne Länder wird die Einheitswährung zu stark, für andere zu schwach sein. In beiden Fällen werden vermehrte Arbeitslose die Zeche dieser Fehlkonstruktion bezahlen.»

Zum Zusammenbruch des europäischen Währungssystems am 1. August 1993 bemerkt Christoph Blocher: «Die ökonomischen Kräfte haben sich als stärker erwiesen und die intellektuelle Idee zum Einsturz gebracht. Welche Schlüsse ziehen nun aber die Politiker daraus? Statt dass sie die gescheiterte Fehlkonstruktion aufgeben, zementieren sie diese noch mehr. Man glaubt, die grundsätzlichen Fehler dadurch ausmerzen zu können, indem man die Korrekturmöglichkeiten beseitigt. Mit dem

Zentralismus sind die Krisen jedoch nicht zu meistern. Niemand aber will sich ernsthaft mit den Ursachen der Krise befassen. Die Menschen der EU-Länder nehmen die schweren Nachteile des bürokratischen Zentralismus immer deutlicher wahr. Da hilft es nichts, auf frühere Krisen zu verweisen. Das Subsidiaritätsprinzip ist den Schweizern unter dem Begriff des Föderalismus bestens bekannt. Er ist gleichsam Teil unseres Staatsverständnisses. Für Brüssel ist dies nur ein Schlagwort. Als äussere Form nützt Subsidiarität nichts. Der Inhalt ist entscheidend. Die EU-Verwaltung will sich aber keinesfalls dem Subsidiaritätsprinzip unterordnen, denn Totalharmonisierung und Subsidiarität sind zwei Konzepte, die sich gegenseitig ausschliessen. Für die Schweiz ist eine solche Gleichschaltungspolitik unerträglich. Denn: Die Schweiz ist entweder föderalistisch – oder es gibt sie nicht.

Wenn der Politologieprofessor Leonhard Neidhart schreibt, weil 1848 die Münzhoheit der Kantone abgeschafft worden sei, so könne man heute zugunsten der Euro-Währung auch auf den Schweizerfranken verzichten, dann kann ich nur staunen ob solch oberflächlicher Argumentation. Erstens waren viele Kantone 1848 alleine nicht mehr lebensfähig. Zweitens hat man beim Zusammenschluss dieser Kantone zum Bund der Eidgenossenschaft deren Souveränität in der Bundesverfassung ausdrücklich verankert. Danach kann die Verfassung nur geändert werden, wenn neben der Mehrheit der Stimmbürger auch die Mehrheit der Kantone zustimmt. Und ein kleiner Kanton wie Uri hat dabei die gleiche Stimme wie das grosse Zürich. Und zwar gilt dies schon im Parlament. Wo finden wir denn in dieser angeblich der Subsidiarität verpflichteten EU die Elemente, die dieser schweizerischen Verankerung des Föderalismus in der Verfassung ebenbürtig wären?»

Für ein Europa der Vaterländer

Am 22. September 1993 wird im Zürcher «Tages-Anzeiger» ein Streitgespräch zwischen Christoph Blocher und dem entschiedenen EWR-Befürworter und Genfer FDP-Nationalrat Peter Tschopp publiziert. Auszüge:

Tschopp: «Zweiseitige Verhandlungen sind nach dem EWR-Nein überhaupt nicht möglich. Wir befinden uns in einer total verkarrten Situation. Das ist jetzt der Alleingang. Ich weiss im Augenblick nicht, was wir machen sollen. In der Europapolitik nicht, und auch nicht im Kampf gegen die Arbeitslosigkeit. Christoph Blocher trägt eine schwere Verantwortung für die Zukunft des Landes.»

Blocher: «Ich verstehe nicht, in welcher Blindheit Sie die wirtschaftliche und politische Lage der Schweiz in Europa sehen. Sie haben die Abstimmung verloren, und nun wollen Sie einfach zeigen, wie alles besser wäre, wenn die Mehrheit Ihnen zugestimmt hätte.»

Tschopp: «Wer hat verloren? Wir oder das Land?»

Blocher: «Die Schweiz hat gewonnen. Wer das heute nicht sieht, ist blind. Die Bankiervereinigung gibt zu, dass man den Wert der Unabhängigkeit des Landes für die ausländische Kundschaft unterschätzt habe. Unsere Zinssituation hat sich verbessert, was in zwei Jahren zum Aufschwung führen wird. Das Europäische Währungssystem ist zusammengebrochen. Die Schweizer Börse steht seit letztem Dezember wieder am besten da. Die Arbeitslosigkeit steigt in der EU wesentlich rasanter als bei uns. Sie ist dort im Durchschnitt doppelt so hoch.»

Tschopp: «Was tun Sie als Unternehmer, Herr Blocher? Jetzt wird doch überall Arbeit ausgelagert?»

Blocher: «Ich beschäftige 2700 Leute, davon 2100 in der Schweiz. 1993 investiere ich 100 Millionen, 93 Prozent davon in der Schweiz. Ich kenne kein einziges Unternehmen, das wegen des EWR-Neins seinen Produktionsstandort ins Ausland verschoben hat. Hingegen kann ich Ihnen welche nennen, die hier sind, weil die Schweiz ausserhalb der EU geblieben ist. Die in der Rezession häufigen Fälle von Produktionszusammenlegungen zählen nicht als Opfer des EWR-Neins.»

Tschopp: «Ist es denn für Sie kein existenzielles Problem, wenn die Schweiz als Aussenseiterin in der internationalen Politik keine aktive Rolle mehr spielen kann? Wir sollten möglichst vor den Wahlen 1995 nochmals mit einer Abstimmung vors Volk.»

Blocher: «Ich werde im Wahlkampf sagen: Wer sich für mich entscheidet, der wählt einen Politiker, der dafür kämpft, dass die Schweiz nicht in die EU geht. Wer Herrn Tschopp wählt, entscheidet sich für jemanden, der mit aller Kraft dafür sorgt, dass wir EU-Mitglied werden. Vor solchen Wahlkampffragen braucht niemand Angst zu haben. Die Kompetenz, mit der EU Verhandlungen zu führen, liegt beim Bundesrat. Ich bin dagegen, dass Bevölkerung und Parlament pausenlos darüber debattieren sollten. Es gibt zu Recht auch Geheimdiplomatie.»

Tschopp: «Richtig. Das Beispiel des Abkommens zwischen Israel und der PLO zeigt, dass Geheimverhandlungen für beide Seiten positive Ergebnisse bringen können.»

Blocher: «Stellen wir also zunächst einmal fest, wo wir uns einig sind. Die Schweiz ist wirtschaftlich, geographisch und kulturell ein Teil von Europa. Ferner sind wir uns einig, dass die Schweiz nicht ohne Rücksicht auf die umliegenden Länder handeln kann. Schliesslich sind wir uns auch einig, dass die Schweiz ausserhalb der grossen Binnenmärkte auf umfassende Freihandelsabkommen angewiesen ist. Nun müssen wir aber nach neuen Gemeinsamkeiten suchen: Nach meiner Ansicht ist die existierende EU als Währungs- und als politische Union keine Basis für die Weiterentwicklung Europas. Der europäische Gedanke geht an solchen Entwürfen kaputt.»

Tschopp: «Das ist für mich auch ein gemeinsamer Nenner. Ich habe diese Befürchtungen während der ganzen EWR-Kampagne vertreten.»

Blocher: «Das Prinzip der dezentralen Organisation ist für mich eine Grundlage des wirtschaftlichen Erfolgs.»

Tschopp: «Gewisse Gemeinsamkeiten sind also vorhanden. Die Frage ist aber, wie wir die Europapolitik auf einem neuen, dritten Weg in Bewegung bringen können.»

Blocher: «Europa muss auf einen neuen Kurs gebracht werden. Sie möchten dies als EWR- oder EU-Mitglied von innen her tun, wir sehen bessere Chancen von aussen. Das ist für mich eine taktische Frage. Der Kontinent muss sich aber als ein Europa der Vaterländer organisieren, das einen freien Handel ermöglicht, aber gleichzeitig den Ländern grosse Autonomie lässt. Und eine solche Diskussion können wir nur führen, wenn nicht dauernd ein neuer Abstimmungskampf in dieser Frage vor der Tür steht.»

«Ja zur Schweiz»

Genau ein Jahr nach der EWR-Abstimmung, also am 6. Dezember 1993, feiern in Luzern die EU-Beitrittsgegner mit einem Fest unter dem Motto «Ja zur Schweiz» den EWR-Abstimmungssieg. Zuvor stellt sich Christoph Blocher am Mittag einem Streitgespräch mit den Nationalräten Ernst Mühlemann (FDP) und Verena Grendelmeier (LdU), das von Radio DRS übertragen wird. Auszüge:

Mühlemann: «Es ist doch erfreulich, Christoph Blocher, dass wir wirtschaftlich offenbar wieder stark sind. Dass wir verkehrstechnisch eine Stellung haben, dass die EU nun bilateral mit uns verhandelt. Unser Ziel müsste es sein, dass wir die Gräben, die es politisch einmal gegeben hat, zuschütten und auf ein gemeinsames Ziel zusteuern. Binden wir die Schweiz in Europa so ein, dass wir unabhängig bleiben. Hier bietet der Bericht des Bundesrates eine gute Ausgangslage.»

Grendelmeier: «Ich habe das Gefühl, dass dieser Bericht zeigt, dass der Bundesrat seine Führungsrolle wahrnimmt. Er sagt, was er denkt. Nämlich, dass das wirkliche Ziel der Beitritt in die EU sein muss. Die bilateralen Verhandlungen sind lediglich ein Etappenziel, da für uns gar nichts mehr anderes in Frage kommt... Nun haben wir aber mit diesen bilateralen Verträgen nur die Nachteile des Nichtbeitritts und müssen sehr hohe Preise bezahlen, wenn wir im Geschäft bleiben wollen.»

Blocher: «... Diese Verhandlungen werden unverhältnismässig hochgeschraubt. Es handelt sich um normale zwischenstaatliche Abkommen. Die gibt es, seit die Eidgenossenschaft besteht. Mit ‹bilateral› haben die Politiker einfach ein neues schönes Wort entdeckt, um zu zeigen, wie hoch sie über dem Volk stehen. Dabei geht es bei den Verhandlungspunkten nicht um existenzielle Dinge der schweizerischen Eidgenossenschaft. Natürlich gäbe es für einzelne Branchen gewisse wünschenswerte Erleichterungen. Es handelt sich aber nicht um oberdringliche Anliegen. Wegen dieser paar Landerechte geht auch die Swissair in keiner Art und Weise zugrunde. Hingegen haben wir durch das EWR-Nein die wesentlichsten Güter unseres Landes, nämlich die Unabhängigkeit, die Neutralität und die Demokratie gewahrt... Ausserordentlich besorgt bin ich aber darüber, dass man bereits das Scheitern dieser Verhandlungen miteinbezieht.»

Am Abend des gleichen Tages spricht Blocher auf dem Europa-Platz in Luzern vor über 3000 Versammelten, die gekommen sind, das EWR-Nein zu feiern. Das Wetter ist neblig-kalt, Luzern in vorweihnachtlichem Glanz. Der Anlass ist begleitet von Treichlergruppen aus der ganzen Innerschweiz. Fahnenschwinger, Alphornbläser und eine Musikharmonie geben dem Anlass den festlichen Rahmen. Alle Kantonsfahnen flattern im Wind, die Schweizer Fahne und die Europaflagge sind gehisst. Transparente werden entrollt: «Dank all denen, die unser Land nicht verschachern wollen.» Aber auch andere Transparente sind zu sehen: «SVP = So Viel Populismus»; denn es sind auch ungefähr 100 Blocher-Gegner gekommen. Während sich der grosse Teil ruhig und diszipliniert verhält, setzen die Störenfriede zu einem Pfeifkonzert an. Das Publikum soll provoziert werden. In der Störtruppe werden Bierflaschen geschwenkt. Sie schreien während Blochers Ansprache «Nazis raus! Scheissschweiz!» Einer aus dem Publikum gibt zurück: «Gesindel, verdammtes.» – «Du Schafseckel, du Nazi-Schwein», tönt es zurück. Eine Chaotenfaust erhebt sich Richtung Rednerpult: «Du verdammte Sau dort vorne.» Die Meute skandiert immer lauter: «Nazis raus, Nazis raus.» Glücklicherweise kommt es dank des beherzten Einschreitens der Polizeigrenadiere, die eine Mauer zwischen Pöbel und Publikum bilden, zu keinen ernsthafteren Zwischenfällen. Blocher lässt sich durch die Störenfriede nicht beirren, spricht langsam, klar und deutlich. Erst gegen den Schluss richtet er ein Wort an die Randalierer. «Auch sie gehören zur Schweiz und profitieren von den Freiheiten, die wir hier haben. Sie sind nach der Ansprache ebenfalls an das Fest im Kongresshaus eingeladen.» In seiner Rede betont Blocher, dass all die Schreckensmeldungen, mit denen man das Schweizervolk in den EWR und schliesslich in die EU treiben wollte, all die Voraussagen von Politikern, von Verbänden, Hochschulinstituten und Journalisten, die uns den EWR mundgerecht machen wollten, glücklicherweise nicht eingetreten seien. Dann erklärt er, warum man nicht unmittelbar nach der Abstimmung eine Siegesfeier veranstaltet habe. «Wir hielten uns an die Weisheit: Siege, aber triumphiere nicht. Im Bundeshaus scheint heute allerdings das Gegenteil zu gelten: ‹Verliere, deshalb triumphiere, und setze dich über den Volkswillen hinweg.›» Blocher kritisiert den bundesrätlichen Bericht scharf: «Wenn auch in Watte verpackt und im Tarnnebel, so dass das Volk es nicht erkennen soll: Der Bundesrat will alle Wege beschreiten, die in die EU und in die UNO führen, dabei gleichzeitig die Neutralität auf dem Papier beibehalten, sie aber inhaltlich aushöhlen. Wie haben die alten Schweizer sich zugerufen? ‹Hütet euch am Morgarten.› Darum gilt auch für uns: ‹Hütet euch vor dem aussenpolitischen Kurs des Bundeshauses!›» Dies ist mittlerweile zum – weil überall und immer durch die Presse zitiert – geflügelten Wort geworden.

Auch hier lässt Blocher an der Art, wie bilateral verhandelt wird, keinen guten Faden. «Der Bundesrat stellt fest, dass man beim Scheitern der bilateralen Verhandlungen dem EWR oder der EU beitreten würde. Meine Damen und Herren: Auf diese Weise können Verhandlungen nur scheitern. Denn ‹wer das Scheitern seiner Pläne ernsthaft einkalkuliert, wird auch das Scheitern herbeiführen›», zitiert er Carl Clausewitz. Der Bundesrat kalkuliere das Scheitern jedoch nicht nur ein, sondern publiziere es sogar und teile es der Gegenpartei mit. «Soll es etwa gar Absicht sein, bilateral zu scheitern, um das Schweizervolk für den EU-Beitritt weichzuklopfen?»

«Die heutige Europa-Politik ist gemacht von Leuten, welche geblendet und betört sind von Grösse und Gigantismus. Der Respekt gegenüber gewachsenen Gebilden geht ihnen ab. Intellektuelle Konstruktionen gelten mehr als Bewährtes. Schweizerische Tugenden wie Überblickbarkeit des Staates, Meinungsbildung von unten, direkte Demokratie und Föderalismus zählen anscheinend nichts mehr. Die Schweiz hat mit diesen Grundsätzen viele schwierige Zeiten überlebt. Dagegen ist es ihr in der Geschichte nie gut gegangen, wenn sie sich mit Grossmächten eingelassen hat.»

Am Schluss erinnert Blocher an Artikel 102, Ziff. 9, der Bundesverfassung: «Der Bundesrat wacht für die äussere Sicherheit, für die Behauptung der Unabhängigkeit und die Neutralität der Schweiz.» Dieser Auftrag – wie in Stein gehauen – könne nicht klarer sein. «Die Behauptung der Unabhängigkeit gegen aussen steht schon im Bundesbrief von 1291 und ist verfassungsmässig erster Zweck der Eidgenossen», fährt er weiter. «In jedem von Bundesrat und Parlamentarier geschworenen Eid heisst es: ‹Ich gelobe, die Einheit, Kraft und Ehre der schweizerischen Nation zu wahren, die Unabhängigkeit des Vaterlandes, die Freiheit und die Rechte des Volkes und seiner Bürger zu schützen und zu schirmen.›» Er beschliesst seine Ausführungen unter nochmaliger Verlesung des Eides mit den Worten: «Ich bin überzeugt: Wenn diejenigen im Volke zusammenstehen, welche den Ernst der Lage erkannt haben, dann wird es gut herauskommen. So wahr uns Gott helfe!»

Von den Pöbeleien berichten die Medien kaum. Einmal mehr aber verbreiten sie Klischees. Blochers Anhänger seien die Überlebenden der Erstweltkriegsgeneration, seien Menschen, die am liebsten stumpenrauchschwangere Luft atmeten. «Tumi Sieche, Samichläus, Hochverräter», seien die Bundesräte in Luzern geheissen worden. Besonders originell war die Frage, ob es sich in Luzern um den «Reichsparteitag der SVP» gehandelt habe.

Medienopfer Blocher:
Krisen und Anfeindungen

Christoph Blochers unbändige Kraft, sein Durchsetzungsvermögen und seine Leistungsbereitschaft sind die Ursache der Erfolge als Politiker und Unternehmer. Aber auch für ihn verläuft nicht immer alles nach Plan. Schwierigkeiten und Widerstände nimmt er als Herausforderungen an, mit denen er rechnet und die es zu bewältigen gilt. Wer derart erfolgreich ist, hat Widersacher und Feinde; wer austeilt, der muss auch einstecken können. Christoph Blocher geht keiner sachlichen Auseinandersetzung aus dem Weg, macht aus seinem Herzen keine Mördergrube und lässt niemanden über seine Meinung im unklaren. Er sucht und liebt die offene Debatte, das Gespräch, die Diskussion. Wo es ihm um die Sache geht, haben seine Gegner aber häufig die Person im Visier. Er wird diffamiert, verleumdet und angeschwärzt und ist als Unternehmer und Politiker oftmals Vorwürfen ausgesetzt, die nicht nur in der Form jeglichen Anstands entbehren. Er ist zur Zielscheibe für Giftpfeile der Medien geworden, seine politischen Widersacher greifen oft in die unterste Schublade. Dafür liessen sich unzählige Belege anführen.

Christoph Blocher habe verheerende Auswirkungen auf die politische Kultur in diesem Lande, sagte beispielsweise der grösste Schweizer Verleger, Michael Ringier, vor seinem journalistischen Kader. Die Ringier-Wochenzeitung «Cash» bezichtigte dann auch linientreu den Unternehmer Blocher völlig haltlos des Lohndumpings und der Ausbeutung von Tamilen.
Der Chefpublizist des Hauses, Frank A. Meyer, schimpft ihn einen gefährlichen Rechtspopulisten. Für den linken Autor und Journalisten Jürg Frischknecht ist Christoph Blocher gar «der Rassisten neuer Star».

Hans Uli von Erlach forderte als Zentralpräsident des Schweizer Verbandes der Journalistinnen und Journalisten (SVJ) die Medienschaffenden auf, Christoph Blochers Veranstaltungen zu boykottieren und nicht mehr über ihn zu berichten. Ein in der schweizerischen Pressegeschichte einmaliger Vorgang. Und Fernsehmoderatoren machen ein besorgtes Gesicht, wenn sie den Namen Christoph Blocher nur schon aussprechen müssen

Offenheit – Stärke und Schwäche zugleich

Herr Blocher, Sie gehören derzeit wohl zu den meistbeachteten und auch meist beobachteten Schweizern. Die Archive sind voller Berichte über Sie...
Ja, und vieles davon ist leider falsch oder ungenau. Daran bin ich teilweise selber schuld: Ich kümmere mich zu wenig um die Darstellung meiner Person in den Medien. Das meiste lese ich gar nicht mehr. Auch was objektiv falsch ist, lasse ich einfach laufen.

Das passt nicht recht ins Bild, nimmt man doch an, dass Sie sehr darauf achten, was über Sie geschrieben wird...
Ich nahm es auch nicht immer so gelassen. Als frischgebackener Nationalrat liess ich mir über den Argus der Presse, einen Ausschnittsdienst, alle Artikel zustellen, die mich betrafen. Obwohl damals noch viel weniger über mich geschrieben wurde als heute, kündigte ich diesen Service bald wieder. Mich haben sowohl die positiven wie auch die negativen Kommentare belastet: Wenn gegen einen geschrieben wird, lässt es einen nicht kalt, man zweifelt zu sehr an sich selber. Das kann einen von der richtigen Richtung ablenken.

Sollte Christoph Blocher sensibler sein als gemeinhin vermutet?
Es trifft mich natürlich nicht alles in gleichem Masse, und heute weniger als früher. Gegen die klischeehaften Vorwürfe wie Polterer, Volksverführer, Vereinfacher bin ich längst gefeit. Das schreiben die Journalisten einander ab. Dann gibt es Vorwürfe, die sind objektiv falsch, die stecke ich auch ziemlich schnell weg.

Bleiben jene Vorwürfe, die einen wahren Kern in sich tragen. Die treffen und sollen auch treffen. Sehen Sie, meine Stärke und zugleich meine Achillesverse ist meine Offenheit. Wer so intuitiv, emotional und offen politisiert, offenbart stets seinen Charakter, seine Stärken und Schwächen. Ich halte ja nicht ausgewogene, schöngeistige Reden, wo ich jedes Wort auf die Goldwaage lege. Aber, und darauf kommt es jetzt an, das schafft mehr Vertrauen als das Verdeckte, das Verheimlichen, das Künstliche, das Diplomatische.

Was sind denn Ihre Schwächen?

Eine gewisse Ungeduld, eine gewisse Grobheit vielleicht. Wenn ich von einer Sache überzeugt bin, dann will ich ihr auch zum Durchbruch verhelfen, direkt und ohne Zimperlichkeit. Nehmen wir meinen Vorstoss zur Neugestaltung der Neat. «Das kannst du doch als Parteifreund von Ogi nicht machen», sagt man mir. Wenn es um die Sache geht, höre ich nicht auf solche Einwände. Deshalb kann man mir eine Portion Rücksichtslosigkeit durchaus vorwerfen. Doch die Sache gebietet es.

Wer Ihnen Ungeduld, Grobheit oder Rücksichtslosigkeit vorwirft, der trifft Sie also?

Wo es stimmt, ja. Im übrigen mache ich schlicht und einfach auch Fehler. Wenn man mir die dann vorhält, gehe ich in mich. Doch die Reue wird nicht heuchlerisch offen zur Schau gestellt...
Fast noch schlimmer als Kritik aber sind Lobhudeleien. Da gerät man in Gefahr zu glauben, dass man wirklich so gut ist. Vor dieser Gefahr bin auch ich nicht gefeit. Darum darf man möglichst wenig über sich selbst lesen.
Ich schildere Ihnen ein Beispiel: Da lässt sich ein Bundesrat eine Rede von einem Ringier-Journalisten vorschreiben und als diese Rede später in einem Ringier-Blatt als die beste Rede gelobt wird, ist dieser Bundesrat sehr zufrieden und glaubt im Innersten, dass er seine Sache gut gemacht habe. Er merkt gar nicht, dass er zum Spielball der Medien, einschlägiger Medien, wird.
Ich habe im übrigen gelernt, dass es nicht allzuviel bringt, wenn man sich mit sich selber beschäftigt...

173

Das tun andere für Sie, in aller Regel kritisch. So hat Sie beispiels-
weise Helmut Hubacher in seinem Buch, einem Bestseller, als «bürger-
liche Altlast», als «Rechthaber» bezeichnet. Waren Sie nicht einmal
Gegner, die sich trotz unterschiedlicher Auffassungen achteten?

Doch. Aber das scheint nun vorbei. Hubacher ist im übrigen sehr wankelmütig in der Beurteilung meiner Person, einmal lobt er mich, ein an-
dermal greift er mich an. Die Ära Hubacher neigt sich langsam ihrem
Ende zu, er scheint oft nicht mehr ganz im Bild zu sein. Wir sassen
uns kürzlich bei einer Diskussion gegenüber und er wirkte seltsam
kraftlos. Sein Buch habe ich übrigens nicht gelesen.

Jenes Ihres Bruders Andreas aber schon...

Ja, ein gut geschriebenes Buch, das gilt vor allem für den ersten Teil.
Doch wird mir nicht klar, was er eigentlich damit sagen wollte.

Haben Sie ihn denn nicht gefragt?

Doch, natürlich. Er hat mir erklärt, dass er aufzeigen wollte, wie reich
meine Welt im Gegensatz zur Welt der heutigen Intellektuellen sei. Im
übrigen beschäftigt er sich ja vor allem mit meinem Stil und setzt sich
weniger mit den Inhalten meiner Politik auseinander.

Zurück zu Ihren politischen Gegnern: Was halten Sie denn vom Partei-
präsidenten der Sozialdemokraten, Bodenmann, der ja keinen guten
Faden an Ihnen lässt?

Auch wenn Hubacher jetzt so wüste Dinge über mich schreibt, so halte
ich von ihm doch weit mehr als von Bodenmann, der ist mir sehr un-
vertraut. Er ist intelligent, hat aber einen pubertären Zug, hat seinen
Konflikt mit der älteren Generation – wohl mit dem streng katholischen
CVP-Elternhaus – nicht bewältigt. Ihn kann ich nicht wirklich ernst nehmen und glaube auch nicht an seine politische Zukunft.

Kammgarnspinnerei Interlaken:
Was es kosten kann, 100 Arbeitsplätze zu retten

«Veruntreuung, ungetreue Geschäftsführung, Urkundenfälschung, Erschleichen einer Falschbeurkundung, leichtsinniger Konkurs» – diese Vorwürfe gegen Christoph Blocher verbreitete die Sendung «Kassensturz» des Schweizer Fernsehens am 9. Oktober 1990. Und die «Bündner Zeitung» doppelte anderntags nach: «Nach dieser Sendung ist Blochers Renommee als Politiker und Industrieller stark angeschlagen.» Sendung und Artikel handelten von der Auseinandersetzung um die Kammgarnspinnerei Interlaken. Einmal mehr sah sich Christoph Blocher Pauschalangriffen ausgesetzt, einmal mehr unterschieden sich Wirklichkeit und Berichterstattung. Er setzte sich zur Wehr, die Unabhängige Beschwerdeinstanz für Radio und Fernsehen (UBI) folgte seinem Antrag und entschied, der «Kassensturz» habe die Sendekonzession verletzt. Und auch die juristischen Auseinandersetzungen endeten mit einem Sieg Blochers. Ihm aber war es vor allem um die Erhaltung der Arbeitsplätze der Spinnerei gegangen, was schliesslich – nach einem siebenjährigen und zermürbenden Händel – gelang. Die Geschichte um die Rettung der Kammgarnspinnerei Interlaken zeigt, wie hartnäckig und fintenreich sich Christoph Blocher einsetzt, wenn er von einer Sache überzeugt ist.

Coop und Ems übernahmen in den Jahren 1971/1976 als Partner zu gleichen Teilen die in Zürich domizilierte Spintex AG (Holdinggesellschaft), zu der nebst anderen Textilunternehmen auch die Kammgarnspinnerei Interlaken AG (KI) gehörte. Die Partner hatten vereinbart, dass Aktienübertragungen nur mit der Zustimmung des Partners möglich sein sollten.
Leider gelang es Coop und Ems über Jahre nicht, die Spintex-Gruppe zum Florieren zu bringen. Die einzelnen Gesellschaften wurden deshalb sukzessive wieder veräussert. Am Schluss verblieb noch allein die KI, welche jährlich Verluste in Millionenhöhe erwirtschaftete. Die Defizite wurden von Coop und Ems je-

weils hälftig übernommen. Alle Aktien der KI lagen im übrigen in einem Tresor von Ems.

Ende der siebziger Jahre waren sich Coop und Ems einig, dass auch die KI verkauft werden sollte. Als Übernehmer kam aber nur ein Investor in Frage, welcher für die Erhaltung der Arbeitsplätze Gewähr bieten würde. In den Jahren 1981/82 wurde unter anderen auch mit der Schmid AG, Gattikon, verhandelt, Verhandlungspartner waren deren Präsident, Dr. Otto Lutz, und der Delegierte des Verwaltungsrates, Adrian Gasser. Obwohl Schmid AG das gesamte Aktienkapital der KI unentgeltlich und erst noch mitsamt einer Sanierungszahlung von mehreren Millionen Franken hätte übernehmen können, war sie nicht bereit, die geforderte Weiterführungsgarantie abzugeben. Coop und Ems wollten aber das Risiko nicht eingehen, dass Schmid AG lediglich die Sanierungsmillionen kassieren, den Betrieb jedoch kurz darauf einstellen würde. Die Verhandlungen wurden daher Anfang 1983 abgebrochen.

Die Suche nach einem Käufer ging weiter. Damit wurde die Schweizerische Bankgesellschaft SBG beauftragt. Am 7. März 1983 unterzeichneten die im Verwaltungsrat der KI vertretenen Exponenten von Coop und Ems (Thuli/Leuenberger und Blocher/Imhof) der SBG ein exklusives Vermittlungsmandat für die «Suche eines Partners für die käufliche Übernahme des hundertprozentigen Aktienkapitals der Kammgarnspinnerei Interlaken AG, Interlaken». Die SBG fand schon bald darauf verschiedene Interessenten, mit welchen sofort verhandelt wurde. Besonders interessant war das Angebot der Gebrüder Steger, Inhaber der heutigen Südwolle AG, Nürnberg. Die Südwolle-Gruppe umfasst mehrere Spinnereibetriebe in Europa. Die Gebrüder Steger sind in der Branche als hervorragende Fachleute bekannt. Sie erklärten sich bereit, das alte Spinnereigebäude durch einen Neubau zu ersetzen und mindestens 20 Millionen Franken in den Betrieb zu investieren. Dies war natürlich die denkbar beste Weiterführungsgarantie.

Trotz der zwischen Ems und Coop bestehenden Abmachungen, des beschlossenen Verhandlungsabbruchs mit Schmid AG und des der SBG am 7. März 1983 erteilten exklusiven Vermittlungsauftrages, schlossen Coop und Schmid AG bereits am 14. April 1983 in aller Heimlichkeit einen Vertrag ab. Darin verpflichtete sich Coop, Schmid AG 50 Prozent des Aktienkapitals der KI zu verschaffen und darüber hinaus Schmid AG einen Sanierungsbeitrag von 3,25 Mio. Franken zu leisten. Am 26. April 1983 wurde Christoph Blocher von Coop über den Vertragsabschluss mit Schmid AG orientiert. Er wies das Vorgehen von Coop sofort als krass vertrags- und abmachungswidrig zurück. Absolut unakzeptabel war für ihn auch, dass in der Vereinbarung Coop/Schmid AG keine Weiterführungsgarantie enthalten war. Er weigerte sich in der Folge, Aktien der KI (welche Coop anfänglich in ihrem Besitz wähnte, aber nicht fand) an Coop herauszugeben und lieferte die Aktien gesamthaft in ein Sperrdepot Coop/Ems bei einer Bank in Zürich ein. Dort wurde die eine Aktienhälfte darauf im Rahmen der ersten von Schmid AG eingeleiteten Rechtshändel gerichtlich blockiert. Die Vertreter von Coop (Thuli und Leuenberger) traten aus dem Verwaltungsrat der KI zurück, und die Führung der KI lag damit noch im alleinigen Verantwortungsbereich von Ems.

In den folgenden Monaten wurde versucht, mit Schmid AG doch noch ein Arrangement zu finden. Über die entscheidende Frage der Weiterführungsgarantie konnte jedoch kein Konsens erzielt werden. Überdies verlangte Schmid AG, dass auch weitere Sanierungszahlungen nicht auf ein Konto der notleidenden KI, sondern an die Schmid AG zu leisten seien. Dieses Ansinnen erweckte zusätzliches Misstrauen und bestärkte Ems in der Überzeugung, dass Schmid AG an einer langfristigen Weiterführung des Betriebes in Interlaken kaum interessiert sei. Wirtschaftlich betrachtet, machte ein Engagement mit erheblichen Investitionen in Interlaken für Schmid AG ohnehin wenig Sinn. Ein Ausbau der Tochtergesellschaft der Schmid AG, der Kammgarnspinnerei Bürglen, wäre erheblich plausibler gewesen.

Am 14. Juli 1983 fuhr eine Delegation von Ems nach Wangen bei Olten, um mit Coop über das weitere Vorgehen zu beraten. Am Abend zuvor war anlässlich einer Sitzung von Vertretern

von Coop, Ems und Schmid AG nämlich angeregt worden, Ems solle ihren KI-Anteil auf Coop übertragen, so dass es dann noch allein Sache von Coop gewesen wäre, sich mit Schmid AG definitiv zu arrangieren. Es galt nun, die Realisierung dieses Vorschlages abzusprechen. Gleich zu Beginn der Sitzung wurde den Vertretern von Ems jedoch eröffnet, Coop sei soeben vom Vertrage mit Schmid AG wegen Grundlagenirrtums zurückgetreten. Coop habe vernommen, dass Adrian Gasser nach der gemeinsamen Sitzung am Vorabend versucht habe, die KI an die Gebrüder Steger zu veräussern. Er soll gegenüber dem am Flughafen abgefangenen Wolfgang Steger erklärt haben, er sei soeben in den Besitz von 100 Prozent des Aktienkapitals der KI gelangt und eigentlich nur am Verschwinden des Konkurrenzbetriebes und der Übernahme einiger Maschinen interessiert. Auch habe Gasser die von Coop bereits geleistete Sanierungszahlung von 3,25 MillionenFranken als «Vermittlungsgebühr» für sich beansprucht. In einem Schreiben vom 15. Juli 1983 an den Vertreter der Schmid AG liess Coop durch ihren Anwalt unter anderem ausführen: «Diese, gelinde ausgedrückt, Ungeheuerlichkeit liess schlagartig deutlich werden, dass Ihre Mandantin offensichtlich weder am Erwerb noch an der Weiterführung des Betriebes von KI interessiert war. Sie erklärt auch, weshalb Ihre Klientin jegliche Zahlung der offerierten Sanierungsleistungen an KI direkt ablehnte, sondern Ausrichtung an sich selber verlangte. Nicht der Betrieb sollte weitergeführt, nicht die Arbeitsplätze von KI erhalten, sondern schlicht ein unverschämter Zwischengewinn aus der Verschacherung des notleidenden Unternehmens erzielt werden.»
Anlässlich der genannten Sitzung vom 14. Juli 1983 übertrug Coop ihren 50-Prozent-Anteil an der KI auf Ems mit der Auflage, diese Aktien an die Gebrüder Steger weiterzuübertragen und deren Übernahmeofferte damit anzunehmen. Die Gebrüder Steger wurden noch gleichentags über die neue Situation orientiert. Mit Schreiben vom 21. Juli 1983 machten sie dann aber geltend, es könne von ihnen nicht verlangt werden, in Interlaken zu investieren, bevor sie im Besitze aller KI-Aktien seien. Eine Aktien-

aushändigung war aber, da diese zur Hälfte gerichtlich blockiert waren, nicht möglich. Dazu kam, dass Adrian Gasser die Drohung, Christoph Blocher mit «negativer Publizität» zu überziehen, mittlerweile wahrgemacht hatte. Am 22. Juli 1983 liess Schmid AG durch ihren PR-Berater Ernst Fäh bei der Staatsanwaltschaft Zürich zudem eine Strafanzeige gegen Christoph Blocher einreichen, wobei die Anzeige selbstverständlich sofort der Presse zugespielt wurde. Besonders kreditschädigend wirkte sich im übrigen die damalige Berichterstattung in der «Schweizerischen Handelszeitung» aus, welche einen eigentlichen «Politkrimi Blocher» zu schreiben begann. Auch liess Schmid AG in der Presse Nachrichten über einen drohenden Konkurs der KI (welche sie angeblich übernehmen und weiterführen wollte) verbreiten, was das Unternehmen vollends kreditunwürdig machte. Kunden und Lieferanten der KI wurden zutiefst verunsichert und verlangten von Ems zusätzliche Garantien. Ems sah sich auch wiederholt gezwungen, Geld in die KI einzuschiessen, damit wenigstens die Löhne bezahlt werden konnten. Bereits am 30. Juni 1983 hatte die Kontrollstelle den Fortbestand der KI als im höchsten Masse gefährdet bezeichnet und auf die gesetzlichen Vorschriften zur Zwischenbilanzierung verwiesen.

Ende Juli 1983 verreiste Christoph Blocher in die USA. Vor seinem Abflug erteilte er seinem Anwalt, Dr. Paul Maier, den Auftrag, bis zu seiner Rückkehr eine Lösung zu präsentieren, welche es erlauben würde, die Arbeitsplätze in Interlaken doch noch zu retten. Dabei war von folgendem auszugehen:
• Schmid AG ist am Betrieb der KI selbst nicht interessiert und rechnet zudem mit baldigem Konkurs der KI;
• Schmid AG, Coop und Steger sind nicht bereit, der Kontrollstelle die verlangte Weiterführungsgarantie für die KI abzugeben;
• Ems selbst verfügt über kein Konzept, um die KI langfristig erfolgreich weiterzuführen, und ist wirtschaftlich auch nicht stark genug, um die laufenden Verluste der KI inskünftig alleine abzudecken;

- die Gebrüder Steger wollen bis Ende August Klarheit, ob sie die KI übernehmen können oder nicht (sonst Vertragsrücktritt);
- die Gebrüder Steger sind nicht daran interessiert, Aktiven der KI aus der Konkursmasse herauszukaufen;
- die Aktien der KI bleiben noch längere Zeit gerichtlich blockiert.

Nach Blochers Rückkehr aus den USA beschloss der Verwaltungsrat der KI an einer Sitzung vom 13. bis zum 15. August 1983 folgende konkrete Lösung: Alle Aktiven und ein Teil der Passiven der KI werden auf die Auffanggesellschaft Inkami AG übertragen (von Paul Maier in der Zwischenzeit aus Gründen der Dringlichkeit mit eigenem Geld bereits gegründet); die überschuldete KI geht anschliessend in Konkurs, wobei ausschliesslich die Altaktionäre Coop und Ems mit den in der KI verbliebenen Passiven von 4,5 Mio. Franken zu Schaden kommen (verbürgte Bankkredite); in den Übernahmeverträgen KI/Auffanggesellschaft wird der Konkursverwaltung das Recht eingeräumt, die Verträge mit Inkami AG bis am 9. September 1983 einseitig als unverbindlich zu erklären, falls ein Dritter bereit sein sollte, eine vorteilhaftere Weiterführungslösung zu präsentieren. Die Gebrüder Steger erklärten sich gleichzeitig bereit, die Auffanggesellschaft zum Nominalwert zu übernehmen, falls die Verträge KI/Auffanggesellschaft von der Konkursverwaltung akzeptiert werden.

Bereits am 17. August 1983 wurden die Verträge zwischen KI und Auffanggesellschaft unterzeichnet. Die Auffanggesellschaft verpflichtete sich, sämtliche Aktiven und den überwiegenden Teil der Passiven (mit Ausnahme der von Coop und Ems verbürgten Bankkredite von 4,5 Mio. Franken) zu übernehmen, alle Arbeits- und sonstigen Verträge unverändert weiterzuführen, den Betrieb langfristig aufrechtzuerhalten und mindestens 20 Millionen Franken in das Unternehmen zu investieren. Kurz nach erfolgter Realisierung dieses Vertrages wurde am 24. August 1983 über die KI der Konkurs eröffnet. Wie sehr Schmid AG am Betrieb der KI effektiv interessiert war, zeigt der Umstand, dass Schmid AG der Konkursverwaltung Interlaken eine Barzahlung von 100 000 Franken in die Konkursmasse offerierte für den Fall, dass diese die Übernahmeverträge rechtzeitig widerrufen und den Betrieb gesamthaft in den Konkurs schicken würde. Und das, so wurde von Schmid AG später behauptet, wäre die «günstigere Weiterführungslösung» gewesen... Anlässlich einer Pressekonferenz vom 24. August 1983 wurde die getroffene «Rettungsaktion» den Medien vorgestellt. Der letzte Abschnitt des damals abgegebenen Presserohstoffes lautet: «Dass die Herren Dr. Lutz und Gasser zusätzlich auch versuchen werden, die bisherigen Organe der KI sowie die Herren Steger, insbesondere aber Christoph Blocher, mit Machenschaften aller Art weiter zu verunglimpfen, in Misskredit zu bringen und in Prozesse zu verwickeln, ist nach den bisher gemachten Erfahrungen ebenfalls nicht auszuschliessen. Dabei ist allerdings zu hoffen, dass die Medien solche Machenschaften nun durchschauen und nicht mehr bereit sind, kritiklos für die Verbreitung der von den Vertretern der Schmid AG mehrfach angedrohten ‹negativen Publizität› besorgt zu sein. Im übrigen: Das erreichte Ziel der Betriebs- und Arbeitsplatzerhaltung kann mit solchen Streitigkeiten und Machenschaften nun nicht mehr gefährdet werden. Und das allein ist von Bedeutung!»

Zwei Tage zuvor, am 22. August 1983, erhielt Blocher von der KI-Belegschaft einen Dankesbrief, welcher ihn all die Mühsal, die im Zusammenhang mit der Arbeitsplatzrettung zu erdulden war, wenigstens für kurze Zeit vergessen liess.

Im Zusammenhang mit den KI-Streitigkeiten wurden von Schmid AG gegen Ems, Coop, Steger, Auffanggesellschaft Inkami AG, Christoph Blocher und andere unzählige Verfahren eingeleitet (mehrere Massnahmebegehren und Klagen vor Bezirksgericht und Handelsgericht Zürich; Massnahmebegehren und Klagen gegen Ems vor Bezirksgericht Imboden; Massnahmebegehren gegen die Auffanggesellschaft Inkami AG in Interlaken; Klage beim Appellationshof Bern auf Nichtigkeit der Verträge KI/Auffanggesellschaft; Klage im Konkurs der KI; Beschwerden gegen das Konkursamt Interlaken; Strafanzeigen gegen Blocher; Strafanzeige bei der Bundesanwaltschaft Bern gegen Blocher und Steger; Klage wegen Verantwortlichkeit; Intervention der Schmid AG wegen Lex Friedrich und Arbeitsbewilligung Steger).

Die am 22. Juli 1983 bei der Staatsanwaltschaft Zürich eingereichte Strafanzeige gegen Christoph Blocher führte zur Verfahrenseinstellung (mit definitiver Bestätigung durch das Bundesgericht am 5. August 1987). In einem von der Schmid AG gegen Christoph Blocher noch zusätzlich angestrengten «Privatstrafklageverfahren» wurde dieser am 18. Dezember 1990 vom Obergericht des Kantons Zürich freigesprochen. Dazu in der Urteilsbegründung wörtlich: «Kann hinsichtlich der Fremdheit des Tatobjektes, gestützt auf die obigen Ausführungen, weder Vorsatz noch Eventualvorsatz des Angeklagten angenommen werden, so ist der subjektive Tatbestand der Veruntreuung auf alle Fälle nicht erfüllt und ist der Angeklagte freizusprechen. Ob die weiteren Tatbestandsmerkmale der Veruntreuung erfüllt sind, braucht nicht mehr geprüft zu werden.» Zum Privatstrafklageverfahren war es vor allem deshalb gekommen, weil das Bundesgericht festgestellt hatte, dass der Vertragsrücktritt von Coop gegenüber Schmid AG am 14. Juli 1983 nicht rechtens war und deshalb auch die Übertragung des Coop-Aktienanteils auf Ems und die anschliessende Weiterübertragung dieses Anteils an die Gebrüder Steger nicht zulässig waren. Nur: Ems hatte sich auf die Rechtmässigkeit des von Coop erklärten Vertragsrücktrittes verlassen. Im übrigen: die mehr als nur zwiespältige Rolle Coops, welche das ganze Schlamassel verursacht hatte, wurde in den Medien kaum je erwähnt.

Auf Betreiben von Adrian Gasser beschäftigte sich am 9. Oktober 1990 auch der «Kassensturz» mit der KI und dem Privatstrafklageverfahren gegen Christoph Blocher. Die Sendung basierte wesentlich auf einem Privatgutachten von Strafrechtsprofessor Niklaus Schmid, Zürich. Da der Gutachter vom effektiven Sachverhalt teilweise abwich und zurechtgebogene, aktenwidrige Annahmen traf, war es für ihn einfach, seinem Auftraggeber bezüglich Christoph Blocher die Erfüllung strafbarer Handlungen «nachzuweisen». In einem Schreiben von Anwalt Maier an Professor Schmid steht der Satz: «Ihr ‹Gutachten› sollte Ihren Studenten als Musterbeispiel dafür vorgelegt werden, wie man es wirklich nicht machen darf.» Der «Kassensturz» schwieg sich jedoch darüber aus, dass es sich beim zitierten Gutachten um ein von Schmid AG bezahltes sogenanntes «Privatgutachten» handelte. Die Sendung hatte nämlich das klar erkennbare Ziel, eine Vorverurteilung von Christoph Blocher zu erreichen. Nach der Sendung kam es zu einer harten Auseinandersetzung mit dem Chefredaktor des Fernsehens DRS, Dr. Peter Studer. Anlässlich eines Gespräches wurde der sendeverantwortliche «Kassensturz»-Redaktor, Dr. Hansjörg Utz, von Peter Studer als «einer der drei besten Journalisten der Schweiz» vorgestellt (was offenbar hätte Eindruck machen sollen). In einem Schreiben von Chefredaktor Studer, datiert vom 2. November 1990, ist festgehalten: «Der ‹Kassensturz› hat übrigens nie für sich in Anspruch genommen, die absolute Wahrheit zu verbreiten.» Doch zur verlangten Entschuldigung waren die «Kassensturz»-Macher nicht bereit. Damit blieb nichts anderes übrig, als eine Beschwerde bei der Unabhängigen Beschwerdeinstanz für Radio und Fernsehen einzureichen. Diese kam mit Urteil vom 8. November 1991 dann prompt zum Schluss, dass das Gutachten von Prof. Schmid lediglich ein privates Parteigutachten der Schmid AG, Gattikon, und damit von Adrian Gasser – also dem schärfsten Kontrahenten von Blocher – war, dass der «Kassensturz» mit der Vorverurteilung rechtswidrig gehandelt und die Konzession der SRG verletzt habe. Offensichtlich ist also auch einer der drei besten Journalisten der Schweiz nicht vor Fehlleistungen gefeit.

Von der Sache her zentral und entscheidend waren jedoch zwei Urteile des Schweizerischen Bundesgerichtes, welches am 24. April 1990 die von Schmid AG angefochtenen Verträge zwischen KI und der Auffanggesellschaft Inkami AG letztinstanzlich zu beurteilen hatte. Die Berufung sowie die Staatsrechtliche Beschwerde der Schmid AG wurden abgewiesen. Das Bundesgericht erklärte das Rettungskonzept des Verwaltungsrates der KI vom August 1983 als rechtens und führte in den Urteilen unter anderem aus: «Wie aus dem folgenden und aus dem Entscheid über die Berufung hervorgeht, hält die Auffassung des Appellationshofs, der Verwaltungsrat der Kammgarnspinnerei Interlaken AG sei zur Veräusserung der Gesellschaftsaktiven an die Inkami AG befugt gewesen, vor der Verfassung und vor dem Bundesrecht stand.»

«Ist die Aufgabe des ursprünglichen Unternehmenszwecks zufolge Überschuldung der Gesellschaft unausweichlich, so haben deren Organe das Recht – und zumindest moralisch – auch die Pflicht, in anderer Hinsicht drohenden Schaden soweit möglich zu verhindern oder zu begrenzen; es gilt, für die Betroffenen zu retten, was noch zu retten ist. Dazu können insbesondere auch geeignete Massnahmen zur Erhaltung des Betriebes dienen.»

«Ist somit davon auszugehen, dass die Gesellschaft im massgeblichen Zeitpunkt konkursreif war, so kann nach dem Gesagten für die Vertretungsmacht ihrer Organe der – ohnehin nicht mehr zu erreichende – Gesellschaftszweck nicht mehr das entscheidende Kriterium sein. Aus den Feststellungen im angefochtenen Urteil geht überdies hervor, dass die Höhe der Überschuldung ein weiteres Zuwarten nicht mehr zuliess, zumal die Gebrüder Steger, die bereit waren, den Betrieb fortzuführen, ihr Übernahmeinteresse bis Ende August 1983 limitiert hatten; an einer solchen Fortführung aber bestand auf seiten der Arbeitnehmerschaft und der Öffentlichkeit unbestrittenermassen ein gewichtiges Interesse.»

Mit diesen Urteilen war der Kampf um die Erhaltung der Arbeitsplätze in Interlaken zivilrechtlich beendet. Weshalb Adrian Gasser seinen reich befrachteten Prozessdampfer, welcher rund zehn Jahre lang in Fahrt war und Gerichte, Anwälte, Verwaltungsbehörden, Verwaltungsräte und Aktionäre immer wieder beschäftigt hat, Hunderttausende von Franken kostete und viel Ärger verursachte, nicht – wie von Christoph Blocher und Wolfgang Steger längst vorgeschlagen – zu einem früheren Zeitpunkt stoppen wollte, bleibt wohl für immer ungeklärt.

Nach unbenütztem Ablauf der Frist, welche der Konkursverwaltung Interlaken für die Ungültigerklärung der Verträge KI/In-

Mit einem kürzlich erworbenen Genre-Bild von Albert Anker

Am Rande einer Parlamentsdebatte mit Nationalrat Edgar Oehler, 1995
(Foto: Walter Rutishauser)

kami AG eingeräumt worden war, übernahmen die Gebrüder Steger das gesamte Aktienkapital der Auffanggesellschaft zum Nominalwert. Gleich anschliessend wurde die Gesellschaft in «WSI, Wollspinnerei Interlaken AG» umfirmiert und das Aktienkapital schrittweise auf 6 500 000 Franken erhöht. Das Produktions- und Verwaltungsgebäude wurde sukzessive und ohne Produktionsunterbrechung durch einen grosszügigen Neubau am alten Standort vollständig ersetzt. Ebenso wurde der Maschinenpark mit modernsten Maschinen ausgestattet. Das Investitionsvolumen belief sich schliesslich, anstelle der versprochenen 20 Mio. Franken, auf über 45 000 000 Franken! Die WSI erzielt heute mit rund 100 Mitarbeitern das Dreifache des ursprünglichen Umsatzes und ist auf hochfeine Garne (ausschliesslich Wolle rohweiss) spezialisiert.

Mit Schreiben vom 19. Juli 1993 an Herrn Wolfgang Steger erklärte Christoph Blocher mit folgenden Worten seinen Rücktritt aus dem Verwaltungsrat der WSI: «*Anlässlich der KI-Rettungsaktion habe ich Ihnen erklärt, dass ich gerne bereit sei, bis auf weiteres im Verwaltungsrat der neuen WSI mitzuarbeiten. Mein Engagement in der WSI haben wir beide stets als vorübergehend und höchstens für so lange verstanden, als die Auseinandersetzung mit Gasser / Bürglen anhalten würde. Diese Geschichte ist nun jedoch abgeschlossen. Die WSI hat in der Zwischenzeit unter Ihrer Leitung sehr gut gearbeitet und hervorragende Resultate erzielt... Gestützt auf die genannten Überlegungen verzichte ich auf die Wiederwahl in den Verwaltungsrat der WSI für eine weitere Amtsdauer... Mit herzlichem Dank für Ihr grosses Engagement, die erfolgreiche und stets sehr positive Zusammenarbeit und meinen allerbesten Wünschen – auch für Ihre Familie und die ganze Südwolle-Gruppe – verbleibe ich –* Ihr Dr. Christoph Blocher.»

Der Lohnkampf in EMS

Am frühen Morgen des 15. Juli 1992 steht Peter Bodenmann vor den Toren der Ems-Chemie in Domat Ems. Der Präsident der Sozialdemokratischen Partei der Schweiz verteilt ein zwölfseitiges Pamphlet an die Arbeiterinnen und Arbeiter. Ihn begleiten Vertreter der Gewerkschaft Textil, Chemie, Papier (GTCP) und der betriebsfremden Gewerkschaft Bau und Holz (GBH). In der Kampfschrift wurde unter anderem behauptet:

• Christoph Blocher zweige jährlich 30 Millionen Franken aus dem Unternehmen in seine Privatschatulle ab.

• Die Ems-Arbeiterinnen und Arbeiter verdienten im Schnitt 16 000 bis 35 000 Franken pro Jahr weniger als Kollegen im Wallis. Christoph Blocher betreibe also Lohndumping. Verglichen wurden die Löhne der Ems-Chemie mit denjenigen des zur Ciba-Geigy gehörenden Chemie-Werks Monthey VS und der Lonza-Werke in Visp VS, die zum Alusuisse-Lonza-Konzern gehören. Anhand von sechs Beispielen wurde diese Behauptung untermauert.

• Nur die GTCP sei in der Lage, in der Ems für gerechte Löhne zu sorgen, darum solle man ihr beitreten.

Nach dieser Flugblattaktion vor den Toren der Ems-Chemie fuhr Bodenmann nach Bern ins Bundeshaus und führte eine Pressekonferenz mit gleichem Inhalt durch.

Der spektakuläre Auftritt Bodenmanns und sein Klassenkampfpamphlet sorgten landesweit für Schlagzeilen. Gleichentags suchte eine Tagesschauequipe nach Beweisen für Bodenmanns Anwürfe, die auch GTCP-Präsident Hans Schäppi und GBH-Präsident Vasco Pedrina unterschrieben hatten. «Ich verdiene gut, für die hiesigen Verhältnisse anständig», «Blocher sorgt gut für unsere Arbeitsplätze» und «Diese Aktion geht mich nichts an, ich bin zufrieden», widerlegte stattdessen die Belegschaft vor der Kamera des Schweizer Fernsehens die Angriffe. Kommentar zur Ausstrahlung des Berichtes: die Angestellten der Ems-Chemie seien eben eingeschüchtert.

An diesem Fall lässt sich exemplarisch aufzeigen, mit welchen Stilmitteln der politisch-wirtschaftliche Kampf gegen Christoph

Blocher geführt wird. Zum Verständnis der Vorfälle rund um diese Bodenmannsche Diffamierungs-Kampagne muss das Verhältnis zwischen der Ems-Chemie und ihren Mitarbeitern dargelegt werden:

Von den insgesamt rund 2600 Mitarbeitern in der ganzen Ems-Gruppe sind etwa 1900 in der Schweiz beschäftigt, davon rund 1200 in der Ems-Chemie in Domat/Ems. Ungefähr 700 davon unterstehen dem Kollektivarbeitsvertrag (KAV), der Rest verfügt über Einzelarbeitsverträge. Obwohl bei Einzelarbeitsverträgen die Leistung besser honoriert werden kann, wurde vor allem für die unteren Lohnkategorien am KAV festgehalten. Dies geschah auf Wunsch der entsprechenden Mitarbeiter.

Die KAV-Mitglieder wählen die Betriebskommission, welche die Interessen der Belegschaft vor der Geschäftsleitung vertritt. Die Geschäftsleitung orientiert die Betriebskommission über alle wichtigen Geschäftsvorgänge, hört diese an und nimmt Anregungen aus den Betrieben entgegen. Je nach Wunsch orientieren Christoph Blocher oder andere leitende Angestellte entweder nur die Betriebskommission oder die gesamte Belegschaft über die Kennzahlen des Betriebes.

Kollektivvertragsverhandlungen werden zwischen der Geschäftsleitung der Ems-Chemie einerseits und der Betriebskommission und den Vertragsgewerkschaften andererseits geführt. Die damaligen Vertragsgewerkschaften waren der LFSA (Landesverband Freier Schweizer Arbeitnehmer), der CMV (Christlicher Metallarbeiterverband der Schweiz), die bereits genannte GTCP, der CHB (Christlicher Holz- und Bauarbeiterverband der Schweiz) und der SMUV (Schweizerischer Metall- und Uhrenarbeitnehmer-Verband).

Das Unternehmen hatte sich bis anhin jeweils mit den Gewerkschaften am Jahresende einigen können; der Kollektivarbeitsvertrag wird in der Regel um drei Jahre verlängert. Diesmal aber gab es Änderungsbegehren der Gewerkschaften. Sie forderten eine Erhöhung der Schichtzulagen und der Ferienzeit sowie Detailregelungen für die Lohnfortzahlung bei Militärdienst. Die Geschäftsleitung hatte diese Vorschläge zur Prüfung entgegengenommen. Im Juni des Jahres kam man überein, die Kündigungsfrist für den Vertrag von sechs auf drei Monate zu verkürzen, um länger verhandeln zu können. Seine Kündigung wäre somit bis Ende September 1992 möglich gewesen. Zur Gehaltspolitik von EMS ist beizufügen, dass in allen Unternehmensbereichen das Leistungslohnsystem gilt. Christoph Blocher ist ein erklärter Gegner des von den Gewerkschaften immer wieder geforderten Tariflohnsystems, weil so «gute Arbeiter schlecht bezahlt werden und umgekehrt». 1987 kam man denn auch nach langen und fairen Verhandlungen mit allen Vertragspartnern überein, das Tariflohnsystem zugunsten eines gerechteren Leistungslohnsystems aufzuheben.

Wichtig zu erwähnen ist in diesem Zusammenhang vor allem der Artikel 38 dieses Kollektivarbeitsvertrages KAV zwischen den Gewerkschaften und der Ems-Chemie. Danach verpflichten sich die Parteien ausdrücklich, während der Vertragsdauer den Arbeitsfrieden aufrechtzuerhalten und Kampfmassnahmen wie Streik, Pressepolemik, Aussperrung und Massregelung, gleichgültig aus welchen Gründen, zu unterlassen. In Artikel 39 erklären sich die Parteien bereit, bei Meinungsverschiedenheiten und allfälligen Streitigkeiten im gemeinsamen Gespräch und nach Treu und Glauben nach einer Lösung zu suchen.

Die GTCP hat mit ihrer Aktion den Vertrag gebrochen. Der Artikel 38 des KAV wurde in krasser Weise missachtet und verletzt. Denn weder wurde auch nur ein einziger der im Pamphlet enthaltenen Vorwürfe je von einer der Vertragsgewerkschaften zuvor auf den Verhandlungstisch gelegt, noch wurde die Geschäftsleitung über die Aktion vorgängig orientiert. Statt dessen setzten Vertreter der GTCP unter Führung von Nationalrat Bodenmann am Vorabend der Aktion die übrigen vier Vertragsgewerkschaften und die Betriebskommission der Ems-Chemie ins Bild und schilderten ihr Vorhaben. Sowohl die Betriebskommission als auch die Vertragsgewerkschaften wollten die Aktion verhindern, da sie den KAV verletze. Die Betriebskommission als direkte Vertreterin der Arbeitnehmerschaft versuchte bis Mitternacht, die GTCP, die GBH und Bodenmann von der rechtswidrigen Aktion abzuhalten. Dies war aber schon deshalb nicht mehr möglich, weil die Geschäftsstelle der GTCP in Visp das Pamphlet bereits an alle National- und Ständeräte sowie an die Medien verschickt hatte. Am 21. Juli 1992 verurteilten denn auch die übrigen vier vertragsschliessenden Arbeitnehmerverbände (LFSA, CMV, CHB und SMUV) sowie die Betriebskommission in einem Pressecommuniqué die GTCP-Bodenmann-Aktion ausdrücklich. Unter anderem hiess es darin wörtlich: «Diese unabgesprochene Nacht-und-Nebelaktion ist ein klares Vergehen gegen die KAV-Bestimmungen und muss als mutwillig und verantwortungslos bezeichnet werden.» Und weiter: «Es ist bedauerlich, dass sich die GTCP zu dieser Schmutzaktion hat hinreissen lassen.»... «Die Betriebskommission und die andern vier am KAV beteiligten Gewerkschaften distanzieren sich von diesem Vorgehen in aller Form.» Der «Tages Anzeiger» schrieb darauf, dieses Communiqué sei nur «unter Druck von Konzernherr Blocher» zustande gekommen, obwohl dies Christoph Blocher bestreitet. «Dieses Pressecommuniqué wurde ohne mein Wissen erstellt, und ich habe nie den geringsten Druck auf die vertragstreuen Gewerkschaften ausgeübt.» Balthasar Theus, CMV-Regionalsekretär und Koordinator der vier Gewerkschaften, antwortet auf die Anwürfe des «Tages-Anzeigers»: «Völliger Unsinn. Das Gegenteil ist wahr. Wir als die vier an der Flugblattaktion nicht beteiligten Gewerkschaften haben völlig autonom reagiert.» Dennoch unterstellt Vasco Pedrina, mittlerweile Führer der mächtigen Supergewerkschaft Bau und Industrie GBI, Christoph Blocher in der Folge in einem Interview mit «Cash» Verfilzungen mit Gewerkschaften und Behörden: «Die darin verwickelten Personen versuchen dann jeweilen Missstände, wie wir sie enthüllt haben, zu vertuschen», behauptet Pedrina. Im gleichen Artikel wirft er Blocher auch «Tamilenausbeutung» vor. «Wir bringen neue Beweise»... «Blocher beschäftigt viele Tamilen, deren Löhne noch viel tiefer sind, als wir es in unseren Lohnvergleichen angestellt haben. Das heisst, Blocher beutet Teile seiner Belegschaft aufgrund ihrer Herkunft massiv aus. Der gleiche Blocher, der sich als Präsident der Zürcher SVP für eine Asylinitiative stark macht, die nichts anderes bezweckt, als eine fremdenfeindliche Stimmung zu schüren.» – «Blocher beutet auch Tamilen aus», hiess die Schlagzeile auf dem «Cash»-Plakat darauf an allen Kiosken.

Was hat es mit diesen Vorwürfen auf sich? Dazu Dr. Werner Finck, Personalchef der Ems-Chemie: «Die Nationalität spielt bei Emser Löhnen überhaupt keine Rolle. Eine derartige Diskriminierung können wir uns gar nicht leisten. Allein die Qualifikation zählt.» Und tatsächlich sind im KAV die Minimallöhne festgelegt. Sie gelten für Schweizer genau gleich wie für Ausländer und damit auch für Asylbewerber. Letztere sind dem Unternehmen übrigens vom Kanton zugewiesen worden, es sind rund 20 Mitarbeiter, in der Mehrheit Tamilen.

Ungelernte Chemiearbeiter («ausgebeutete» Tamilen eingeschlossen) erzielten 1992 nach der Probezeit aber einen Minimallohn von 45 000 Franken pro Jahr. Dabei gilt es zu berücksichtigen, dass bei den tamilischen Mitarbeitern wenig Sprach- oder Berufskenntnisse und keine Industrieerfahrung vorhanden sind.

In einer am 15. September 1992 von der Ems-Chemie veröffentlichten Presseinformation wurde zu den Lohnvergleichen eingehender Stellung bezogen. Unter anderem steht darin folgendes: «Die von der GTCP und Bodenmann angestellten Lohnvergleiche zwischen der Ems-Chemie, der Alusuisse-Lonza in Visp und der Ciba-Geigy in Monthey sind sinnwidrig. Bei den drei erwähnten Chemiebetrieben sind die Vergleiche aus folgenden Gründen nicht aussagekräftig:

• Die Betriebe sind in anderen Branchen zu Hause.

• Die Betriebe liegen in anderen Regionen. Andere Arbeitsmarktsituation, andere Steuerstruktur, andere Lebenshaltungskosten, branchenspezifische Arbeitsplätze.

• Unterschiedliche Anforderungen und Funktionen, wie sie sich in den verglichenen Betrieben ergeben, werden unterschiedlich entlöhnt. Zur Illustration zwei Beispiele: Erstens: Ein Schichtführer in Visp oder Monthey muss eine technisch gründlichere

190

Ausbildung bis hin zum Ingenieur haben. Dies ist bei Ems nicht der Fall. Zweitens: Es wurde der Lohn einer Laborantin mit dem einer Hilfslaborantin verglichen.

Ausserdem bezeichnete das Emser-Communiqué die Behauptung, Christoph Blocher stecke jährlich 30 Millionen Franken aus dem Unternehmen in den eigenen Sack, als total absurd und ungeheuerlich. Die Gewinne seien bei Ems fortlaufend in Produktionsanlagen investiert sowie für Forschung und Entwicklung ausgegeben worden. In den letzten fünf Jahren waren dies weit über 200 Millionen. Die Dividendenausschüttung hätte jährlich knappe drei Millionen Franken betragen, zehn Prozent des Aktienkapitals jedoch nie überstiegen.

Christoph Blocher erklärt seine Einkommensverhältnisse so: «Infolge der ständigen Höherbewertung des Unternehmens an der Börse wird mein Vermögen heute auf 740 Millionen Franken geschätzt. Dafür muss ich momentan persönlich 4,7 Millionen Franken pro Jahr an Vermögensteuer bezahlen. Da mein Einkommen aber eine Million pro Jahr beträgt, muss ich jedes Jahr massiv Schulden machen, nur um die Steuern bezahlen zu können. Solange es dem Unternehmen gut geht und dessen Wert zunimmt, funktioniert das. Fällt der Wert hingegen in sich zusammen, bleiben am Schluss die Schulden. Wollte ich auf einen Lohn von 180 000 Franken netto pro Jahr kommen, das heisst nach Abzug der Steuern, so müsste ich viel zuviel, nämlich ganze 8 Millionen Franken, aus dem Unternehmen herausnehmen. 3,12 Millionen hätte ich in diesem Fall als Einkommenssteuer zu bezahlen und die genannten 4,7 Millionen als Vermögenssteuer. Blieben 180 000 Franken.» Seine Triebfeder sei es nicht, persönlich viel Geld zu besitzen oder reich zu sein. «Ich brauche das Geld als Mittel zum Zweck. Sonst wäre ich ja kein Unternehmer.»

Schliesslich ist noch zu erwähnen, dass die Ems-Chemie als grösstes Unternehmen in Graubünden (der Kanton übrigens mit der kleinsten Arbeitslosigkeit) und auch in der Region im Gegensatz zu allen vergleichbaren Betrieben im In- und Ausland weder Kurzarbeit noch Entlassungen vornehmen musste. Im

Gegenteil: Auf dem Werkplatz Domat-Ems wurden 1992 60 neue Arbeitsplätze geschaffen. Selbst in den Nationalrat wurde die Lohnkontroverse hineingetragen. Während der relativ sachlichen EWR-Debatte Ende August 1992 rief Bodenmann plötzlich in den Saal: «Es ist eine Tatsache, dass ein Schichtarbeiter in Ems drei Wochen pro Jahr länger arbeitet und 15 000 bis 20 000 Franken weniger verdient als in Visp.» Mit beschwörender Stimme forderte er Bundesrat Delamuraz auf, im Rahmen des EWR für gesetzliche Mindestlöhne einzustehen, damit «derartigen Rechtspopulisten wie Blocher das Handwerk gelegt wird.» Blocher reagierte gefasst:«Herr Bodenmann erklärt hier in Bern, dass wir zu tiefe Löhne bezahlen, weil es ihm in Ems niemand mehr glaubt.» Er betonte, dass ausser der GTCP sich alle Gewerkschaften von Bodenmanns Vorgehen distanziert und dieses als Schmutzaktion bezeichnet hätten. Und dann wurde er laut: «Herr Bodenmann, haben Sie keine besseren Argumente, um dem Volk den EWR-Vertrag nahezubringen? Wer lügt denn da? Lügt man nicht auch in anderen Belangen, wenn man in solchen Belangen dermassen lügt?»

Die Geschichte kam aus den Schlagzeilen nicht heraus. Auf Wunsch der Ems-Chemie fand am 27. Juli nochmals eine Besprechung mit allen KAV-Vertragsparteien statt. Zu Beginn der Aussprache wurde eine Geheimhaltungsvereinbarung unterzeichnet. Ems-Chemie hat zu den Vorwürfen der GTCP eingehend Stellung bezogen und verlangte von ihr eine Entschuldigung für die krasse Vertragsverletzung, verbunden mit der Zusicherung, künftig vertragliche Abmachungen einzuhalten. Nach siebentägiger Frist teilte die GTCP jedoch mit, dass sie keine Veranlassung zur Entschuldigung sähe. Eine weitere zwischen der Ems-Chemie und der GTCP allein geführte Besprechung blieb ebenfalls ohne Ergebnis. Somit hat die Ems-Chemie den bestehenden KAV am 15. September per 31.12.1992 fristgerecht gekündigt, wovon auch die vier vertragstreuen Gewerkschaften betroffen waren, da der KAV nur gesamthaft aufgelöst werden konnte. Den vertragstreuen Gewerkschaften wurde aber gleichzeitig der Abschluss eines neuen KAV angeboten. In kürzester Zeit wurde ein neuer Kollektivvertrag ausgehandelt und von der Arbeitnehmerschaft und den vier vertragstreuen Gewerkschaften genehmigt. Die Presse wurde darüber ausführlich orientiert. Dabei bekräftigte Ems ihren Willen, auf das Leistungslohnsystem nicht verzichten zu wollen.

Die Gewerkschaft Bau und Industrie GBI (Zusammenführung von GBH und GTCP) unter der Führung von Vasco Pedrina führte ihre Diffamierungsaktionen weiter. Am 26. Oktober 1992 hat sie eine «Sondernummer über den Lohndrücker in Ems» herausgegeben, aufgemacht als Boulevardblatt und mit «Dr. Anti Blocker» – betitelt. Von einem Riesenskandal in der Ems-Chemie ist hier die Rede, vom SVP-Politiker, der die Presse ständig anlüge, vom Patron, der sich als Freund der Schweizer ArbeiterInnen aufspiele, vom Pfarrerssohn, der zu so viel Geld auf Erden gekommen sei, vom Lohndrücker Christoph Blocher, von der unsozialen Schweiz, von einem, der die Ems-Chemie einst für ein Butterbrot von 20 Millionen Franken übernommen habe, vom Steuer- und Finanzakrobaten Blocher. Zum Beweis der Behauptungen legte sie die verzerrten Lohnvergleiche aus der Klassenkampfschrift Bodenmanns bei. Die farbige Zeitung wurde vor allen EWR-Veranstaltungen, an denen Christoph Blocher auftrat, vorgängig verteilt, ebenso in die Haushaltungen rund um die Emser Werke. Die GBI verlangte von Blocher ultimativ, wieder als Gewerkschaft zugelassen zu werden. Gleichzeitig streute sie Gerüchte, bei Ems werde gestreikt.

Am 31. Oktober folgte ein «offener Brief» von der GBI an Blocher. Darin wurde ihm mangelnde Konfliktfähigkeit, Verhandlungsverweigerung, Demagogie und Strapazierung des Arbeitsfriedens vorgeworfen. Die GBI verlangte, dass die GTCP wieder zu Vertragsverhandlungen zugelassen und das Lohnniveau in der EMS entsprechend angepasst werde. Niemals würde sie einen Patron dulden, der eine mutige Gewerkschaft knechte, hiess es darin.

In der Folge kam es zu einem Briefwechsel zwischen Ems und der GBI. Christoph Blocher wollte schriftlich zu den Vorwürfen Stellung beziehen, verlangte aber seinerseits die Adressen von allen

550 Mitunterzeichnern. Die GBI wollte diese mit Verweis auf den Personen- und Datenschutz jedoch nicht herausrücken. Ems stellte sich auf den Standpunkt, dass von einem «offenen Brief» nur dann gesprochen werden könne, wenn die Adressen der Mitunterzeichner lückenlos bekanntgegeben würden, ansonsten es sich um ein anonymes Schreiben handle, welches normalerweise in den Papierkorb wandere. Die GBI beharrte auf der Anonymität all derjenigen, die ihre Adresse nicht preisgeben wollten.

Am 31. Oktober sandte Blocher an diejenigen, deren Adresse ausfindig gemacht werden konnte, einen kurzen persönlichen Brief, worin die Bemühungen der GBI, auf diese Weise zu Lohnverhandlungen zu kommen, als unrealistisch bezeichnet wurden.

Warum haben sich Ems und Blocher nicht mit aller Kraft und voller Wucht in der Öffentlichkeit gegen diese Verunglimpfungen gewehrt? Viele dachten damals, an der ganzen Geschichte müsse etwas faul sein, wenn Ems und Blocher sich nicht deutlicher zur Wehr setzen würden.

Dazu Christoph Blocher: «Was war denn das Motiv der Störenfriede? Weder Bodenmann noch die GBI wollten die Lohnverhältnisse in den Ems-Werken verbessern. Sonst hätten sie dieses Begehren als Vertragsgewerkschaft bei Verhandlungen vorgebracht. Das haben sie nie getan. Auch wussten sie, dass die Lohnvergleiche nicht stimmten. Durch die überfallartige Aktion, die Pressekonferenz im Bundeshaus, die Verbreitung von Schmähschriften an meinen Veranstaltungen ging es Bodenmann und Konsorten um drei Dinge:

Ich sollte im EWR-Kampf unglaubwürdig gemacht werden. Man hoffte, durch die Aktion in Ems die Arbeiter zu einem Streik zu bringen, und ich sollte für die Zeit vor der EWR-Abstimmung in meinen Kräften gebunden werden, damit ich den Kampf für eine unabhängige Schweiz nicht mehr hätte weiterführen können.

In dieser Situation ist es am besten, nicht auf eine solche Provokation einzutreten. ‹Jetzt nur nicht das eigene Ansehen retten wollen, sondern den Kampf weiterführen›, sagte ich mir. Sonst zersplittert man sich. Es ist oftmals besser, den Dreck, der einem angeworfen wird, hocken zu lassen, statt diesen abzuwischen. Sonst wird man ohnehin nur gleich wieder mit neuem Schmutz beworfen. In diesem Falle ging es einzig und alleine darum, das Vertrauen der Belegschaft und den vertragstreuen Gewerkschaften – soweit dieses ins Wanken gekommen war – durch Überzeugungsarbeit und Fakten wiederherzustellen. Andererseits galt es, dem vertragsuntreuen Partner in aller Härte entgegenzutreten und ihm die Stirn zu bieten. Und gleichzeitig galt es, den Kampf für eine unabhängige Schweiz weiter zu führen. Alles wurde mit Erfolg getan.»

Dass man sich aber überhaupt nicht zur Wehr gesetzt hätte, stimmt so denn doch nicht. Erstens enthielt die Presseinformation vom 15. September 1992 ein überaus gründliches Argumentarium zu den Vorfällen. Zweitens trat Blochers Anwalt Dr. Paul Maier in verschiedenen Briefwechseln mit mehreren Zeitungsredaktionen gegen die oft fragwürdige Rolle der Medien an.

Maier wirft in einem Brief an «Cash – die Wirtschaftszeitung der Schweiz» der Redaktion Rufmordjournalismus vor. Er verlangt eine Entschuldigung für die Schlagzeile «Blocher beutet auch Tamilen aus». Christoph Blocher werde im übrigen auch sonst in «Cash» laufend durch Dritte diffamiert, ohne dass er selbst Stellung zu den Vorwürfen nehmen könne.

In seinem Antwortschreiben reagiert Chefredaktor Gisler mit «erheblichem Staunen». Von Rufmordjournalismus könne keine Rede sein. Gewerkschafter müssten um der Ausgewogenheit willen in «Cash» ebenfalls zu Wort kommen, und Bodenmann habe den Lohnvergleich nur deshalb durchgeführt, weil Christoph Blocher die Lohnunterschiede öffentlich einmal als «dumme Seich» bezeichnet habe. Der Brief endet mit einem Kompliment an Christoph Blocher, weil dieser auch unkonventionelle Meinungen vertrete und andererseits mit einer Rüge wegen dessen Anti-EWR-Haltung.

Blochers Anwalt lässt nicht locker und hält in einem Rückantwortschreiben folgendes fest: «Der Vorwurf des Rufmordjournalismus ist gerechtfertigt. Wenn ‹die Wirtschaftszeitung der Schweiz› (wie sich ‹Cash› selber bezeichnet) eine durch nichts belegte, tatsachenwidrige, in einem Gespräch aus dem hohlen Bauch vorgebrachte Aussage – welche sofort als ehr- und persönlichkeitsverletzend erkennbar ist – ohne nähere Abklärung in einer extrem marktschreierischen Aufmachung publiziert, handelt sie rechtswidrig. Als wesentliche Aussage Ihres Interviewpartners (Pedrina) haben Sie in Grossbuchstaben die Behauptung herausgestrichen: ‹Blocher beutet Tamilen aus.› Wohlwissend, dass diese Kurzbotschaft bei jedem Leser ankommt. Diesen ehrverletzenden Vorwurf machten Sie auch zum Gegenstand des Verkaufaushanges!... Dr. Blocher würde politische Gegner niemals auf eine dergestalt schäbige, strafrechtlich relevante Art und Weise verunglimpfen.»... «Natürlich ist es Ihnen völlig freigestellt, beliebig und selbst in jeder ‹Cash›-Ausgabe als kritikloses Pedrina/Bodenmann-Organ zu funktionieren. Nur: Wenn Sie ehrverletzende Behauptungen dieser Herren ungeprüft übernehmen und marktschreierisch überzeichnen, bringen Sie das Fass zum Überlaufen.» Und zum EWR: «Es ist Ihnen selbstverständlich unbenommen, von einem EWR-Beitritt das wirtschaftliche Wohl für die Schweiz zu erwarten. Sie können aber versichert sein: Über den volkswirtschaftlichen Durchblick, welchen Sie als Journalist besitzen, verfügt auch der international tätige Unternehmer Christoph Blocher.»

Einseitige journalistische Darstellungen finden wir auch in der «Weltwoche», bei Radio DRS und im Fernsehen. So rügt Maier in 14 Punkten eine «Weltwoche»-Berichterstattung zum gleichen Thema von Kaspar Loeb und fragt sich, ob etwa eine Dienstanweisung im Weltwoche-Haus bestehe, wonach Dr. Blocher bei jeder sich bietenden Gelegenheit zu diffamieren sei. Der Herausgeber Rudolf Bächtold reagiert empört: Ein Anwalt, der solche Mutmassungen anstelle, verspiele jede Glaubwürdigkeit. Maiers Vorwürfe seien durchweg absurd. Die «Weltwoche» nehme ausserdem Christoph Blocher als eine interessante Persönlichkeit wahr, die Widerspruch wecke, von einer einseitigen Berichterstattung könne aber keine Rede sein. Im Gegenteil, es gebe Leute, welche die «Weltwoche» gar als «plattes Blochersches Sprachrohr» darstellten. Die «Weltwoche» sei eine Autorenzeitung, hiess es weiter. Ausserdem sei die Redaktion in der Europafrage gespalten.

Maier gibt nicht klein bei. Er schreibt an Bächtold zurück. «Zu den Fakten selbst haben Sie sich mit keinem Wort vernehmen lassen. Es wäre doch interessant zu erfahren, inwiefern meine überwiegend belegten Tatsachen absurd sein sollten. Es liegt keineswegs im Interesse der Pressefreiheit, wenn Auswüchse und Abirrungen der aufgezeigten Art unwidersprochen bleiben. Unternehmer und Politiker sind weder Freiwild noch den Journalisten zur beliebigen Diffamierung überlassen.» Maier beklagt weiter, dass es der «freien Presse» heute zwar erlaubt sei, Dritte nach Belieben zu verunglimpfen und diese Diffamierungen Zehntausenden unter die Nase zu reiben, während die Opfer solcher Diffamierungskampagnen von derselben Presse dann verpflichtet würden, die aufgedeckten journalistischen Fehlleistungen streng vertraulich zu behandeln und unter Verschluss zu halten. Dies sei in der Tat ein höchst sonderbares Verständnis der Pressefreiheit.

Sowohl Radio DRS als auch das Schweizer Fernsehen fassten bei der Berichterstattung über den Emser Lohnkonflikt die GTCP mit Samthandschuhen an und stellten sie durchwegs als das Opfer von Christoph Blocher dar. Maier richtete deshalb auch ein Schreiben an Dr. Peter Studer, Chefredaktor des Schweizer Fernsehens, und wies darauf hin, dass die Fernsehberichterstattung mehr zur Kategorie der Desinformation als zu jener der Information gehöre. Blocher habe den KAV-Vertrag nicht im grossen Zorn gekündigt, wie TV-DRS behauptet hatte, sondern wohlüberlegt und gut vorbereitet, und zwar erst dann, als die Möglichkeiten zur Streitschlichtung erschöpft waren.

Wie bilanziert Christoph Blocher den Lohnkampf und seine Folgen? «Ich stellte mir immer die Frage, worauf es eigentlich ankommt. In erster Linie hatten wir dafür zu sorgen, die Arbeiter in Ems zusammenzuhalten. Wir wussten auch nicht, mit welchen Löhnen wir im Wallis verglichen wurden. Und somit konnte ich nicht mehr und nicht weniger sagen, als dass wir für bündnerische Verhältnisse überdurchschnittliche Löhne bezahlen. Deshalb bekommen wir ja auch problemlos Leute. Und dann etwas Grundsätzliches: Wenn Sie beginnen, Lohnvergleiche anzustellen, so hört das nie mehr auf. Da steht immer Behauptung gegen Behauptung. Da müssen Sie nämlich alles miteinbeziehen. Die Löhne, die Sozialleistungen, die Ferien, den Arbeitsweg, die Kantine, die Wohnungen für Mitarbeiter, die allgemeinen Lebenskosten vor Ort und anderes mehr. Das gibt ein uferloses Hin und Her, bei dem man unnötigerweise sehr viel Zeit verliert.»

Zur Frage, weshalb man seitens der Ems in den Medien nicht intensiver auf die Richtigstellung dieser Lohnvergleiche gepocht hatte, bemerkt Christoph Blocher: «Ich wusste, dass Bodenmann ein Politiker ist, der mich diskreditieren wollte, indem er eine Vertragsgewerkschaft auf seine Seite zog. Wenn ich nun aber meinerseits einen Pressekrieg gegen diese Gewerkschaft vom Zaune gerissen hätte, so hätte ich mich selbst ins Unrecht gesetzt. Denn es war klar verboten, Vertragspartner in der Öffentlichkeit anzugreifen. Das galt auch für mich. Und wem hätte es genützt, wenn ich polemisch geworden wäre? Dann befriedige ich mich selber, und vielleicht noch ein paar Leute, die zu mir stehen. Schauen Sie das Ende der Geschichte an: In der Sache bin ich auf der ganzen Linie der Sieger. Wenn Sie Arbeiter fragen, dann sagen die vielleicht, ich sei schon ein strenger Chef. Aber sie sagen auch, dass ich die Firma hochgebracht habe und dass sie's gut haben hier. Dass es mir gelungen ist, die GTCP loszuwerden, das kommt einem Triumph gleich. Das hat es gesamtschweizerisch noch nie gegeben, und selbst die Basler-Chemie attestierte mir, dass sie diesen Kampf nicht durchgestanden hätten. Dass dann nach aussen etwas hängenbleiben kann und es Leute gibt, die immer noch meinen, ich würde zu tiefe Löhne bezahlen, das lässt sich sowieso nicht verhindern. Vor allem aber ist es Bodenmann nicht gelungen, mich in meinem Kampf gegen den EWR zu schwächen, obwohl das ja sein Hauptziel war.»

Der Kabarettist entschuldigt sich

«Am 1. November brennt die Sandoz ab, und während am 2. November in halb Europa die Diskussionen anfangen, was man vorkehren muss, damit sich so eine Katastrophe nicht wiederholt, zieht Herr Blocher still und heimlich 21 000 Sandoz-Aktien rein. Zwei Jahre später hat er sie dann wieder verkauft. Achtzig Millionen Franken damit verdient. Steuerfrei. Entschuldigung, aber wie kann jemand, der an einem Vorfall achtzig Millionen Franken verdient, daran interessiert sein, dass sich so ein Vorfall nicht mehr wiederholt?», fragt der Kabarettist Lorenz Keiser sein Publikum bei einem Auftritt im Vorfeld der EWR-Abstimmung. «Artikel 5 quater vom Grundgesetz des Kapitalismus müsste heissen: ‹Es ist Herrn Blocher ab sofort verboten, an der Sandoz-Katastrophe achtzig Millionen Franken zu verdienen›», geht es im Programm «Der Erreger» weiter.

Zufällig wurde Christoph Blochers Anwalt, Dr. Maier, als ahnungsloser Zuschauer Zeuge des Auftritts. Er sah sich zur Richtigstellung gezwungen, umso mehr als ihm folgender Interviewausschnitt aus dem «Brückenbauer» zu Gesicht kam:

«Brückenbauer»: «Lorenz Keiser, dein ‹Erreger› ist ein ausserordentlich freches Cabaret-Programm. Hast du bis jetzt noch keine Klage am Hals?»

Keiser: «Nein. Weil ich niemanden beleidige, laufe ich nicht Gefahr, wegen Ehrverletzung eingeklagt zu werden. Und vor Verleumdungsklagen habe ich keine Angst, weil ich zum Beispiel die Dinge über Nationalrat Christoph Blocher oder den CVP-Nationalrat Gian-Franco Cotti selber sehr genau recherchiert habe.»

Genau recherchiert? – Die Wahrheit ist: Nicht Christoph Blocher, sondern die Ems-Holding hat Sandoz-Aktien gekauft und damit tatsächlich einen Reingewinn von 80 Millionen Franken erzielt. Nun kauft und verkauft die Ems-Holding regelmässig Beteiligungen. Nichts Aussergewöhnliches also. Im Falle von Sandoz allerdings erfolgte der Aktienkauf nicht einen Tag nach der Katastrophe, wie Keiser behauptete, sondern erst ein halbes Jahr später, zu einem Zeitpunkt also, als die Kurse bereits deutlich höher waren als selbst vor dem Grossbrand. In dieser Zeit stiegen alle Namenaktien. Die Gewinne sind keinesfalls, wie Keiser sagt, nicht versteuert worden, sondern das Unternehmen hat diesen Gewinn ausgewiesen und voll als Einkommen versteuern müssen. Es kann also in keiner Art und Weise der Schluss gezogen werden, Christoph Blocher hätte sich an einer Katastrophe bereichert.

Diesen Sachverhalt legte Maier dem Kabarettisten Keiser dar, worauf dieser seinerseits einen Anwalt einschaltete und nach Beweisen verlangte. Erst als man Keiser eine Bestätigung der Treuhandgesellschaft der Ems-Chemie-Holding über das genaue Datum und den genauen Kaufpreis der Sandoz-Aktien zugesandt hatte, strich dieser die entsprechende Textstelle aus seinem Programm und entschuldigte sich in einem Brief: «Für meinen Irrtum möchte ich mich deshalb heute bei Ihnen entschuldigen. Ich habe mich in guten Treu und Glauben, aber offenbar zu Unrecht, auf anerkannte Informationsquellen verlassen (NZZ und sda) sowie insbesondere auf meine Abklärungen, dass auf diese Ihnen sicherlich bekannten Presseberichte nie Einwendungen oder gar Berichtigungsbegehren erfolgt waren.» Keiser wurde in gewissem Sinne also selbst Opfer einer falschen Berichterstattung. Immerhin: Keiser hatte die Grösse, sich zu entschuldigen. Blocher antwortete ihm in einem persönlichen Brief: «Nachdem Sie die Unwahrheiten aus Ihrem Stück herausgenommen haben, ist die Sache für mich an sich erledigt», heisst es darin. Und weiter: «Wer einen Holzschnitt macht, braucht eine klare Vorstellung des Gegenstandes und von der Realität. Somit ist das Schwarzweissmalen und das Überzeichnen durchaus ein legitimes Mittel der Politik, um das Verschleierte und Vernebelte – wie Sie sagen – ‹zur Kenntlichkeit zu entstellen›. Das billige ich auch der Satire zu, vorausgesetzt: sie hat einen wahren und realen Hintergrund. Ihre Geschichte mit den Aktien unserer Firma wäre zwar gut gewesen, wenn sie einen realen und wahren Hintergrund gehabt hätte.» Und dies war, wie man weiss, nicht der Fall.

Man hat Keiser dennoch weder mit einer Ehrverletzungsklage gedroht – eine Entschuldigung genügte – noch verlangt, dass

Gespräch mit einem Mitarbeiter im Werk Domat/Ems, 1995

Bei Zuckerrohrbauern in Australien, 1993

die entsprechenden Textstellen im bereits gedruckten Buch von Keiser entfernt werden mussten. «Sonst hätte der arme Chaib seine Bücher ja noch einstampfen lassen müssen», sagt Christoph Blocher.

Rausschmiss aus dem SBG-Verwaltungsrat

Wenn es gegen Christoph Blocher geht, bilden sich oft überraschende Koalitionen. Da macht das sonst so wirtschaftskritische Schweizer Fernsehen plötzlich mit dem Chef einer Grossbank gemeinsame Sache, und die gern betonte journalistische Unabhängigkeit wird durch anwaltschaftlichen Journalismus ersetzt. Ein beredtes Beispiel davon erlebten am 23. November 1992 Hunderttausende von verblüfften Fernsehzuschauern: Seite an Seite sassen «10 vor 10»-Reporter mit Robert Studer, dem Präsidenten der Konzernleitung der Schweizerischen Bankgesellschaft SBG, in dessen Auto. Vor laufender Kamera gab Studer das Ziel der Reise bekannt: eine Vortragsveranstaltung Christoph Blochers in Winterthur, wohin Studer eilte, um «endlich all die unsinnigen Aussagen Blochers in ein rechtes Licht zu rücken». Die Fernsehzuschauer wurden Zeugen, wie sich ein sichtlich überraschter und eher peinlich berührter Christoph Blocher mit dem vom Fernsehen begleiteten Robert Studer konfrontiert sah, der in der Fragestunde zu einem Gegenreferat anhob. Was hatte den Bankgesellschaftsmanager wohl dazu bewogen, seinen Verwaltungsratskollegen Blocher öffentlich und in Begleitung eines Fernsehteams zu attackieren? Dieses abgekartete Spiel hatte natürlich eine Vorgeschichte:
Bereits im Januar des Jahres hatten sich SBG-Verwaltungsratspräsident Niklaus Senn und der langjährige SBG-Verwaltungsrat Christoph Blocher zu einem Gespräch getroffen. Nach diesem Gespräch schrieb Niklaus Senn am 27. Januar «persönlich und streng vertraulich» unter anderem:
«Lieber Christoph... Die Tatsache, dass die Möglichkeit einer Interessenkollision zwischen Deiner immer wieder offen dargeleg-

ten engen Beziehung zu Herrn Ebner und Deinem Verwaltungs-
ratsmandat bei der SBG besteht, ist kaum zu bestreiten, auch
wenn ich persönlich überzeugt bin, dass Du die beiden Dinge im-
mer genau auseinandergehalten hast und Dir mit Bestimmtheit
diesbezüglich nichts vorzuwerfen ist. Mit der Gründung der Ban-
kenvision mit fast zwei Dritteln der SBG-Aktien hat sich leider
die Situation deutlich verschärft... Ich komme deshalb, so sehr
ich es persönlich bedaure, nicht darum herum, Dich im Interesse
der Bank, aber zumindest aus meiner Sicht, auch in Deinem In-
teresse zu bitten, aus eigenem Entschluss das Problem im be-
sprochenen Sinn endgültig zu klären, wobei wir selbstverständ-
lich Deine Begründung auch zur unsrigen machen werden.»
Christoph Blocher ging auf den Kuhhandel nicht ein. Und am
16. Oktober folgte ein weiterer Brief von Senn. Darin kam nun
plötzlich die EWR-Frage ins Spiel. Es hiess unter anderem:
«Dass bezüglich EWR Präsidium und Geschäftsleitung der Bank
anderer Auffassung sind als Du, ist unser wie Dein gutes Recht...
Trotzdem sind wir nicht sehr erbaut über die Art und Weise, wie
die unter Deinem Präsidium stehende AUNS argumentiert und
die Beitrittsbefürworter geradezu diffamiert. Dass sich aus die-
sem Sachverhalt erneut dauernd Fragen ergeben, wie nun ei-
gentlich Dein Verhältnis zur SBG sei, dürfte auf der Hand lie-
gen.»
Senn kritisiert dann zwei politische Vorstösse der SVP des Kantons Zürich (zur Konjunkturbelebung und Sicherung der Arbeitsplätze) und eine dringliche Interpellation der SVP zur Geldpolitik der Nationalbank. Schliesslich hält er fest: *«Eine erste*
Aussprache im Ausschuss hat ergeben, dass es in Deinem wie
auch in unserem Interesse zweckmässiger wäre, auf eine nochma-
lige Wiederwahl zu verzichten.»
Studers Auftritt vom 23. November unterstreicht, dass Christoph Blocher im Verwaltungsrat der SBG wegen seines Kamp-
fes gegen den EWR nicht mehr willkommen war. Studer wollte
ihn mit dem inszenierten Fernsehauftritt öffentlich diffamieren
und unglaubhaft machen. Nur hatte Studer in massloser Selbst-
überschätzung nicht damit gerechnet, dass in einer demokrati-

schen Versammlung ein Präsident einer Grossbank nicht mehr gilt als ein «gewöhnlicher» Anwesender. Studer wurde vom Publikum erbarmungslos ausgepfiffen.

Noch immer weigerte sich Christoph Blocher, sich still und leise aus dem Verwaltungsrat zu verabschieden, was für ihn einem Schuldbekenntnis gleichgekommen wäre. Daraufhin ziehen die Herren der SBG ihre Samthandschuhe aus. Im «Blick» vom 29. November prangt die Schlagzeile: «Fliegt Blocher aus dem SBG-Verwaltungsrat?», und im Artikel wird Niklaus Senn zitiert: «Blochers Demagogie könnte einen an die Frontistenzeit erinnern. Die Art der Kampagne vergiftet das politische Klima. Grundsätzlich gehört niemand in den Verwaltungsrat, der den Interessen der Gesellschaft und der Wirtschaft zuwiderhandelt.» Derselbe Niklaus Senn schreibt am 18. Dezember an Christoph Blocher: «Für heute bleibt mir nur noch die Aufgabe, Dir für Deine vielen kritischen und anregenden Voten sowohl anlässlich unserer Sitzungen wie auch am Wolfsberg-Seminar bestens zu danken und Dir und Deinen Angehörigen wohlverdiente, erholsame Festtage und alles Gute für 1993 zu wünschen. Mit freundlichen Grüssen, Nik.»

Mit gleichem Datum geht aber auch folgende Pressemitteilung an die Medien: «Der Verwaltungsrat ist einstimmig der Auffassung, dass eine erneute Nomination von Dr. Christoph Blocher nicht angezeigt ist… untolerierbar ist für den SBG-Verwaltungsrat die Art und Weise, wie EWR-Befürworter durch die von Nationalrat Blocher präsidierte AUNS (Aktion für eine unabhängige und neutrale Schweiz) diffamiert wurden… Diese… Gründe veranlassen den SBG-Verwaltungsrat, der Generalversammlung keine Wiederwahl von Dr. Christoph Blocher zu beantragen.» Diese Generalversammlung findet am 29. April 1993 im Zürcher Hallenstadion statt. Dort erklärt Dr. Niklaus Senn, Robert Studers Fernsehspektakel habe mit dem Zwist um Christoph Blochers Verwaltungsratsmandat nicht das geringste zu tun. Zuvor erwähnte er, dass Christoph Blocher 1981 als «dynamischer Exponent einer jüngeren Unternehmergeneration» in das Gremium gewählt worden sei. Dieser habe die Wahl nur angenommen, weil ihm die Wahrung seiner geschäftlichen und politischen Unabhängigkeit zugesichert worden sei. Dies habe die Bank bis heute auch stets respektiert.

Dann listete Senn die Gründe auf, die zur schriftlichen Rücktrittsforderung geführt hätten. In der engen Verbindung zwischen Christoph Blocher und Ebners BZ-Bank hätten Medien und Kunden mögliche Interessenkollisionen mit dem Verwaltungsratsmandat befürchtet. Im weiteren habe der Vorstoss der Zürcher SVP und Dr. Blochers, wonach Pensionskassen zu einem nichtkonformen Zinssatz den Banken Mittel für die Refinanzierung von Wohnbauhypotheken zur Verfügung stellen sollten, gegen die Interessen der SBG verstossen. «Wir empfanden dieses Vorgehen als politischen Rückenschuss», sagte Senn. Ähnliches gelte für Blochers Vorstoss gegen die Nationalbank und deren angeblich wirtschafts- und arbeitsplatzfeindliche Geldpolitik. Schliesslich führte der Verwaltungsratspräsident als weiteren Grund «das gegen EWR-Befürworter diffamierende Vorgehen der ebenfalls von Dr. Blocher präsidierten Auns» an.

Sodann verlas Senn Blochers Antwortschreiben im Wortlaut: «Eine sachliche Diskussion um die Rechte und Pflichten eines Verwaltungsrates kann im Rahmen einer möglicherweise emotionsgeladenen Generalversammlung (an der über 4000 Aktionäre zugegen waren) nicht sinnvoll sein», hiess es darin zur Begründung von Blochers Abwesenheit. Die SBG hätte am 18. Dezember 1992 die Öffentlichkeit ja über die Gründe seiner Nichtnomination informiert. In dieser Information stünde jedoch nichts über die angeblichen Interessenkollisionen mit der BZ-Bank. Mutmassungen über die Preisgabe von Insider-Informationen an die BZ-Bank müsse er mit äusserster Schärfe zurückweisen. Alle Gerüchte über eine Beteiligung an der BZ-Bank entsprächen nicht der Wahrheit. (Christoph Blocher ist lediglich Verwaltungsratspräsident der «Pharma-Vision», einer der durch die BZ-Trust verwalteten Visions-Gesellschaften.) Im EWR-Abstimmungskampf habe er nie jemanden persönlich angegriffen oder diffamiert. Wenn einige Auns-Mitglieder im Übereifer den Massstab verloren hätten, sei dies zu bedauern. Die Vorstösse zu den Hypotheken und zur Zinspolitik seien politische Zielsetzungen der SVP. «Damit stellt sich die grundsätzliche Frage, ob der Verwaltungsrat einer Bank, der ein politisches Mandat bekleidet, nur Sprachrohr der Bank sein und ihre Interessen vertreten darf. Ich lehne eine solche Bevormundung entschieden ab. Die Bedingung der politisch freien Meinungsäusserung habe ich mit der Übernahme dieses VR-Mandates gestellt, und sie ist mir damals zugesichert worden. Ein freiwilliger Verzicht auf mein Mandat kommt nicht in Frage, weil dies als Eingeständnis der Weiterleitung von Insider-Informationen und als Akzeptanz der Einschränkung der freien politischen Meinungsäusserung interpretiert werden könnte...»

Senn appellierte an die Versammlung, eine sachliche und keine emotionelle Diskussion zu führen. Doch nicht alle anwesenden Aktionäre wollten den Rausschmiss Blochers so sang- und klanglos akzeptieren. Mehrere Redner meldeten sich zu Wort.
Ein erster Votant weist auf die Geldzuflüsse in die Schweiz in Milliardenhöhe seit dem 6. Dezember 1992, dem EWR-Abstimmungstag, sowie auf die sinkenden Hypothekarzinse hin und schliesst unter Empfehlung für die Wiederwahl Blochers mit der Bemerkung: «Wir brauchen nicht nur Verwaltungsräte, die zu allem ja und amen sagen».
Ein zweiter Redner zitiert aus seinem Brief an die SBG-Geschäftsleitung: «Wenn Sie für einen sachverständigen, aber kritisch eingestellten Unternehmer mit Zivilcourage keinen Platz haben, dann ist es schade und politisch und wirtschaftlich unklug.»
Ein dritter Votant sagt: «Ich muss feststellen, dass Herrn Blocher die Fähigkeit zur Beurteilung der allgemeinen wirtschaftlichen Interessen in den letzten Monaten vollständig abhanden gekommen ist.» Christoph Blocher habe an seinen Veranstaltungen nicht sachlich, sondern rein emotional argumentiert und die Frustrationen des Publikums auszunutzen gewusst. «Herr Blocher ist nicht in der Lage zu beurteilen, welche Vorteile der EWR der Schweiz gebracht hätte und welche Nachteile uns nun dieser

Abstimmungsausgang beschert hat. Unsere Schweiz ist heute europapolitisch isoliert!» Die Bank habe andere Ziele zu verfolgen, als einen nationalistischen Kurs zu steuern, und Blocher schade deshalb ihrer Glaubwürdigkeit.

Ein vierter Sprecher schlägt vor, Blocher wiederzuwählen. Dieser sei ein unabhängiger, unkonventioneller Politiker mit vielen interessanten Ideen. Von dieser Sorte brauche man mehr: «Offensichtlich bestimmt die Konzernleitung darüber, wie ihre vorgesetzten Organe zusammengesetzt sein sollen.»

Senn interveniert: «Das sind Behauptungen und Angriffe, die Sie nicht beweisen können.»

«Ich bringe Ihnen Beweise», meint der Votant. «Ohne die Fernsehaktion mit Robert Studer in Winterthur wäre Blocher heute zur Wiederwahl vorgeschlagen worden.»

Senn: «Ich beweise Ihnen schriftlich, dass dies nicht stimmt. Das habe ich schon einmal erklärt. Sie müssen halt die Ohren aufmachen, wenn man hier oben redet.»

Der Votant lässt nicht locker: «Wir brauchen unabhängige Leute im Verwaltungsrat. Ich bitte Sie deshalb, Herrn Blocher eine möglichst grosse Stimmenzahl zu geben als Ausdruck und Protest zugleich, dass wir nicht einverstanden sind, wenn man gute Leute einfach nicht mehr vorschlägt.»

Ein anderer Redner meint, Blocher sei kein pflegeleichter Fall, das Vertrauen sei zerstört, Sachgeschäfte könnten so nicht mehr vernünftig diskutiert werden, und der Entscheid der obersten Führungsorgane gegen Blocher sei mutig gewesen. Man schütze sich so rechtzeitig vor einem möglichen Insider-Fall.

Ein Votant aus dem Welschland gibt auf französisch seiner Beunruhigung Ausdruck. Es sei unverständlich, dass eine der grössten Gesellschaften der Schweiz das Recht der freien und unabhängigen Meinungsäusserung durch diesen Entscheid unterwandere.

Dann tritt eine Dame ans Rednerpult. Sie wolle nur kurz ein Zitat von Hermann Hesse vortragen: «Leute mit Mut und Charakter sind den anderen Leuten immer sehr unheimlich. Ich danke.»

Der achte Votant streicht die Wichtigkeit heraus, dass man nebst

Branchenkennern eben auch noch einen Politiker in einem VR haben sollte. Er sei zwar in keiner Art und Weise mit Blocher verbunden, dennoch sei es wichtig, unbequeme, kritische und eigenwillige Persönlichkeiten in politische Ämter zu wählen, denn die brauche man. Ein Verwaltungsrat, der einen einzigen Unbequemen unter vielen andern nicht ertrage, sei ein schwacher VR. «Auch ich habe als Unternehmer und Politiker lernen müssen, mit Minderheiten und Andersdenkenden kollegial umzugehen. Herr Senn, ich möchte Sie bitten, diesen Entscheid zurückzunehmen und Herrn Blocher weiterhin als VR bei der SBG amten zu lassen. Man kann auch ohne Scham eine Schwäche einmal eingestehen.»

Der neunte Redner fährt mit grobem Geschütz auf: «Es ist unverständlich, wenn eine SBG einen ihrer Verwaltungsräte aufgrund seines politischen Einsatzes bei der EWR-Abstimmung in die Wüste schickt. Was ist das für ein Demokratieverständnis? Wo führt das noch hin? Unser Bürgertum ist soweit gekommen, dass es die eigenen Exponenten abschiesst und andererseits diejenigen der linken Herkunft heraushebt, mit der üblichen Unterstützung durch die Massenmedien. Fernsehen und Radio vertreten schon längst nicht mehr die Mehrheit der Schweizer Bevölkerung, sie agieren und manipulieren nur noch.» Das EWR-Engagement Blochers stelle den wahren Grund für die Nichtnomination Blochers dar, und Robert Studer habe seinen «blamablen Fernsehauftritt und die dortige Abfuhr noch nicht verdaut».

Senn bittet die nachfolgenden Referenten, sich kurz zu fassen und nicht einfach ihr Manuskript runterzulesen. Er habe ausdrücklich erklärt, dass der VR-Ausschuss Herrn Blocher bereits Mitte Oktober nahegelegt habe, auf sein Mandat zu verzichten, also vor der EWR-Abstimmung und nicht erst danach.

Der nächste Votant eröffnet seine Ausführungen mit den folgenden Worten: «Es ist unbestritten, dass Herr Blocher wegen seiner politischen Einstellung nicht mehr gewählt werden soll.»

Senn explodiert: «Nein, dies ist bestritten. Jetzt hören Sie mal mit diesem Mist auf. Ich sage Ihnen ehrlich, dass ich Herrn Blocher als Politiker sehr achte. Ich habe auch keinen Krach mit ihm. Also stellen Sie nicht so dumme Behauptungen auf.» Der Votant gibt sich nicht geschlagen und weist darauf hin, dass die EWR-Abstimmungskampagne lange vor Mitte Oktober angefangen habe. Blocher sei wegen seiner politischen Einstellung nicht wieder vorgeschlagen worden.

Senn: «Meine Damen und Herren, wenn das nicht vernünftiger wird, dann stelle ich ab. Jeder Unsinn darf hier nicht behauptet werden. Es sind nämlich nicht nur die Befürworter Blochers, die wissen, wie Demokratie vor sich geht.»

Der Schlagabtausch geht weiter: «Wissen, Sie, Herr Präsident, wenn Sie eine Ahnung hätten, wie Demokratie funktioniert...» – Unruhe mit Pfiffen und «Bravo»-Rufen – «... ich kann Ihnen sagen, Herr Senn, eine solche Abstimmung, bei welcher einfach die Büchsen durch die Reihen gereicht werden, die könnte man nicht einmal mehr in Papua-Neuguinea durchführen.» – Grosses Gelächter. Senn: «Jetzt hören Sie mit Ihrem Blödsinn auf. Dies ist kein politisches Forum, sondern eine Generalversammlung.» Er schlägt vor, die Redezeit auf drei Minuten zu begrenzen, und weist darauf hin, dass Christoph Blocher eine derart emotionsgeladene Diskussion nicht gewünscht hätte. Man habe die Gründe dargelegt, die dazu geführt hätten, Blocher um einen Verzicht zu bitten, und Blocher habe nur nicht verzichtet, weil sonst der Eindruck entstehen könne, er akzeptiere diese Gründe.

Der elfte Sprecher stellt sich als Kleinaktionär vor und sagt: «Ich protestiere gegen den Anwurf, dass man uns hier vorne als Bajazzos und Clowns bezeichnet. Ausgerechnet Blocher sei ja derjenige, der an all seinen Veranstaltungen die Emotionen hochgehen lasse. Und dann in grosser Ereiferung: «Warum sollen wir hier heute nicht Gegenrecht halten können? Gegen diesen hemdsärmeligen...» – die Stimme überschlägt sich, Zwischenrufe, dann wieder Ruhe. Der Redner fährt fort: «An den grossartigen Leistungen des Wirtschaftsführers und Unternehmers Blocher ist nicht zu zweifeln. Aber diese Herren hier im Verwaltungsrat sind auch keine Hohlköpfe.» Blocher sei einfach zum schwächsten Glied geworden, und wo ein schwaches Glied sei, sei der ganze Verwaltungsrat nichts mehr wert. «Ich appelliere an alle Kleinaktionäre, Blocher nicht wieder zu wählen.» Wieder tritt eine Dame ans Pult. «Meine Bemerkungen basieren auf dem EWR...» Senn unterbricht sofort: «Entschuldigen Sie, wollen Sie ein Referat über den EWR halten?» «Nein, ich möchte in diesem Zusammenhang eine Lanze für Dr. Christoph Blocher brechen und ihn zur Wiederwahl in den Verwaltungsrat vorschlagen.» Nach knapp drei Minuten sagt Senn: «Ihre Redezeit ist abgelaufen, jetzt gehen Sie an Ihren Platz», und schaltet Mikrophon und Licht am Rednerpult aus. Der dreizehnte Votant gratuliert der SBG zum positiven Geschäftsergebnis. «Sie werten den Beitritt zur Weltbank und dem IWF als positiv, das Nein des Souveräns vom 6. Dezember hingegen als negativ. Diese Bewertung mag aus kurzsichtigem Profitdenken heraus richtig sein. Wer aber langfristig mit Vernunft und Sachverstand entscheidet...» Hier klemmt Senn bereits nach einer halben Minute ab. «Ich habe Sie gebeten, nicht Zettel herunterzulesen, sondern zur Wahl Blochers Stellung zu nehmen.» «Ich komme ja gleich dazu», meint der Referent. Senn: «Ja, da müssen Sie keine einstündige Einleitung machen.» Der Referent gibt nicht klein bei. Es sei ein Fehler gewesen, die Zinssätze ans hohe europäische Niveau anzupassen. Damit sei die Wirtschaft der Schweiz arg strapaziert worden. Durch das EWR-Nein sei jedoch das Vertrauen in die Schweizer-Währung wieder hergestellt worden, und Milliardenbeträge seien auf Schweizer Banken geflossen. Senn unterbricht abermals: «Wollen Sie uns etwas erklären, wovon Sie keine Ahnung haben, oder wollen Sie sich profilieren?» Der Votant lässt sich nicht beirren. «Herr Blocher ist einer der wenigen, welcher der Europa-Euphorie nicht erlegen ist und sich offen gegen die Unterwerfung des EG-Diktats zur Wehr gesetzt hat. Er hat sich wie kein zweiter für die Beibehaltung unserer direkten Demokratie und Selbstbestimmung eingesetzt. Er ist nicht populistisch, wie ihm immer wieder angelastet wird, aber die Mehrheit des Volkes versteht seine Sprache. Blocher hat das Format, wie wir es von Bundesräten erwarten würden, es aber leider nicht finden können. Sprechen Sie, sehr geehrte Aktionäre und Aktionärinnen, Herrn Blocher das Vertrauen wieder aus.» Der vierzehnte Redner, wieder ein Welscher, hält sich sehr kurz und spricht sich eindeutig und entschieden gegen die Wiederwahl Blochers aus. Die Romands hätten, so sagt er, den Fernsehauftritt Studers sehr begrüsst.

Auch der letzte Votant fragt, ob Herr Dr. Blocher für die obersten Organe der Bank noch zumutbar sei. «Erteilen Sie Herrn Blocher heute eine absolute Abfuhr, weil er das Vertrauen der ganzen Bank nicht mehr haben kann.» Der Redner bittet darum, den Verwaltungsrat der SBG ganz massiv zu unterstützen, und dankt für «die Weitsicht, die dieser mit seinem Entscheid auch Herrn Blocher entgegengebracht» habe.

Senn beschliesst die Diskussion mit dem Hinweis, man habe Christoph Blocher ja nicht hinausgeworfen, sondern ihn lediglich nicht mehr vorgeschlagen. «Sie haben die Möglichkeit, ihn wiederzuwählen.» Er unterbreche nicht gerne, aber es müsse klargestellt werden, dass eine Aktionärsversammlung keine Politveranstaltung sei. Hier würden sachliche Gebiete und Wahlen nach Gesetz und Statuten behandelt. «Damit das nur klar begriffen ist.»

Von den rund 4400 anwesenden Delegierten stimmen zwei Drittel, also eine deutliche Mehrheit, für den Verbleib Blochers im SBG-Verwaltungsrat. Trotzdem ist er nicht wiedergewählt. Denn infolge der Depotstimmen, über die der Verwaltungsrat alleine verfügen kann, kommt Christoph Blocher auf nur etwa 25 Prozent des Stimmentotals. Dies sind die Gesetze, die für Aktionärsversammlungen nun einmal gelten, und somit ist – gemäss Statuten und Gesetz – alles rechtens zu- und hergegangen. Umgesetzt auf die politischen Wirklichkeiten, würde ein solches Verfahren jedoch bedeuten, dass beispielsweise der Bundesrat bei Volksabstimmungen über die Stimmen all derjenigen, die nicht zur Urne gegangen sind, frei verfügen könnte.

Für Christoph Blocher selbst steht ausser Zweifel, dass er allein wegen seines EWR-Engagements den Hut nehmen musste. Erstens seien die andern aufgeführten Gründe haltlos, und zweitens sei es in direkten Auseinandersetzungen klar zum Ausdruck gekommen, dass seine negative Haltung gegenüber dem EWR ausschlaggebend gewesen sei. Seine respektable Sammlung von Briefen ist nach dieser Nichtwiederwahl jedenfalls um eine beachtliche Anzahl grösser geworden. Aus allen Landesteilen flatterten Hunderte von Sympathiebezeugungen ins Haus: Durchhalteparolen, Zuspruch, mut- und kraftspendende Worte, Lob für die Standhaftigkeit fanden sich genau so wie Kündigungen von Bankbeziehungen mit der SBG. Christoph Blocher antwortete mit einem Standardbrief. Darin hiess es kurz und bündig: *«Sie haben mir nach der unerfreulich verlaufenen Generalversammlung der SBG geschrieben. Dafür möchte ich Ihnen herzlich danken. Ich stand vor der Frage, ob ich zu meiner politischen Meinung stehen oder im Verwaltungsrat der SBG bleiben soll. Ich habe ersteres gewählt, und es ist mir wohl dabei. Ihre aufmunternden Zeilen haben mir Kraft gegeben, und ich freue mich, dass es Menschen in unserem Lande gibt, die noch wissen, dass eine entschiedene Meinung gerade heute viel wert ist. Mit freundlichen Grüssen C. B.»*

Selbstverständlich wurde das Ereignis oft kommentiert.

Peter Hartmeier, Chefredaktor der Zeitschrift «Bilanz», sagte im Februar 1994 in einer Fernsehgesprächsrunde: «Blocher ist eine ganz ausserordentliche Erscheinung, nur schon deshalb, weil er als Unternehmer unglaublich erfolgreich ist. Andere starke Politiker vor ihm hatten niemals diese Potenz. Blocher kann es sich leisten, mit einem Lächeln aus dem SBG-Verwaltungsrat herausgeschmissen zu werden. So stark ist er geworden dank der BZ-Bank und Ebner und seinen Verbindungen zur Bahnhofstrasse. Diese wirtschaftliche Potenz zusammen mit dem Populismus und dem Nein-Sager-Effekt, das ergibt eine Kraft, die in dieser Art und Weise in der Schweizer Politik einmalig ist.» Und selbst der Politologe Claude Longchamp meinte: «Wenn Blocher etwas sagt, dann hat es einen Hintergrund.»

Christoph Blochers Geschäftsfreund und BZ-Trust-Verwalter, Prof. Kurt Schiltknecht, sagte in der gleichen Sendung: «Christoph Blocher zeichnet aus, dass er unabhängig ist. Damit kann er sagen, was er will. Und Leute, die in der Lage sind zu sagen, was sie denken, sind für unsere Gesellschaft wertvoll.»

Von den Niederlagen, die zu Siegen wurden

Christoph Blocher, Sie haben eine gesicherte Position, sind erfolgreich in Politik und Wirtschaft. Ist es da nicht einfacher, unabhängig zu urteilen und seine Meinung zu vertreten?

Sie unterstellen einfach, dass ich erfolgreich sei. Ich erlitt viele Misserfolge, wurde beispielsweise aus dem Verwaltungsrat der Bankgesellschaft geworfen...

... Sie haben diesen Verwaltungsrat doch freiwillig verlassen...

... nein, man hat mich rausgeschmissen, weil ich gegen den EWR-Beitritt war.

Noch einmal: Sie hätten Verwaltungsrat bleiben können, wenn Sie sich in der EWR-Frage anders besonnen hätten. Da lag doch der Entscheid bei Ihnen, oder?

Man hat mich weggejagt, weil ich politisch anders denke. Ich habe darüber hinaus eine Ständeratswahl verloren. Auch da habe ich Schiffbruch erlitten. Ich habe Abstimmungskämpfe verloren, wie meinen ersten Kampf gegen das Zürcher Planungs- und Baugesetz. Da hat man mir den Ausschluss aus der Partei angedroht. Meine Opposition gegen das neue Eherecht blieb erfolglos, ich habe auch diese Schlacht verloren. Das sind, nach gängigen Kriterien beurteilt, doch alles Misserfolge.

Gängige Kriterien?

Ja. Ich frage mich heute oft, ob nicht die verlorenen Schlachten am Schluss mehr Erfolg gebracht haben als die gewonnenen. Das ist alles ziemlich komplex. Nehmen wir den Kampf gegen das neue Eherecht.

Ich habe die Abstimmung verloren, aber das Grundthema, das ich damals aufgegriffen habe, ist nicht mehr verschwunden. Es ging mir um die Verantwortung in der Gemeinschaft, und dies wird seither breit diskutiert. Vordergründig hatte ich viele Erfolge, aber auch viele Misserfolge zu verzeichnen. Wenn ich aber nun Bilanz ziehe, so weiss ich wirklich nicht, ob die Siege oder die Niederlagen mich und meine Anliegen weiter gebracht haben.

Wenn Sie Ihre eigenen Kriterien anwenden, halten Sie sich dann für erfolgreich?

Ich erziele Wirkung. Ich will mich weder mit Churchill noch mit dem Reformator Hus gleichsetzen, doch sie sind gute Beispiele dafür, dass alle Siege und Niederlagen bei der Schlussbilanz keine Rolle mehr spielen. Churchill wurde gewählt und abgewählt und hat doch dank seiner Unbeugsamkeit und seinem Gestaltungswillen Europa befreit, Hus schliesslich endete auf dem Scheiterhaufen, das könnte man wahrlich unter Misserfolg einreihen. Und doch: beide haben ihrer Sache zum Durchbruch verholfen.

Noch einmal: halten Sie sich für erfolgreich?

Ich bin nie zufrieden, will ständig noch mehr verbessern, fortschreiten, Fehlentwicklungen verhindern. Das gilt für meine Politik, aber auch für meine Tätigkeit in meinem Unternehmen. Von aussen werde ich als sehr erfolgreich beurteilt, werde beneidet und bewundert. Dabei könnte man vieles noch besser machen. Ich habe auch gar keine Zeit, um mich der Frage nach dem Erfolg zu widmen. Aber vielleicht werde ich deshalb als erfolgreich beurteilt, weil ich dieser Frage kein grosses Gewicht beimesse.

Vorbilder und Freunde

Haben Sie Vorbilder?

Unter Zeitgenossen eigentlich nicht, nein. Ich war bekannt mit Franz Josef Strauss, den ich sehr schätzte, ohne seine politischen Ansichten in allen Verästelungen zu teilen, ich bewunderte auch Herbert Wehner oder Helmut Schmidt. Ein grosses Vorbild ist Winston Churchill für mich.

Und unter den in der Schweiz lebenden Politikern?
Nein, da bewundere ich eigentlich keinen.

Haben Sie denn Freunde?
Ich stand Hans Letsch und Otto Fischer sehr nahe, das waren meine Freunde im Parlament. Ebenso den früheren Kommandanten des Feldarmeekorps 4, Rudolf Blocher. Diesen vermisse ich sehr. Das Parlament hat weniger ausgeprägte Figuren als auch schon. So sehe ich das. In der eigenen Partei schätze ich meine Nationalratskollegen, insbesondere Walter Frey. Mit denen arbeite ich sehr gut zusammen. In der Wirtschaftspolitik liegt, glaube ich, Gerold Bührer auf der richtigen Linie. Mir fehlen aber intellektuelle Führerfiguren, ja, die vermisse ich. Ein enges Verhältnis habe ich mit meinem zweitältesten Bruder, Gerhard Blocher, Pfarrer in Hallau im Kanton Schaffhausen. Ich bin ziemlich einsam in diesem Parlament, nachdem ich mich beim EWR mit vielen entzweit habe.

Sie sind Gegenstand der Medien, die dauernd sagen, was sie von Ihnen halten. Was halten Sie denn umgekehrt von den Medien?
Ich achte die Medien. Ohne Information durch die Medien ist unsere Form der Demokratie nicht denkbar.

Gut, anders gefragt: Was halten Sie von den Journalisten?
Auch mit denen habe ich im allgemeinen kein Problem, auch mit den scharfen nicht, die mich angreifen. Mühe aber bereiten mir gewisse Entwicklungen im Medienbereich. Gefährlich und unsauber wird es dort, wo Medien nicht mehr informieren und bewerten, sondern wo Politik gemacht wird, eigennützige Firmenpolitik.

Was meinen Sie damit?
Mir fällt das Beispiel Ringier und Frank A. Meyer ein, ein Mann, der als Lobbyist für seinen Konzern in Bern tätig ist, erfolgreich tätig ist. Das ist unappetitlich, was da alles geschieht. Da wäscht eine Hand die andere, tauschen beispielsweise Politiker Informationen für liebesdienerische Berichterstattung in den Ringier-Medien ein.

214

Wie erklären Sie das Phänomen Meyer?
Das erklärt sich durch die Tatsache, dass viele Politiker vieles tun, um im «Blick» oder der «Schweizer Illustrierten» gut dargestellt zu werden. Das ist nur am Rand die Schuld von Meyer, mit dem ich übrigens nichts mehr zu tun haben will. Im Grunde sind jene Politiker, Bundesräte eingeschlossen, schuld, die ihm auf den Leim gehen.

Was bewirkt denn schon eine Schlagzeile im «Blick»?
Ach, eigentlich nichts. Der «Blick» beeinflusst das Volk nur am Rande, aber er hat einen grossen Einfluss auf die Politiker in Bern, die nehmen das Blatt wichtig.

Gegen Sie tritt aber nicht nur die Ringier-Presse regelmässig an...
Nein, es sind sehr viele Journalisten links, ich bin ihr Feindbild.

Mit Angriffen muss ein Mann ihres Kalibers leben...
Ich kann mit Angriffen leben, aber ich bin manchmal Gegenstand eines Kesseltreibens. Ich habe oft den Eindruck, die Journalisten hätten ihren eigentlichen Auftrag – informieren, aufklären – vollkommen aus den Augen verloren. Beim EWR statt dessen war ich einer Front von feindseligem Journalismus ausgesetzt. Man schwieg mich abwechselnd tot und verunglimpfte mich, es wurden Strategien gegen mich entwickelt. Darüber konnte ich nur den Kopf schütteln.

Aber der EWR wurde dennoch abgelehnt...
Ja, man hat mich darauf hingewiesen, dass es mir viele Journalisten übelgenommen hätten, dass ich mit meinen gut besuchten Veranstaltungen meine Botschaft auch ohne die Medien verbreiten konnte. Ich hätte die Medien «umdribbelt», wurde mir gesagt, und dadurch heftige Reaktionen provoziert. Kann sein. Dennoch kann ich mir diese perfiden Anwürfe und Unterzüge nicht erklären, die da von allen Seiten kamen, damit hatte ich nicht gerechnet; und das liess mich nicht kalt. Denen war ja jedes Mittel recht, mich herabzusetzen.

Nun sprachen wir von den Gegnern. Zu den Freunden. Haben Sie Freunde, Herr Blocher, enge Freunde?

Ja, ich habe Freunde. Aber ich habe wenig Zeit, um meinen Freundeskreis zu pflegen.

Wen rufen Sie an, wenn es Ihnen einmal schlecht geht, wenn Sie einen Rat brauchen? Ihren Bruder Gerhard?

Ja, das ist – wie gesagt – einer meiner guten Freunde. Früher war es der kürzlich verstorbene Rudolf Blocher, mit dem ich 13 Jahre im Verwaltungsrat zusammengearbeitet habe. Befreundet bin ich mit meinen SVP-Nationalratskollegen, eine über das Geschäftliche hinausgehende Freundschaft verbindet mich mit Martin Ebner und Kurt Schiltknecht und mit meinem Anwalt Paul Maier.

Wissen Sie, wenn es einem gut geht, hat man darüber hinaus einen ganzen Schwarm von sogenannten Freunden. Sie können geradezu messen, wie es Ihnen geht, wenn Sie diese Schar betrachten: Je grösser sie ist, desto besser geht es Ihnen, und natürlich umgekehrt.

Unbekannter Christoph Blocher

Im Tal erzählt man sich – meist hinter vorgehaltener Hand –, dass es auf Schloss Rhäzüns spuken soll, und viele Chroniken berichten über ungewöhnliche Erscheinungen. Viele Menschen wollen auf Rhäzüns schon Dinge der besonderen Art erlebt haben: das rätselhafte Öffnen und Schliessen von Türen, unergründbare Geräusche wie Kettengerassel, Rumpeln, Trampeln von Schuhen mit Nagelsohlen, babylonisches Sprachgewirr oder das Ticken nicht vorhandener Uhren. Die ehemaligen, langjährigen Schlossverwalter Gisela und Armin Bugmann haben eine aussergewöhnliche Erklärung für die «Störungen», wie sie die seltsamen Vorkommnisse nennen: Vor ungefähr 500 Jahren habe einer der letzten Freiherren von Rhäzüns als schrecklicher Despot auf dem Schlosse gewütet. Er liess Frauen aus den Umliegerdörfern herbeischleppen, um sie zu vergewaltigen und danach zu köpfen. Die Leichname wurden in den Rhein geworfen. Wer eine derartige Schuld auf sich geladen habe, finde eben keine Ruhe, und nun müsse der Freiherr Nacht für Nacht durchs Schloss geistern. In einem abgelegenen Turmzimmer habe Gisela Bugmann selber eine kalte Hand im Nacken verspürt, die sie aus der Kammer geschoben habe. Im Laufe der Zeit seien die Erscheinungen glücklicherweise seltener geworden, weil ihr Mann und sie täglich für die Geister Fürbitte geleistet hätten. Christoph Blocher sind die Geister und Gespenster bis anhin nicht begegnet, und Angst davor hat er auch nicht. Grossen Respekt dagegen flösst ihm, wie er belustigt erzählt, die Ritterrüstung im Treppenhaus ein:
Einmal, als er das Schloss zur späten Nachtstunde einer hochkarätigen chinesischen Geschäftsdelegation zeigte, wollte ein ranghoher chinesischer Beamter unbedingt in diese Rüstung hineinsteigen und tat es auch – zur hellen Freude seiner Landsleute. Als man ihn wieder aus der Rüstung habe herausnehmen

wollen, liessen sich Helm und Visier nicht mehr öffnen. Es blieb nichts anderes übrig als, nachts um halb eins, einen Schlosser zu benachrichtigen, der den in der Rüstung schmorenden Chinesen eine gute Stunde später befreien konnte. Der Beamte war über das Missgeschick sehr verärgert, und er ist wohl einer der wenigen Gäste von Schloss Rhäzüns, die ihren Aufenthalt nicht nur in guter Erinnerung haben...

Schloss Rhäzüns im Domleschg steht in der Talenge eines Nord-Süd-Durchgangs und wurde auf einem Felsen eines Felssturzes mitten im Hinterrhein erstellt, was die schmale Bauweise erklärt. Das Gebäude ist nur eine Zimmertiefe breit, und in fast allen Räumen befinden sich beiseitig Fenster, welche die einzigartige, atemberaubende und wildromantische Rheinlandschaft einfangen.

Während die ältesten Grundfesten des Schlosses etruskisch sind, stammen der ältere Schlossteil aus dem 12. und das Hauptgebäude aus dem 14. Jahrhundert. Er verspüre, sagt Christoph Blocher, eine tiefe Verbindung zu dem historischen Anwesen. Oft sagt er zu seinen Direktoren: «Lernt aus Schloss Rhäzüns!» Denn wenn man schon im 12. Jahrhundert eine Festung dort gebaut habe, wo der Gegner am wenigsten durchstossen konnte, also am schwächsten war, so müsse auch der Unternehmer die Konkurrenz immer dort treffen, wo sie am schwächsten ist.

1497 ging das Schloss von den Freiherren von Rhäzüns mangels männlicher Nachkommen an Kaiser Maximilian über, der als neuer Schlossherr auch Mitglied des «Oberen Bundes» war. Über dreihundert Jahre blieb das Schloss im Besitze der österreichischen Kaiser. Am Wiener Kongress von 1815 wurde es, nachdem es noch einige Jahre Napoleon Bonaparte gehört hatte, dem Kanton Graubünden zugesprochen, der es aber aus finanziellen Gründen nicht halten konnte. So ging dem Kanton der Schauplatz seiner eigenen Gründung verloren, denn im Landrichtersaal wurde am 19. Januar 1819 Graubündens Geschichte gestaltet: Die Herrschaft Rhäzüns wurde offiziell dem Kanton Graubünden abgetreten. Das Schloss kam in die Hände von Privatleuten, denen ob der grossen Aufwendungen die Mittel aber ebenfalls ausgingen. «Mit einem Schloss muss man eben immer aufpassen, dass man nicht Pleite macht», meint Christoph Blocher. Schliesslich diente es während des Zweiten Weltkrieges als Heim für schwererziehbare Auslandkinder und kam 1964, vollständig verlottert und heruntergekommen, auf eine Gant, wo es von Dr. Werner Oswald für die Emser-Werke ersteigert werden konnte. Seit 1969 kümmert sich Christoph Blocher um den stattlichen Firmenbesitz, den er nach und nach einer sanften Renovation unterzogen hat.

Gerne zieht sich Christoph Blocher in dieses Refugium zurück, um sich auszuruhen oder um Gäste zu empfangen. «Wir laden hier nicht jedermann ein, sondern nur ganz besondere Menschen. Leute, die zu den Möbeln passen», sagt er scherzhaft. Er kennt Schloss Rhäzüns bis in die hintersten Winkel. Es macht ihm Spass, Türgerichte, Kassettendecken, Tapeten, Handwerkskunst an Schmiedeisen- und Einlegearbeiten, die Funktionsweisen der Öfen aus verschiedenen Jahrhunderten, Geheimfächer in den Schränken und die dazugehörigen Geschichten zu erklären und zu erläutern. Im ausschliesslich von Bienenwachskerzen beleuchteten Rittersaal befinden sich die kunsthistorisch wertvollen Malereien von Hans Ardüser – jenem süddeutschen Landstreicher und Lehrer, der im Bündnerland umhergezogen war und seine künstlerischen Spuren auch in anderen historischen Bauten hinterlassen hat –, dann die Familienwappen der Freiherren von Rhäzüns mit so illustren Namen wie Sprecher, Stampa und Planta.

Vom Rittersaal gelangt man über eine schmale Treppe in die dunklen Schlossverliese, wo sich noch Malereien von einstigen Gefangenen befinden. Die Folterkammer, direkt neben den Gefängnissen gelegen, gehört heute zur Wohnung des Verwalterehepaars. Im Schloss befinden sich eine Bibliothek mit raffiniertem Fluchtweg in einem doppelten Boden und eine Schlosskapelle, in welcher einmal pro Jahr, am Antoniustag, ein Gottesdienst abgehalten wird, damit sie ihre Weihe nicht verliert. Christoph Blocher sagt schalkhaft: «Den CVPlern im Parlament sage ich jeweils, sie sollten bedenken, dass ich der einzige im Rat bin, der über eine eigene katholische Kirche verfügt, und dies erst noch als reformierter Pfarrerssohn.» In den gemütlich und wohnlich eingerichteten privaten Schlossgemächern des Ehepaars Blocher – «Wir brauchen keine Hausbar und solchen Unsinn» – finden sich als einzige Zeichen von Exklusivität einige wenige Gemälde von Albert Anker. In der Stube hängt das Portrait eines alten, ernsthaften Mannes, mit dem Christoph Blocher, so sagt er, manchmal imaginäre Zwiesprache hält. Er ist von der Malerei Albert Ankers fasziniert. Freunde bestätigen, dass er mit Leib und Seele an dessen Bildern hängt. Seine umfangreiche Anker-Sammlung – vorwiegend aus Porträts in Öl und Aquarellen bestehend – ist in einem grossen Saal untergebracht, der früher als Gerümpelkammer diente und eigens für die Aufbewahrung der Werke hergerichtet wurde. Aufgrund seines pragmatischen Wesens bevorzugt Christoph Blocher die gegenständliche Kunst und steht Abstraktem eher distanziert gegenüber. Vor kürzerer Zeit hat er einige Werke von Ferdinand Hodler erstanden, weil diese seiner Gattin Silvia sehr gefallen. Hodler schätze er zwar auch, das Allumfassende eines Ankers finde er bei ihm jedoch nicht. Früher habe er sich höchstens ein paar Kohlezeichnungen kaufen können. «Heute habe ich so viele Schulden, dass ich es mir leisten kann, ein wahrer Sammler zu sein», lacht er. Engagiert, fast verbissen, jagt er Ankerbildern rund um die Welt, auch über verschlungene Pfade, hinterher.

Die Werke aus seiner Sammlung stellt er verschiedensten Kunstausstellungen zur Verfügung. Sie fanden sich in Ausstellungen in Wien, New York und in Ins, dem Geburtsort Albert Ankers, wo die 325 ausgestellten Bilder 1985 einen sensationellen Besucherstrom angezogen hatten. 158 000 Personen haben die Ausstellung besucht. Vergangenheitssehnsucht und die Flucht in eine heile Welt manifestiere sich hier, vermeldeten verschiedene Zeitungen.

Christoph Blocher sieht es anders und erklärte in einem Aufsatz, wie sich das «Allumfassende» Ankers für ihn offenbare: «Die Kunst Albert Ankers stellt alles andere als eine ‹heile Welt› dar... Die Armut der Bevölkerung in der zweiten Hälfte des 19. Jahrhunderts hat nicht nur zu rührender Einfachheit, sondern schon zu bedrohlichen Anfängen der Verkommenheit geführt... Die Kinder tragen auf ihren Gesichtern einen tiefen, oft traurigen Ernst und werden ausnahmslos arbeitend dargestellt: beim unablässigen Stricken, bei den Schulaufgaben, in der ungeschminkten Härte der Schulstube, in der tragikomischen Disziplin der Turnstunde, beim Füttern des Federviehs, bei der Sonntagsreinigung der Stiefel, bei der feiertäglichen Hausandacht oder bei der Bibellesung für den dem Tode nahestehenden Grossvater... Die durchdringenden, tiefernsten Augen des Malers haben dorthin geschaut, wo das Leiden und die Widerwärtigkeiten dieses Erdenlebens an Ort und Stelle erfahren und ertragen werden müssen... Anker malt den Menschen, der die Härte des Lebens besteht. Er kündet nicht das Ideal eines von Arbeit, Mühsal, Härte, Entsagung, Schmerz und Leid befreiten Lebens.» Dies sei der Grund, der die Menschen in derart grosser Zahl anziehe, weil sie diese tiefe Wahrheit – bewusst oder unbewusst - beim Betrachten der Bilder erlebten.

Weiter schreibt Christoph Blocher, dass der moderne Mensch, entgegen aller Lebenswirklichkeit, nur noch dem Ideal der Selbstbefreiung, der Selbstentfaltung, der Ungebundenheit und der unbeschränkten Lebenslust nachhängen wolle. Dies zeuge nicht nur von einer Hoffnungslosigkeit ohnegleichen, sondern auch von einer tiefen Unfähigkeit, die «Leiden und Widerwärtigkeiten dieses Erdenlebens» zu meistern. Auch die politischen Programme – bis zu den einzelnen Gesetzesvorlagen – entsprächen nur noch diesen «modernen» Idealen. «Muss nicht umgekehrt der Wirklichkeit wieder vermehrt ins Auge gesehen werden, an der die Menschen – gewollt oder ungewollt – teilhaben?» fragt Blocher. «Müssen nicht die Aufgaben, Pflichten, Härten und Widerwärtigkeiten des Lebens wieder ernst genommen werden? Träte dann nicht Hoffnung anstelle der Hoffnungslosigkeit, Gefasstheit anstelle der Verzweiflung? Die Bedrängnis des Lebens bekäme einen anderen Stellenwert als nur denjenigen eines auszumerzenden Überbleibsels einer ‹ungerechten› Gesellschaftsordnung, und die Politik könnte herauskommen aus ihrem völlig unwirksamen – weil unwirklichen – Leerlauf.» Christoph Blocher ist von der Gesetzmässigkeit von Tod und Leben, von Leid und Freud, von Sieg und Niederlage, die dem Menschen als göttliches Vermächtnis übertragen ist, zutiefst überzeugt. Die dem Menschen auferlegten Pflichten und Lasten seien zu tragen, glaubt er, denn nur die Unterordnung unter dieses Lebensprinzip könne letztlich zu wirklicher Lebenskraft und Lebensfähigkeit führen. Natürlich sollen auch Lebensfreude, Humor, Originalität, Entspannung, Kreativität, Lust an der Aufgabenbewältigung, ja Ausgelassenheit ihren Platz haben. Nur eben: das eine nicht ohne das andere.

Ich habe keine grossen Ansprüche

Sie sind ein sehr reicher Mann. Welchen Lebensstil pflegen Sie?
Gemessen an meinem Vermögen ist mein Lebensstil eher bescheiden. Er hat sich gegenüber früher nicht grundsätzlich geändert.

Haben Sie denn keinen Hang zu Luxus, keinen Ferrari in der Garage, keine Yacht im Süden?
Nein, habe ich alles nicht, brauche ich auch nicht. Ich fahre einen Volvo und halte insgesamt nichts von grosskotzigem Geldverschwenden.

Sind Sie denn ein Geizkragen?
Nein, ganz im Gegenteil. Ich habe auch schon als Werkstudent gut gelebt, manchmal hat's dann in der zweiten Monatshälfte nur noch zu Thunfisch aus Büchsen gereicht. Aber ich habe heute wenig Freizeit, kann also gar nicht viel Geld ausgeben, und zum anderen habe ich auch nicht das Gefühl, ein reicher Mann zu sein. Meine Unternehmen steigen jedoch in ihrem Wert ständig, mein steuerbares Vermögen war dadurch vor Jahren 130 Millionen und jetzt 740 Millionen...

Aber das ist ja geradezu unglaublich reich...

So scheint's. Aber das ist der Wert meiner Unternehmen. Das gibt mir nie das Bewusstsein, reich zu sein. Es ist ja noch immer dieselbe Firma, die jetzt plötzlich soviel wert ist, weil wir gut arbeiten.

Alles klar. Aber Sie könnten diese Aktien ja verkaufen, dann wären Sie sehr, sehr reich...

Richtig, könnte ich.

Und wenn Sie sich irgendetwas leisten möchten, so könnten Sie's doch auch...

... ich schildere Ihnen, wie ich lebe: Ich wollte im Februar eine Woche ausspannen, wie immer in Mürren, wo ich schon als Student die Ferien verbrachte. Noch immer verbringen wir dort in derselben Ferienwohnung eines Hotels unsere Ferien. Weil diese Wohnung schon besetzt war, gingen wir nach Grindelwald. Das war's.

Ich selber habe keine grossen Ansprüche. Ich bin durchaus grosszügig anderen gegenüber, habe beispielsweise den EWR-Abstimmungskampf mit Millionen aus meiner Privatschatulle unterstützt. Auch in Wahlkämpfen greife ich manchmal tief in die Tasche, und zwar in die eigene.

Auch unsere Kinder haben wir eher bescheiden erzogen. Unsere Tochter hat sich erst jetzt, nach abgeschlossenem Studium, das erste Auto gekauft, und zwar vom eigenen Geld. Unser Sohn hat noch gar keines, weil er es als Student nicht selber verdienen kann.

Also doch ein geiziger Vater...

Nein, das hat nichts mit Geiz zu tun. Meine Devise lautet: Man leistet sich nur, was man sich selber erarbeitet hat und sich auch leisten kann.

Bleiben das Sammeln von Anker-Bildern und Hodler-Bildern und das Schloss Rhäzüns...

Meine Sammlung hat viel Wert, stimmt. Sie ist ein Teil meines Vermögens. Ich wähle auch sehr sorgfältig aus, schliesslich möchte ich in einer Krise auf diese Kapitalanlage zurückgreifen können, wenn das

Unternehmen einmal Geld brauchen sollte. Und das Schloss Rhäzüns, das der Firma gehört, ist wirklich eine Oase der Ruhe. Es dient vor allem auch Repräsentationszwecken. Ich wohne für meine Verhältnisse ziemlich bescheiden und wäre nie in der Lage, eine grössere Anzahl Gäste in meinem Haus zu empfangen. Dafür ist das Schloss ideal.

Wo lassen Sie sich denn mal gehen? Wann und wo faulenzen Sie? Liegen Sie je am Strand unter dem Sonnenschirm?

Nein, das kann ich nicht. Ich bin ohnehin kein Faulenzer. Ich erhole mich innert Stunden. Dazu kommt, dass ich mein ganzes Leben lang am Sonntag nie gearbeitet habe. So bin ich erzogen worden, und daran halte ich mich, wo immer es geht. Auch beim Lesen erhole ich mich blendend, ich lese sehr viele Bücher …

Was denn?

Vor allem Geschichtliches und jetzt lese ich Joseph Roths «Radetzkymarsch» und «Nicht Anfang und nicht Ende», ein Buch über das Tessin …

Woher nehmen Sie denn die Zeit, um zu lesen?

Ach, ich kann nachts häufig nicht schlafen, nach zwei bis vier Stunden wache ich auf, manchmal ist es dann mitten in der Nacht. Dann lese ich …

Was hält Sie denn wach?

Ich weiss es nicht, ich brauche einfach sehr wenig Schlaf. Im übrigen verbrauche ich keine Zeit vor dem Fernseher, weil wir keinen besitzen, ich höre zu Hause nie Radio. Ich lebe sehr diszipliniert.

Freude haben und Freude verbreiten

«Christoph Blocher macht aus Prinzip alles anders und sprengt den Rahmen herkömmlicher Jubiläumsfeiern. Kein Bundesrat als Ehrengast und anstelle langweiliger Festreden das Opern-

Essspektakel ‹La cena è pronta› von Armin Caduff mit einem leibhaftigen Giuseppe Verdi, Gioacchino Rossini, Jean-Jacques Offenbach und Franz Liszt auf der Bühne», schrieb die Journalistin Suzanne Speich über die 50-Jahr-Jubiläumsfeier der Ems-Chemie im Herbst 1992 im Zürcher Albisgüetli. «La cena è pronta» ist eine Gesangsaufführung, die zu einem mehrgängigen Menu gespielt wird. Die Gesangsgruppe «Cumpagnia Rossini» unter der Leitung des Musikpädagogen Armin Caduff ist mittlerweilen zu internationalen Ehren gelangt. Christoph Blocher bewundert die Gesangskunst der Rätoromanen: «Die Mitglieder dieser Gesangsgruppe sind alle aus dem kargen Boden der Surselva hervorgegangen und strahlen soviel Lebensfreude aus, dass sie Menschen auf der ganzen Welt zu begeistern vermögen.» Deshalb hat er den jungen Talenten nebst einer Stimmausbildung an der Academia Verdiana in Busseto auch eine Konzertreise nach Warschau finanziert.

Christoph Blochers Freude an der Musik ist gross. «Es ist ihm nicht nur ein Bedürfnis, andere an der Freude teilnehmen zu lassen», sagt seine Frau Silvia, «sondern auch diejenigen zu fördern, die diese Freude verbreiten.» Da kennen seine Grosszügigkeit und der Mut zum Risiko kaum Grenzen.

So hat er denn auch rund achtzig gesangsbegabte Schülerinnen und Schüler aus Bündner Mittelschulen für eine Woche nach Disentis in die Klosterschule eingeladen, damit sie die Missa in C-Dur, die sogenannte Krönungsmesse, von Wolfgang Amadeus Mozart einstudierten. Unter der Gesamtleitung des Bündner Dirigenten Räto Tschupp probten sie mit dem Orchester Glarner Musikkollegium, geleitet von Rudolf Aschmann, und mit internationalen Solisten. Vier Konzerte gelangten im August 1992 zum Jubiläum der Ems-Chemie zur Aufführung, zwei davon in der eigens dafür hergerichteten Werkhalle der Ems-Chemie, eines in der Klosterkirche Disentis und eines in der Laudinella in St. Moritz.

Der Publikumsandrang war enorm, alle vier Konzerte – der Eintritt kostete symbolische 5 Franken – innert kürzester Zeit ausverkauft. Für einmal war sogar die Presse des Lobes voll: «Sternstunde für Musikliebhaber», «Musikalischer Leckerbissen der besonderen Art», «... derart eindringlich, dass einem die Gänsehaut über den Rücken kroch», «Jugendlicher Chor durchbrauste die Werkhalle und widerhallte im weiten Gelände der Ems-Chemie» und «Ein beglückendes Erlebnis für Schüler, Lehrer, Musiker und Zuhörer» schrieben die Zeitungen.

Gerührt sagte Christoph Blocher: «Die Kraft und die Schönheit, mit der die Jugendlichen diese Messe aufgeführt haben, das war unglaublich.»

Eine halbe Million Franken hat Christoph Blocher in die Jugendaufführung investiert. Diese Form der Unterstützung hält Blocher für wesentlich sinnvoller als beispielsweise das Sponsoring einer Aufführung mit Weltstars, die ohnehin schon jeder kennt.

Christoph Blocher freut sich über die Reaktion eines Musiklehrers, der schrieb: «Die Mozart-Lehr- und Lernwoche in Disentis hat uns alle restlos begeistert. Ihre Risikobereitschaft und Ihre Grosszügigkeit, eine ungewöhnliche Idee in die Tat umzusetzen, haben sich gelohnt.» Ein Rektor schreibt: «Begeisterte Schüler und ein beglückter Musiklehrer haben nach der von Ihnen inszenierten Mozart-Woche die Arbeit an der Schule wieder aufgenommen. Die Wiederholung derartiger Experimente bleibt hoffentlich kein Wunschtraum.»

Mozart und die Industriellenseele

In seiner vielbeachteten Rede «Mozart als Industrieller», die Christoph Blocher vor jugendlichen Sängern in Disentis hielt, wagte er den Vergleich zwischen dem Komponisten Wolfgang A. Mozart und einer Industriellenseele. Wie so oft setzte er auch hier beim Ursprung der Wörter an. So bedeute der Begriff «industruere» im Altlateinischen soviel wie «inneres Aufbauen», was Voraussetzung für den äusseren Ausbau, das «con-struere», sei. Erst was aus einer inneren, geistigen Bewegung in sich selbst stimme, könne durch geradlinige Einhaltung des Konzepts zum Vollzug, zur Konstruktion führen. Dieses Ganz-bei-der-Sache-Sein sei das Entscheidende für den Unternehmer. Das Wort «Musik» – vom griechischen Begriff der Muse abgeleitet – gehe seinerseits auf die Bedeutung von «geistig erregt sein» oder «streben» zurück und sei somit mit «industruere» verwandt. Obwohl er, Christoph Blocher, von Musik wenig verstehe, so nehme er doch wahr, dass Mozart wie kein anderer dieses innere Konzept in fast unerträglicher Klarheit zur Gestaltung gebracht habe. Damit sei er ein Industrieller im wahrsten Sinne des Wortes gewesen, sagte Blocher.

«Wer spürt denn nicht auch bei Mozart die unglaubliche Bescheidenheit gegenüber der Lebenswirklichkeit, die er in seiner Musik dauernd darstellt? In seinem Schalk, in seinem Ernst, in seiner Tiefe, in seiner Leichtigkeit, in seiner Schwere?» Nur dank seiner Produktivität – eine entscheidende Grösse auch im industriellen Wirken – habe Mozart im Alter von 36 Jahren, in welchem heute viele jungen Leute erst erwachsen würden, ein Werk hinterlassen, das seine Wirkung noch über viele hundert Jahre entfalten werde. «Diese Sachbezogenheit führt auch zu einer wohltuenden Abneigung gegenüber allem Unechten, Oberflächlichen, gegenüber kurzlebigen Modetrends. Sie schärft den Blick für das Wesentliche, das Gültige, das Echte, das Dauerhafte. Sie stellt das Sein über den Schein. Sie gibt die Kraft, Widerstände zu überwinden und die Einsamkeit – die für führende Menschen typisch ist – zu ertragen.»

Seine Ausführungen beendete er in der Hoffnung, «dass die Mozartsche Musik und ihre Sprache uns allen die tiefe Durchdringung des inneren Aufbaus mit dem äusseren Ausbau offenbart. Das kann uns einerseits zur Demut gegenüber unserem eigenen Tun und gleichzeitig zum Mut für die weitere Entwicklung unseres Unternehmens führen. Beides haben wir nötig. Beides ist uns auch verheissen – vom ‹Kyrie eleison› bis zum ‹Dona nobis pacem›.»

Andrea Masüger von der «Bündner Zeitung» fragte Christoph Blocher: «Haben Sie das Gefühl, Sie seien gewissermassen ein industrieller Mozart, oder wären Sie nur gerne ein solcher?»

Christoph Blocher antwortete: «Ich sage nur, dass Mozart ein Industrieller war. Der Umkehrschluss wäre Blasphemie. Es geht nicht um mich. Ich wollte aber die Parallelen zwischen dem Wesen eines Industriellen und dem Wesen Mozarts aufzeigen.» Masüger weiter: «Weshalb Ihre Begeisterung für den progressiven Mozart? Sie gelten doch als konservativ, als jemand, der das Neue, das Vorwärtsdrängende scheut?» Blocher: «Ihre Frage ist typisch für die heutigen Klassifizierungen und Vereinfachungen. Ich bin in einem guten Sinne konservativ. Mozart war das auch. Alle Industriellen sind bewahrend, weil sie ihren Blick auf das Allgemeingültige, auf das Ganze ausrichten und sich nicht über diese Gesetzmässigkeiten erheben wollen. Für Phantome und Trugbilder haben sie nichts übrig. Was hat man doch in den letzten zwanzig Jahren an Trends in der Gesellschaft, der Erziehung, der Psychologie, ja in den Wissenschaften erlebt, die alle keinen Bestand hatten. Auch die EG ist ein Phantom. Das heisst aber nicht, dass man stillstehen soll. Das Allgemeingültige, das Wahre ist ständig weiterzuentwickeln. Dies tat auch Mozart, und das machte das Neue an seiner Musik aus.» Masüger: «Das Wort EG ist gefallen. Hätte nicht gerade Mozart gesagt, dass der Wurf der EG auch für die Schweiz Gültigkeit haben muss?» Blocher: «Das Unechte in der EG, gegen das ich antrete, das Bürokratische und das Bonzenhafte, würde Mozart heute mit fast revolutionärem Eifer bekämpfen. Mozart war der grösste Gegner der Erzbischöfe von Salzburg, die damals schon machtvolle politische Zukunftskonstruktionen entworfen hatten.» Die Eintrittsgelder aller vier Mozart-Aufführungen kamen vollumfänglich der «Bündner Stiftung für junge Bergbäuerinnen», einer Einrichtung von Ems, zugute. Die Stiftung trägt bei frischverheirateten Bergbauern-Ehepaaren einen Teil zur Aussteuer bei. Einzige Bedingung ist, dass Frau oder Mann über eine entsprechende landwirtschaftliche Ausbildung verfügen müssen. «Sonst kommen einfach die Alternativen daher und machen die hohle Hand», meint Blocher. Über hundert Bergbauernfamilien hat die Stiftung schon geholfen.

Musik erleben, ertasten und riechen

«Mit dem Orgelfeldzug haben Du und ich endlich all jene erreicht, die noch nie Musik gemacht haben... Lieber Christoph, ich danke Dir mit aller Kraft – auch im Namen von beinahe 8200 jungen, mittleren und älteren Bündnern für eine grosse Tat, für Deine grosse Tat. Ich gratuliere Dir für Deine Zivilcourage – auch im kulturellen Bereich», schrieb der Orgelvirtuose Hannes Meyer an seinen Gönner. Denn Christoph Blocher hatte Meyers siebenmonatigen Orgeltrip durch 90 Bündner Gemeinden finanziert. Vor insgesamt rund 3000 Schulkindern und ungefähr 5000 Erwachsenen spielte Orgelakrobat Meyer dabei die Dorforgel. Das erstaunte Publikum lernte, wie man dieses traditionellste aller Kircheninstrumente erfühlen, erleben, ertasten oder sogar riechen kann, wie Orgeln ein Coca-Cola von einem Rindsragout unterscheiden, wie Orgelpfeifen Tonschnüre durch den Kirchenraum blasen, an denen die Menschen ihre Gebete wie Wäsche aufhängen können. Und dass Kinderhände die schwarzen und die weissen Zähne der Orgel weit weniger zu traktieren in der Lage sind als etwa die Hände eines berühmten Konzertorganisten, der bei Charles-Marie Widors berühmter Toccata jede halbe Sekunde 12 Kilogramm Gewicht pro Hand auf die Tasten legt, was für viereinhalb Minuten Spieldauer nicht weniger als ein Gesamtgewicht von 11'520 Kilogramm ausmacht. «Die Orgel gehört allen Leuten im Dorf, wie der Bahnhof, der Dorfplatz, die Kirche und das Postauto. Ziel ist es, Kinder und Erwachsene die Orgel einen ganzen Tag lang neu erleben zu lassen», schrieb der originelle Musikus in einer seiner begleitenden Zeitungskolumnen. Das Experiment des Neuerlebens ist geglückt, wovon auch die originelle Bitte eines Misoxer Bauern zeugt, der Meyer gebeten hatte, seinen Kühen im Stall barocke Orgelmusik vorzuspielen, um die Milchproduktion anzuregen.

Nabucco mit Kindern und Jugendlichen

Nach dem Weihnachtskonzert der Musikschule Surselva in der Kirche Danis im Bündner Oberland 1993 sassen Christoph Blocher und seine Frau mit Armin Caduff unter den Dorfbewohnern in der Dorfwirtschaft. «Das nächste Jahr sollten wir zu höheren Taten schreiten. Wie wär's denn mit einer italienischen Oper?» Diese spontane Anregung Blochers, zusammen mit seiner finanziellen Unterstützung, trug im August 1994 Früchte: Über 110 Gesangsschüler aus den Bündner Musik- und Kantonsschulen, Jugendliche und Kinder, sowie ausgezeichnete Bündner Sänger, wie der Disentiser Claudio Simonett und das Cumpignia-Mitglied Gion Gieri Tuor als Dirigent, unterstützt von Solisten und renommierten Musikern aus verschiedenen Ländern brachten unter der Leitung von Armin Caduff die konzertante Form der Verdi-Oper «Nabucco» an vier Abenden zur Aufführung. Die halbszenische Darbietung verzichtete auf jegliche Lichteffekte und pompöse Bühnenbilder, beeindruckte dafür aber um so mehr durch schlichte und präzise Kostümierung, eine geschickte Choreographie, vor allem aber durch die wuchtige musikalische und gesangliche Ausdruckskraft, welche Zuhörerinnen und Zuhörer begeisterte. In der kurzen Zeit von nur knapp einem halben Jahr wurde diese beeindruckende Leistung realisiert. Die vier ausverkauften Aufführungen in der Tonhalle Zürich, im Jugendstilsaal des Park Hotels Flims-Waldhaus, im Davoser Kongresszentrum und im Forum Ried in Landquart bleiben wohl allen, die dabei waren, in unauslöschlicher Erinnerung. «Nicht Einzelleistungen, sondern die Gesamtleistung soll im Vordergrund stehen», schrieb Blocher im Programmheft. «Kein elitäres Stück ist angesagt, aber herzhafte Musik. Es geht um viel Lebensfreude.»

«Was Blocher anpackt, führt er zum Ziel», meint Armin Caduff. «Er ist vorwärtsdenkend, voller Energie, und wenn er ja sagt, steht er hundertprozentig zu seinem Wort.» Und er fügt hinzu: «Aber hinter jedem grossen Mann steht eine noch grössere Frau.» In der Tat ist Silvia Blocher bei all diesen Anlässen nicht nur immer mit dabei, sondern sie organisiert, hilft mit, zieht Fäden im Hintergrund, setzt sich ein, wo sie nur kann, ist omnipräsent, unterhält sich mit Leuten, versprüht Charme, Energie und Fröhlichkeit.

Wegen der grossen Erfolge möchten Christoph Blocher und Armin Caduff solche Opernaufführungen institutionalisieren: Vorgesehen ist die Aufführung eines unbekannteren Verdi-Werkes, «I Masnadieri» (nach Schillers Räuber), und 1996 soll «Nabucco» eine Reprise erleben.

Tageszeitung gerettet

Als im Jahre 1986 die älteste Tageszeitung Graubündens «Das Bündner Tagblatt», die ehemals katholische Tageszeitung, das Erscheinen einstellen wollte, erhob sich Christoph Blocher: «Das darf nicht geschehen. Der Kanton Graubünden braucht zwei Tageszeitungen!» Er stellte sich kurzerhand als Verwaltungsratspräsident zur Verfügung und versuchte selber, diese Tageszeitung zu retten. Die beachtlichen Defizite deckte er selbst.

Böse Zungen behaupten, er kopiere Berlusconi, den wohlhabenden Unternehmer und Politiker in Personalunion mit eigenem Sprachrohr. Doch Christoph Blocher kontert: «Ich mache dies als Verfechter der Meinungsvielfalt, und weil ich Graubünden eine Monopolsituation durch die ‹Bündner Zeitung› habe ersparen wollen.»

Trotz grosser Anstrengungen ist es bisher nicht gelungen, das «Bündner Tagblatt» aus den roten Zahlen herauszumanövrieren. Die Zeitung schreibt immer noch Defizite in Millionenhöhe, die zum grössten Teil aber durch Christoph Blocher selbst getragen werden. Das Unternehmen soll jedoch selbsttragend werden, ein Ziel, das zu erreichen aufgrund der Steigerung bei den Abonnentenzahlen von anfänglich 4000 auf 13 000 im Jahre 1993 zumindest nicht unmöglich sein sollte.

Die Frage stellt sich dennoch: Warum ist der sonst so kostenbewusste Unternehmer Blocher bereit, über Jahre hinweg ein unrentables Medien-Produkt mit beträchtlichen finanziellen

Mitteln zu unterstützen?» «Wäre das ‹Bündner Tagblatt› verschwunden», sagt er, «so hätte dies für den peripheren Kanton Graubünden mit seinen drei Sprachen und den vielen Tälern verhängnisvolle Auswirkungen gehabt. Ein unverantwortbares Meinungs- und Inseratemonopol wäre entstanden. Potentielle Inserenten sollten diesem Umstand vermehrt Rechnung tragen. Leider unternehmen sie von sich aus praktisch nichts.» Die Bündner Presselandschaft gilt als schwierig und unübersichtlich. Christoph Blochers Konkurrentin, die «Bündner Zeitung», meint, dass Graubünden aus wirtschaftlicher Sicht nur noch eine Tageszeitung verkraften könne. Pressevielfalt brauche es nicht, denn durch Radio und Fernsehen sei genügend Medienvielfalt vorhanden.

Seit Jahren verlaufen Bestrebungen zur Realisierung einer romanischen Tageszeitung im Kanton Graubünden im Sand. Denn durch eine romanische Zeitung in der Kunstsprache «Rumantsch grischun» fühlen sich die vier verschiedenen romanischen Hauptidiome in ihrer Identität bedroht. Zudem würde diversen Lokalzeitungen, die ein- bis dreimal wöchentlich deutsch oder romanisch erscheinen, durch eine romanische Tageszeitung unliebsame Konkurrenz erwachsen. Die italienischsprachigen Südtäler würden sich durch eine romanische Tageszeitung benachteiligt fühlen. In dieser Lage war ein Hickhack um Subventionen und Einzelinteressen geradezu vorprogrammiert, womit es nicht erstaunt, dass bislang keine Lösung auf breiter Basis gefunden worden war.

Was tat Blocher in dieser Situation? Getreu seiner Devise «Handeln, statt immer nur reden», lancierte er im März 1994 zur Überraschung aller die erste romanische Tageszeitung «La Nova» in Form einer täglich erscheinenden rätoromanischen Zeitungsseite im Bündner Tagblatt. Gleichzeitig bot er den bestehenden romanischen Regionalblättern die Zusammenarbeit an. «Es galt, ein Meinungsmonopol zu verhindern, die rätoromanische Sprache erhalten und fördern zu helfen, dabei aber die regionalen Zeitungen nicht zu schwächen», schrieb Blocher in seinem Leitartikel zum «La Nova»-Coup. Das «Bündner Tagblatt»

habe einen Weg gefunden und gehe ihn nun. Sein bereits vor
Jahren vorgeschlagenes «Zeitungsmodell Graubünden», wonach
die Tageszeitungen mit völlig getrennten und unabhängigen Re-
daktionen arbeiten sollten, während Herstellung, Vertrieb, Inse-
ratenakquisition hingegen zentral besorgt würden, könnte ohne
Subventionen verwirklicht werden. Dies fördere die Meinungsvielfalt und sei finanziell tragbar. Leider sei dieses Modell stets
am Widerstand anderer gescheitert.

Christoph Blochers Vorstellungen und seine romanische «La
Nova» führten im Herbst 1994 in Chur zu einem Klingenkreuzen
zwischen ihm und Hanspeter Lebrument, dem Verantwortlichen
für die «Bündner Zeitung». Dessen Zeitung begann aus vollen
Rohren zu schiessen. Christoph Blocher lasse sein «Bündner
Tagblatt» neuerdings beim «Tages-Anzeiger» in Zürich drucken,
gefährde damit bündnerische Arbeitsplätze und beabsichtige
eine Übernahme der Konkurrenzzeitung. Unter dem Titel
«Wenn die Zürcher den Romanen ihre Zeitung verbieten» wurde
Christoph Blocher ausserdem vorgeworfen, er torpediere das
«einzig vernünftige romanische Zeitungsprojekt ‹La Vusch›» nur
darum, weil dieses wiederum Blochers «La Nova» konkurrenzieren würde. Blocher konterte sämtliche Anwürfe entschieden.
Seine Zeitung sei seit jeher ausserhalb Graubündens, nämlich in
Mels SG, gedruckt worden, deshalb wandere kein einziger Arbeitsplatz von Graubünden nach Zürich. Die Behauptung, er
wolle die «Bündner Zeitung» übernehmen, sei Unsinn. «Ich habe
keine anderen Interessen, als Graubünden eine zweite Zeitung
zu erhalten», bekräftigte er.

Das romanische Zeitungsprojekt «La Vusch» könnte nur mit Subventionen realisiert werden, deshalb ist Christoph Blocher dagegen. Eine Finanzierung durch Bund und Kanton verzerre den
Wettbewerb und bedeute staatliche Presseförderung. Nebst ver-
fassungsmässigen und sachlichen Bedenken würde durch eine
derart subventionierte romanische Zeitung die Gasser AG, Her-
ausgeberin der Bündner Zeitung, einseitig unterstützt, was die
Konkurrenzfähigkeit des «Bündner Tagblatts», welches die romanische Sprache bereits jetzt täglich pflege, gefährde. «Das las-

sen wir uns nicht bieten», begründete Blocher seine Haltung. Sicher ist, dass der Medienkampf in Graubünden weitergeht.

Spitalbau in Ghana

Fernab der Täler Graubündens, nämlich im schwarzafrikanischen Kumasi, im abgelegenen Norden von Ghana, hat Christoph Blocher vor ein paar Jahren einen Spitalbau mit Schwesternschule finanziert. Seine Schwester Sophie, die heute Pfarrerin in Muttenz ist, arbeitete lange Jahre in Ghana für die Basler Mission. Auf Sophie Blochers Initiative hatte die Mission ein Spital mit einer angegliederten Schwesternschule errichtet. Hier sollten Frauen zu Krankenschwestern und Hilfsärztinnen ausgebildet werden, da ein grosser Mangel an Ärzten oder Ärztinnen in jener Gegend geherrscht hatte. Dann aber erkrankte Sophie Blocher an Malaria und musste in die Schweiz zurückkehren, wo sie Theologie studierte. «Sehr zu meinem Leidwesen hat sie sich aus dieser wichtigen praktischen Arbeit zurückgezogen», sagt Blocher, der das damalige Engagement seiner Schwester bewundert hatte. Weil die Basler Mission in der Folge nicht mehr in der Lage war, das Werk weiterzuführen, befanden sich Mitte der 80er Jahre Spital und Schule bereits wieder in einem schlechten baulichen Zustand. Sophie trat an Bruder Christoph heran und erbat Hilfe. Dieser glaubt, die Missstände seien vor allem darauf zurückzuführen, dass sich die Basler Mission – wie viele andere Hilfswerke auch – immer mehr «irgendwelchem soziologischen Zeugs» gewidmet habe, statt praktische Arbeit zu leisten. Trotzdem erklärte er sich bereit, die Angelegenheit an die Hand zu nehmen. Zusammen mit einem in Ghana ansässigen Meilemer Baumeister, der in Afrika schon viele Bauten verwirklicht hat, und dem leitenden schwarzen Chefarzt hat Christoph Blocher die neue Schwesternschule geplant, gebaut und vor allem finanziert. «Deshalb befindet sich dort sogar eine Gedenktafel für mich in dieser afrikanischen Wildnis», sagt er lachend. In seinem Studierzimmer steht auch ein Häuptlingsstuhl, den ihm ein ghanaischer Stammesfürst, der im Spital geheilt werden konnte, als Dank für das gestiftete Bauwerk überreicht hat.

Dandy und Dichter: Albert Bächtold

«Albert Bächtold war ein Dandy, der sich in den zwanziger Jahren – meist in Begleitung junger hübscher Damen natürlich – in Luxuslimousinen durch Zürich bewegte und sich auf der Oerlikoner Rennbahn oder an sonstigen Rennveranstaltungen gerne und häufig blicken liess», erzählt Kurt Gysi, pensionierter Sekundarlehrer aus Stäfa, der Bächtolds Vermögensverwalter war. Heute wacht er, zusammen mit Christoph Blocher und zwei weiteren Stiftungsratsmitgliedern, über den schriftstellerischen Nachlass des Albert Bächtold. Der aus Wilchingen stammende Bächtold war in jungen Jahren als Hauslehrer nach Russland gezogen, wo er die Oktoberrevolution von 1918 miterlebt hatte. Völlig abgebrannt kam er zurück und hielt in Amerika vor Auslandschweizern Lichtbildervorträge über die russischen Wirren und machte auch auf die schwierigen Verhältnisse der vielen Russland-Schweizer aufmerksam. Die Bekanntschaft mit einem Produzenten von tragbaren, handlichen Filmprojektoren brachte Bächtold dann die europäische Generalvertretung für diese Film-Apparate ein, wodurch er zu Geld wie Heu kam. «Beim Börsenkrach von 1929/30 verlor er aber sein ganzes Vermögen und schlug sich fortan als kleiner Artikelschreiber, vor allem aber als Berichterstatter über alle möglichen Sportanlässe, durch», erzählt Gysi, «wir jedenfalls waren immer davon überzeugt, dass Bächtold in der Talsohle hocke und ein armer Teufel sei. Und Christoph Blocher ist einer, der einem armen Teufel hilft, gezielt hilft.»
Christoph Blocher hatte Albert Bächtold durch dessen Bücher kennengelernt. Albert Bächtold war nämlich nicht nur Dandy, Spekulant und Sportreporter, sondern auch Mundartdichter. Seine Werke, beispielsweise «Pjotr Iwanowitsch» (über die russi-

sche Revolution), «De Tischtelfink» (über seinen Vater), «De Studänt Räbme» (über die Mittelschulzeit) und andere Werke Bächtolds beeindruckten Christoph Blocher seit jeher. Der autobiographische Charakter der Erzählungen, die Lebensnähe, der Bezug zum Ländlichen und auch zur Politik, der ausgefeilte Schaffhauserdialekt, entsprechen Blochers Geschmack.

Anfangs der siebziger Jahre liess Christoph Blocher in seiner Funktion als Präsident der Mittwochgesellschaft in Meilen dem scheinbar mittellosen Bächtold erstmals Hilfe zuteil werden. Für einen Leseabend holte er den Schriftsteller nach Meilen und entlöhnte ihn anstelle des verlangten Honorars von 150 Franken mit 800 Franken, einer stolzen Summe für die damalige Zeit. Christoph Blocher hielt dies für angemessen, weil Bächtolds Literatur wegen des Schaffhauserdialekts naturgemäss nur eine kleine Leserschaft erreichte und er vom Erlös seiner Werke nicht leben konnte. Ein zweites Mal griff Christoph Blocher Bächtold unter die Arme, als das Haus am Neumarkt im Zürcher Niederdorf, in welchem der Schriftsteller gelebt hatte, abbrannte. Er verschaffte ihm im alten Elektrizitätswerk von Meilen eine 2½-Zimmer-Wohnung. In der Folge war Bächtold dann regelmässiger Gast bei sonntäglichen Mahlzeiten im Hause Blocher, allerdings nicht immer zur Freude aller Familienmitglieder, wie Silvia Blocher meint. Denn Bächtold war nicht nur ein heikler Esser, sondern in allen Bereichen ein höchst anspruchsvoller Gast...

Einmal fand der hochbetagte Bächtold – er war schon bald 90 – beim Zubettgehen den Weg nicht mehr, fiel um und lag die ganze Nacht nackt am Boden. Seine Hilferufe wurden erst am nächsten Morgen gehört. Da Bächtolds Tür verschlossen war, benachrichtigte man Christoph Blocher, der sofort zur Stelle war, die Tür aufbrach und den nackten, alten Mann aus seiner misslichen Lage befreite. Bächtold habe aber bloss geflucht und sich lauthals über sein tragisches Schicksal als alter Mann beklagt. Sein letztes Lebensjahr verbrachte der Schriftsteller in einem Heim in Grüningen. Wie vermögend der arme und kinderlose Bächtold gewesen war, stellte sich erst nach seinem Tod heraus. Er hin-

terliess nämlich eine hochdotierte Stiftung, deren Erträge –
nicht aber das Vermögen – gemäss Statuten ausschliesslich für
Neuauflagen seiner eigenen Werke verwendet werden dürfen.
«Sein Leben lang war Bächtold egoistisch. Nun müssen wir diesen Egoismus posthum weiterpflegen», sagt Gysi. Das Vermögen
wird wohl eines Tages an den Staat übergehen.

Sprache, Kirche, Religion

Christoph Blocher liebt die deutsche Sprache. Seine Reden und
Geschäftsberichte verfasst er eigenhändig. So hat ihn sein
Bruder Gerhard gebeten, seine theologische und kirchenkriti-
sche Abhandlung mit dem Titel «Das Schnippchen – oder die
Geschichte von der Bekehrung Gottes und der heiteren Wen-
dung der Kirche» im Manuskriptentwurf einer Analyse zu
unterziehen.
An einem Samstag brüten die beiden Brüder sieben geschlagene
Stunden über dem Werk. «Falls es dir mal schlecht gehen sollte»,
sagt Christoph zu seinem Bruder Gerhard, «dann lies Gerhard
Blocher. Den kann ich dir nur empfehlen.» Man spüre das Anliegen. Hier steche wieder mal einer durch den fünfzig Meter
dicken Morast, der über allem liege: über der Gesellschaft, der
Kirche, der Politik, der Wirtschaft, dem Militär, über allen Le-
bensbereichen. Dabei stosse er auf eine wertvolle Substanz.
«Nun ist es aber wichtig, diese Substanz zu fördern. Verschüttet
in der Erde hat sie keinen Wert», ermuntert Christoph seinen
Bruder.
«Du musst davon ausgehen, dass der Leser nichts weiss. Du selber weisst viel zu viel, fährst auf einer Strasse, auf der du jedes
Steinchen, jedes Unkräutchen genau kennst, und beschreibst al-
les, weil es für dich zum Ganzen gehört. Dennoch behandelst du
die Dinge nur im Vorübergehen. Das ist für den Leser unver-
ständlich.»
Christoph fordert mehr Prägnanz und Kürze. Gut sei folgende
Stelle: «Die Kirche ist verkommen. Nicht nur ihr Ansehen ist in

weiten Teilen des Volkes dahin. Auch ihr Gehalt ist mager geworden. Nur noch ihre Gehälter sind von Gewicht. Ihre geistige Kraft ist am Sterben, wohl gar schon tot ... Die Kirche ist an Arteriosklerose, an Altersstarrsinn, an lebensuntüchtiger Unmodernität gestorben. Nein, sie ist gestorben, weil sie die altbewährten Grundsätze und Traditionen aufgegeben hat, kopflos modernistisch und progressiv geworden ist und allen Zeitströmungen charakterlos willfährt, sagen andere.» Stundenlang debattieren die Brüder darüber, was weggelassen werden kann oder muss, warum Gedanken, die Sprünge machen, nicht organisch seien, sondern organisiert wirkten, wann ein sorgfältig formulierter Satz den Auftrag erfülle, eine gut durchdachte Aussage hinreichend verständlich zu machen, wieso eine These, die mit zu vielen begeisterten Beweisen untermauert wird, eher verdächtig als vertrauenserweckend wirke.

Einige Wochen nach dieser Diskussion sagt Pfarrer Blocher, dass ihn sein Bruder mit seinen Einwänden in eine tiefe Krise gestürzt habe, die Kritik aber notwendig gewesen sei: «Er hat erkannt, wo schwere Schwachstellen sind.»

Was lässt sich allgemein über Christoph Blochers Theologieverständnis sagen? Auf seinem Nachttisch in Schloss Rhäzüns habe nie ein Wirtschaftsjournal gelegen, sondern immer nur die Bibel, erinnert sich das ehemalige Schlossverwalterpaar Bugmann. Zum Frühstück habe er gerne eine Messe von Schubert oder vom wenig bekannten Michael Haydn gehört. Er sei tiefgläubig, wie es sich für Leute an der Spitze der Politik und der Wirtschaft gehöre, denn Ungläubige würden nur in die eigene Tasche wirtschaften, sagen sie. Auch habe er als Protestant katholische Kirchenbauten Graubündens grosszügig unterstützt.

Christoph Blocher hat immer wieder die heutige Kirche kritisiert, weil er der Meinung ist, diese komme ihrem Auftrag, nämlich das Wort Gottes zu verkünden, zu wenig nach und mische sich stattdessen in alle möglichen Belange ein, von denen sie nichts verstehe: in die Politik, in die Wirtschaft oder in das Privatleben. Sie moralisiere zu viel, passe sich zu sehr den Modeerscheinungen und Zeitströmungen an und richte ihre Fahne oft

nach dem Winde. «Ich habe kaum je erlebt, dass ich als Politiker bei der Kirche hätte lernen können, wie man eine bessere Politik macht. Wie man freiheitlicher, demokratischer, unabhängiger, liebevoller, menschenfreundlicher, rücksichtsvoller, gescheiter, demütiger, mutiger – und vor allem gottesfürchtiger – politisieren könnte und müsste», sagte Blocher bereits 1982 in einem Vortrag vor der Kirchgemeinde Regensdorf. Und in einem anderen Vortrag: «Durch die herrschaftliche Person des lebendigen Christus werde ich weit besser zur Ordnung gerufen als durch anmassende, schulmeisterliche Anweisungen einiger ‹aktueller› Kirchenleute.» Die politisierende Kirche erreiche nichts. Besser würde sie sich an die grossen Reformatoren Calvin, Zwingli und Luther halten. Diese hätten gerade deshalb einen starken Einfluss auf Politik, Wirtschaft und Kultur ausgeübt, weil sie sich nicht mit dem Tagesgeschehen, sondern mit der Auslegung und der Verkündung der Heiligen Schrift beschäftigt haben. «Die Gottesoffenbarung an den Menschen, die Versöhnung Gottes mit den Menschen und die Erlösungsgeschichte Gottes für den Menschen war bei den Reformatoren noch gewaltige, alles beherrschende Mitte. In der heutigen kirchlichen Rede wird dieses biblische Zentralthema leider allzu oft über jeden Rand hinaus gänzlich weggedrängt.» Christoph Blocher teilt die Auffassung des Theologen Karl Barth. In einer seiner Römerbriefübersetzungen umschreibt Barth «Glaube» als Zuspruch Gottes an den Menschen. Alles sei letztlich von Gott abhängig und von Gott gegeben. Demnach kann sich der Mensch nicht durch besondere Verdienste einen Platz im Himmel erwerben, denn das Wesen des Christentums besteht in der allgegenwärtigen Gnade Gottes. Damit sei auch dafür gesorgt, dass dem Menschen nicht mehr aufgeladen werde, als er tragen könne. «Von diesem Glauben lebe ich», sagt Christoph Blocher, der aus dieser Einsicht ein gesundes Urvertrauen in die Schöpfung und in die Welt verspürt. An der Allgegenwärtigkeit Gottes zweifle er keinen Moment.
Wenn nun aber alles von Gott gegeben ist und der Mensch zu seinem eigenen Heil nichts beitragen kann, ist diese Sicht dann

nicht fatal? Dazu bemerkt Pfarrer Gerhard Blocher, der die Meinung des Bruders in diesen Fragen teilt: «Fatalistischer wäre es, wenn der Mensch seine Unterwerfung unter Gott als eine herzlose, kalt-berechnende oder willkürlich-kaltschnäuzige Verfügung eines Gewaltherrschers zu verstehen hätte – oder als einen geradezu ‹maschinellen› Ablauf eines blinden Schicksals. Gerade so aber ist Gott nicht zu erleben. In ihm begegnet dem Menschen eine Persönlichkeit, welche die unglaubliche ‹Macht der Liebe› verkörpert. So ist des Menschen ‹Ergebenheit› an Gott nicht trostloser Fatalismus, sondern Ausdruck des bedingungslosen Vertrauens in die alles umfassende Gnade Gottes.»

Christoph und Gerhard Blocher treten beide gegen das Moralistische in der Kirche an. Was soll man darunter verstehen? Entspringt denn der Auftrag, den der Mensch in diesem Leben zu erfüllen hat, nicht einer hohen moralisch-ethischen Verpflichtung? Gerhard führt dazu aus: «Der Auftrag ist ein Befehl, in einer ganz bestimmten Sache an einem ganz bestimmten Ort zu einer ganz bestimmten Zeit etwas ganz Bestimmtes zu tun. Der Moralismus hingegen macht sich selbst für alles und jedes und überall und allezeit verantwortlich, masst sich das Recht und sogar die Pflicht an, überall zum Rechten zu schauen. Das Ziel des Moralisten aber ist es nicht, dass zum Rechten geschaut ist und also das Rechte geschieht, sondern dass er selbst zum Rechten geschaut hat. Er handelt nicht aus Liebe zu den Menschen und zur Sache, sondern nur im Bestreben, selbst gut ‹herauszukommen›. Das ist nicht nur ‹unmoralisch›, sondern auch welt- und lebensfremd. ‹Moral› und ‹Ethik› bedeuten dasselbe: Das lateinische ‹mos» und das griechische ‹ethos› bezeichnen das, was sich durch den steten Gebrauch als tauglich erwiesen und sich darum als Lebenssitte durchgesetzt hat», sagt Gerhard Blocher.

Insofern stehe Bruder Christoph ausserhalb des Moralismus, als er sich als hundertprozentiger Pragmatiker glücklicherweise nicht von Ideologien leiten lässt.

Und auf die Frage, woher denn Christoph Blocher den Auftrag für sein sachbezogenes Tun empfange, sagt Gerhard Blocher – und nun schliesst sich der Kreis –, dass Christophs intensive

Liebe zum Menschen und zum Volk dafür den Ausschlag gibt, eine Liebe, die ihrerseits begründet sei in der Liebe Gottes zum Menschen. Fest steht, dass der Glaube an die Allmacht Gottes ein wichtiges, wenn nicht das zentrale Motiv für Blochers Leben und Handeln darstellt.

Vom Auftrag der Friedenssicherung

«Man kann nicht im Ernst vom Frieden reden, ohne die Bereitschaft für den Kampf dafür aufzubringen», sagt Christoph Blocher. Blosse Friedenssehnsucht ist für ihn wirklichkeitsfremd, was ihn auch veranlasst, die Kirche aufs Korn zu nehmen. In einem Artikel im «Kirchenboten» schrieb er: «Geistliche aller Konfessionen haben zu Beginn des Ersten Weltkrieges den vernichtenden Waffen die Segnungen mit Wort und Wasser erteilt, bevor diese zum Kampfe an die Front gefahren wurden. Warum haben sie es getan? Weil die Gesellschaft damals in überwiegender Mehrheit für die Kanonen war und die Kirchen dieser Gesellschaft willfährig sein wollten.»

Dann folgt der Vergleich zu heute: «Die heutige Gesellschaft will keine Kanonen mehr. Friedenssehnsucht und Angst vor allen kriegerischen Störungen des Menschenlebens gehen um. Und prompt hört man im grossen ‹Kirchenchor› die Lieder dieser Sehnsucht und dieser Angst singen ... Was so herrlich aussieht wie eine grossartige Wandlung der Kirche zur wahren Wohltäterin der Menschheit könnte – bei nahem Besehen – lediglich eine Alibi-Übung sein: ein neuerlicher Aufguss alt abgestandener Buhlerei um die Volksgunst, in deren Schutze man seine eigene Wohlfahrt unbeschadet retten kann.»

Wieso traut Christoph Blocher der kirchlichen Friedenseuphorie nicht? Am Berner Kirchensonntag im Februar 1986, zu einer Zeit also, als die sogenannten «Friedensbewegten» europaweit sehr aktiv waren, hinterfragte er: «Könnte es nicht sein, dass die ganze Begeisterung für die Schaffung des Friedens letztlich ihren Grund nur darin hat, dass man die Mühsal und das Opfer für den Schutz des Friedens scheut? Weil eben der Ruf nach dem Frieden so viel bequemer ist als das, was zur Sicherung des Friedens getan werden muss?... Das Reden über die Schaffung und den Aufbau des Friedens durch uns Menschen ist so lange leeres Geschwätz, als es nicht von der Bereitschaft zur schwersten persönlichen Mühsal und zur Darbringung wirklicher Opfer begleitet ist.» Und vor der Gottfried-Keller-Loge sagte er ein Jahr später, im Oktober 1987: «Ich glaube nicht, dass die heutige Friedenssehnsucht einer höheren geistigen moralischen Kraft entspringt. Sie ist vielmehr lediglich Ausdruck einer verwöhnten und darum lebensuntüchtigen Ich-Bezogenheit. Ihr liegt eine unbrauchbare Träumerei zugrunde, die mit dem wirklichen Leben nichts zu tun hat... Man kann nicht im Ernst vom Frieden reden, ohne dass man auch den ständig notwendigen Kampf, ja geradezu den Krieg für den Frieden ins Auge fasst. Wenn dies in den Ohren unserer Generation weitherum ganz entsetzlich tönt, so hängt das damit zusammen, dass wir nur die Schönheit, die Wohltat, die Bequemlichkeit, unseren Genuss und unseren Vorteil vom Frieden wollen, nicht aber den Frieden selbst... Ich halte daran fest: Der Friede verlangt das entscheidende Opfer desjenigen, der dafür einsteht.»

Anfang 1991 – es war die Zeit des Golfkriegs und der Krise in den baltischen Staaten – schreibt Christoph Blocher in einem Artikel im «Brückenbauer»: «Wer glaubt, internationale Konferenzen und ihre Verlautbarungen, Friedensbeteuerungen und Abrüstungsverhandlungen, Demonstrationen und Wehklagen brächten ein immer währendes Ende des Krieges und einen dauerhaften Frieden, der rennt einem unrealistischen Wunschdenken nach. Und wer sich nach Wunschdenken ausrichtet, ist innerlich verwahrlost, weil er die Wirklichkeit missachtet... Unsere Politik wimmelt zunehmend von Verwahrlosungen und Verwahrlosten, von Wirklichkeitsfremden.» Christoph Blocher geisselt in seinem Artikel die Leichtfertigkeit all jener Politiker, die noch ein Jahr zuvor behaupteten, es gäbe keine Kriege mehr, und verweist auf die Erhöhung des Verteidigungsbudgets um mehr als 20 Prozents der (damals noch bestehenden) sozialistischen Sowjetunion. Deren Rüstungsausgaben verschlängen nun ein Drittel der Staatsausgaben. «Die Geschichte hat es leider immer wieder bewiesen», fährt Blocher fort, «dass das Vom-Frieden-Reden und das gleichzeitige Zum-Krieg-Rüsten zum gängigen Verhaltensschema in der Staatenwelt gehört.» Leider gäbe es immer wieder Politiker, welche mehr auf Worte statt auf Taten achteten. «Sie hören die Schalmeien, stimmen in den Chor mit ein und fordern – beklatscht von zahlreichen Medienleuten – die Abschaffung oder zumindest die Schwächung der eigenen Landesverteidigung.» Ein Rückfall der Sowjetunion sei sehr wohl möglich, Kriege in dieser Region würden wahrscheinlich, Europa werde – vor allem im Osten – immer unstabiler, weil man sich im Westen einer naiven Abrüstungseuphorie hingebe, prophezeite Christoph Blocher und hatte mit seiner Vision recht: Es folgte der Sturz Gorbatschows, der Nationalist Schirinowski zeichnete am Fernsehen neue europäische Landkarten, in Bosnien eskalierte der Krieg und Jelzin riss einen Krieg mit Tschetschenien vom Zaun.

«Weit bis ins bürgerliche Lager hinein wird das Handeln weniger durch die Wirklichkeit, weniger durch den Auftrag unserer Landesverteidigung, als vielmehr durch allgemeines Abrüstungsgerede, durch akademische Forderungen nach Friedensinstituten, vor allem aber durch die eigene Image-Pflege in den Medien bestimmt», schreibt Christoph Blocher und empfiehlt: «Eine gute Sache wie die Landesverteidigung kann von den Armeeabschaffern nicht erledigt werden. Wohl aber durch eine schwache Führung in den eigenen Reihen ... Wer Augen hat zu sehen, der sehe!»

Gläubig, was heisst das?

Christoph Blocher, sind Sie gläubig?

Was heisst das?

Sie haben einmal gesagt, wichtig sei nicht, dass Sie an Gott glauben, sondern dass Gott an Sie glaubt.

Das ist eine entscheidende Aussage. Ich halte mich hier an Karl Barth, der einmal Glauben als Zuspruch Gottes übersetzt. Die Gnade Gottes steht im Zentrum. Darum habe ich dieses Urvertrauen in den Schöpfer. In diesem Sinne bin ich gläubig. Da folge ich meinem Bruder, der bei Barth studierte. Das Christentum ist in meinen Augen keine Religion. Religionen sind Bewegungen, bei denen es darauf ankommt, was der Mensch glaubt, schafft, wie er sich benimmt, auf dass er das Reich Gottes erklimme. Nach der biblischen evangelischen Auffassung sind alle Menschen erlöst, alle Menschen stehen unter der Gnade Gottes, und alle fügen sich dem Willen Gottes. Daran glaube ich.

Also auch an die Vorbestimmung?

Eindeutig, ja. Ohne Vorbestimmung wäre ja die Allmacht Gottes nicht gegeben ...

Einem allmächtigen Gott stünde jeder Entscheid offen, auch jener, dem Menschen Freiheit zu gewähren.

Das ist Gottes Ratschluss.

Gibt es einen Philosophen, dem sie folgen?

Nein, mit Philosophie und Ideologie konnte ich nie viel anfangen.

Warum nicht?

Da scheint mir vieles konstruiert, wenig gewachsen.

Nun haben Sie, Herr Dr. Blocher, alles erreicht, was man erreichen kann, ausser vielleicht einen Sitz im Bundesrat. Dazu wird es nicht kommen, sagen Sie. Was bleibt jetzt noch zu tun, wohin geht die Reise?

244

Vor 15 Jahren hätte ich auf diese Frage geantwortet: Ich will gar nichts. So geht es mir auch heute, ich kann doch nicht voraussagen, was das Leben mit mir noch vorhat. Mein jetziger Bekanntheitsgrad resultiert aus dem EWR-Kampf, der war ja auch nicht vorhersehbar. Ich wusste 1990 noch nicht, dass ich diesen Kampf führen muss. Und jetzt sieht es so aus, als ob mit der Neat-Diskussion ein neuer Abschnitt beginnt, und wer weiss, wo es diesmal endet. Vor 20 Jahren hätte ich nie auch nur geträumt, dass ich einmal Industrieller sein werde. Ich bin hier, das steht fest, alles andere ist offen. Es ist alles möglich. Es kann aber auch zu Ende sein, vielleicht ist alles abgeschlossen, auch das kann sein.

Haben Sie denn keine Visionen, keine Wünsche offen?
Ich bin jetzt 55 Jahre alt und lechze keineswegs nach neuen Prüfungen und Herausforderungen …

Aber wenn sie auftauchten …
… dann würde ich sie natürlich zu meistern versuchen. Selbstverständlich würde ich das tun.